陶立璠民俗学文存

田野民俗采风录

陶立璠 著

学苑出版社

图书在版编目（CIP）数据

田野民俗采风录 / 陶立璠著. — 北京：学苑出版社，2021.5
ISBN 978-7-5077-5968-6

Ⅰ.①田… Ⅱ.①陶… Ⅲ.①风俗习惯—中国—通俗读物 Ⅳ.① K892-49

中国版本图书馆 CIP 数据核字 (2020) 第 123566 号

责任编辑：徐志琴
出版发行：学苑出版社
社　　址：北京市丰台区南方庄2号院1号楼
邮政编码：100079
网　　址：www.book001.com
电子邮箱：xueyuanpress@163.com
经销电话：010-67601101（营销部）、010-67603091（总编室）
印　刷　厂：英格拉姆印刷(固安)有限公司
开本尺寸：710 mm × 1000 mm　1/16
印　　张：21.75
字　　数：330千字
版　　次：2021年5月第1版
印　　次：2021年5月第1次印刷
定　　价：150.00元

序

《田野民俗采风录》收录有关少数民族民俗的两部作品——《新奇的民族民俗世界》和《中国少数民族婚姻习俗》。《新奇的民族民俗世界》从审美的角度审视中国少数民族各类民俗事象,该书曾以《神秘新奇的天地——民族民俗审美谈》为书名,于1997年由广西民族出版社出版。《中国少数民族婚姻习俗》是1996年10月至1997年9月,我接受日本名古屋大学邀请,在该校大学院国际开发研究科做客座研究员时的研究所得,曾以共同研究成果的形式,被收入该校国际开发研究科《开发·文化丛书24》内部出版。关于这两部旧作的写作目的、性质和特点,在樱井龙彦教授为《中国少数民族婚姻习俗》所写的序言和两本书的前言或后记中分别做过说明。因为两本书的成书均在20世纪80和90年代,那时正是中国民俗学恢复和发展时期,迫切需要民俗知识的普及读物,为了让更多的读者和民族学爱好者接触各民族的民俗事象,对中国少数民族民俗的介绍显得更为重要,这对促进中国民俗学研究也是非常有益的。当然,这种介绍可以是民俗志的,也可以采取散文形式描写民族民俗风情。两部著作的书写方式采用了后者,即在介绍中国丰富多彩的少数民族民俗时,避免用民俗志书写方式做资料的累积,而是用轻松的笔调、独特的视角,着眼于各民族民俗风情的描写,意图达到真实性和可读性结合,普及各民族民俗文化知识的目的,加深对民俗学研究对象的认知——尽管这种书写难度很大。

在多民族国家从事民俗学研究,了解和熟悉各民族的民俗事象,是研究者的基本功,也是中国民俗资料学建设不可缺少的环节。我所工作的中央民族大学是多民族院校,这里有来自民族地区的各民族学子,和民族地区有千丝万缕的联系。这使我有得天独厚的环境，有机会到各民族地区从事民俗学的田野作业，调查、收集第一手的民俗资料，供教学和研究之用。录入两部著作的大部分资料都来自田野，而在写作过程中，我所从事的少数民族民俗和民间文学研究理论，对写作本书起了主导作用。不懂得民俗学和民间文学理论，必然不能驾轻就熟地组织和利用考察所得，这也是我的深切体会。

陶立璠
2019 年 6 月于北京

目 录

新奇的民族民俗世界

第一章　奇特的窗口 ……………………………………………… 003
　　第一节　雅文化与俗文化 …………………………………… 003
　　第二节　一种美的文化积淀 ………………………………… 007
　　第三节　集体的审美和创造 ………………………………… 014
　　第四节　民俗传承的审美认同 ……………………………… 021

第二章　舒适的居所 ……………………………………………… 025
　　第一节　自然美和创造美的巧妙结合 ……………………… 025
　　第二节　游牧民族文化的象征 ……………………………… 032
　　第三节　农耕稻作民族的文化象征 ………………………… 035
　　第四节　居住美学的完整体现 ……………………………… 038

第三章　迷人的服饰 ……………………………………………… 043
　　第一节　功利与审美的结合 ………………………………… 043
　　第二节　年龄、职业、民族的标志 ………………………… 046
　　第三节　人体的装饰艺术 …………………………………… 050
　　第四节　服饰传统与现代意识 ……………………………… 056

第四章　诱人的美食 ………………………………………… 059
第一节　佳肴美味来自民间 ……………………………… 059
第二节　各民族独特的饮食习俗 ………………………… 062
第三节　酒俗——群体文化的表现 ……………………… 066
第四节　茶道——精神美的满足 ………………………… 071

第五章　欢乐的节日 ………………………………………… 077
第一节　节日习俗——聪明和智慧的结晶 ……………… 077
第二节　宗教节日——理想和愿望的寄托 ……………… 080
第三节　文娱节日——精神文化的荟萃 ………………… 084
第四节　节日传统——审美的艺术表现 ………………… 091

第六章　人生的历程 ………………………………………… 093
第一节　诞生礼——美好的祝愿 ………………………… 093
第二节　成丁礼——理智和道德的完善 ………………… 095
第三节　婚礼——人生价值的表现 ……………………… 099
第四节　丧礼——人生悲壮的结局 ……………………… 113

第七章　充满信仰的世界 …………………………………… 119
第一节　巫术——一种不可知的力量 …………………… 119
第二节　信仰——超前的精神寄托 ……………………… 122
第三节　禁忌——圣洁和卑贱的统一 …………………… 127
第四节　宗教——神圣的殿堂 …………………………… 130

第八章　自发的表演 ………………………………………… 132
第一节　民间文艺——自发的表演 ……………………… 132
第二节　民间音乐、舞蹈——美的节奏和旋律 ………… 134
第三节　民间戏剧——综合的艺术 ……………………… 137

第九章 童话般的世界	141
第一节 民间文学——特殊的民俗现象	141
第二节 每个习俗都有自己的故事	143

后　记 …………………………………………………………… 158

中国少数民族婚姻习俗

序　言 ………………………………………（日本）樱井龙彦 163

前　言 …………………………………………………………… 165

第一章　多民族和睦的大家庭 …………………………………… 167

第二章　古老婚姻制度的渊源和遗迹 …………………………… 172
第一节 血缘婚和洪水神话	176
第二节 对偶婚的前奏——走访婚	177
第三节 对偶婚及其残余	179
第四节 一夫一妻制婚姻	181
第五节 一夫一妻制下的种种婚俗	183

第三章　各民族婚前的社交活动 ………………………………… 190
第一节 壮族的"歌圩"	192
第二节 仫佬族的"走坡"	196
第三节 苗族的"游方"	201

第四节　侗族的"行歌坐月" ··· 205
　第五节　白族的"石宝山歌会" ····································· 210
　第六节　傣族的"串姑娘" ··· 213
　第七节　爱情的媒介 ·· 216

第四章　丰富多彩的求婚、定亲习俗 ·························· 220
　第一节　婚前的成人礼 ·· 221
　第二节　达斡尔族的送"恰安特" ······························· 222
　第三节　拉祜族的求亲 ·· 225
　第四节　苗族的提亲 ·· 227
　第五节　佤族的"飞玉""地亚"和"都帕" ············· 229
　第六节　瑶族的《说亲词》 ·· 231

第五章　奇异欢乐的婚礼 ··· 233
　第一节　蒙古族的"鄂尔多斯婚礼" ····························· 234
　第二节　傣族的"拴线婚礼" ·· 242
　第三节　裕固族的婚礼 ·· 247
　第四节　侗族的"十月头卯迎新娘" ····························· 254
　第五节　哈萨克族的《婚礼歌》 ··································· 257
　第六节　土家族的《哭嫁歌》 ······································· 262
　第七节　撒拉族的婚礼 ·· 267
　第八节　凉山彝族的抢亲婚俗 ······································· 271
　第九节　土族的婚礼和"道拉" ···································· 274
　第十节　阿昌族的婚礼 ·· 281
　第十一节　维吾尔族的婚礼 ·· 283
　第十二节　纳西族的婚礼 ·· 286
　第十三节　鄂温克族的婚礼 ·· 289
　第十四节　多彩的哈尼族婚礼 ······································· 291
　第十五节　藏族的婚礼 ·· 295

第十六节　布朗族的两次婚礼	302
第十七节　回族的婚礼	305
第十八节　朝鲜族婚礼	306
第十九节　高山族排湾人的婚俗	308
第二十节　各民族婚俗拾零	311

第六章　婚后的家庭生活 ···································· 321
  第一节　婚礼余波 ···································· 322
  第二节　"不落夫家"习俗 ···································· 324
  第三节　家庭生活杂俗种种 ···································· 327
  第四节　离婚、转房和寡妇再嫁 ···································· 331

《中国少数民族婚姻习俗》主要参考书目 ···································· 335

新奇的民族民俗世界

第一章
奇特的窗口

第一节 雅文化与俗文化

文化是一个十分神圣的字眼,人们都敬畏它,因为它和人类文明紧密相连。亵渎它,无疑亵渎了人类文明。

文化是智慧的结晶、美的创造。自有人类社会以来,人们总是在不断地创造它,又尽情地享受它。美学家们说,美就是和谐。文化就是在创造与享受的无尽和谐中得到发展和延续。但是,究竟什么是文化?这是文化学家很难回答的问题。其实,每个人都生活在一定的文化氛围中,又为什么对文化的真正含义却大感不解?自己历来创造和享受的东西,一时间变得陌生起来,陌生到不能准确地为其正名,这不能不说是奇特而有趣的现象。

如果我们把文化与文明这一对概念放在一起来考察,其义自明。文化是自有人类社会以来就产生的现象,这就是我们经常所说的,由原始文化(包括原始巫术、信仰、禁忌和生产、生活习俗等等)为源头的语言和行为传承;而文明则是人类社会发展到一定阶段的产物。文化人类学家认为,标志文明的是文字的使用、城镇的出现和金属工具的制造使用。很明显,文明的起源要比文化的起源晚得多。

文化的概念是神秘的,又是模糊的。它的表层和深层结构,它所包含的美学内涵,从来都是文化学家着意研究和探讨的课题。"文化"一词,早就出现在中国的古籍记载之中。汉代刘向《说苑》"指武"条中说："凡武之兴，为不服也，文化不改，然后加诛。"《文选》所收晋代束广微《补亡诗》中说："文化内辑，武功外悠。"南齐王融《三月三日曲水诗序》中说："设神理以景俗，敷文化以柔远。"由此可见，古人所用"文化"一词，具有"文治与教化""文治与武功"的意义，除教育功能外，与现代意义上的"文化"概念，有着本质的不同。

现代人文科学研究中，"文化"一词被广为采用，而且成为一个非常重要的术语。到目前为止，中外学者给"文化"一词所做的定义，不下百余种。真是聚讼纷纭，莫衷一是。在中国学术界，"文化"被理解为人类社会历史发展过程中所创造的物质财富和精神财富，也泛指一般的知识。而世界大多数学者，习惯上认为"文化"乃是人类群体共同创造的一种行为模式。这种行为模式对人们的行动具有规范性，成为人们行动的准则。同时，学者们还认为，"文化"作为行为模式，是靠语言、文字、行为传承和传播的。"文化"从来都是人类所创造的某种成就的表现，它的核心是由历史衍生和选择的传统观念。

文化所包含的范围相当广泛。从广义上讲，它包括了一切物质文明和精神文明创造；从狭义上讲，是指人类的知识、信仰、宗教、文学、艺术、法律、风俗等的总汇。文化，又可分为上位文化和下位文化。上位文化，指上层统治阶级的文化和精英文化；下位文化，指市民阶层和农民阶层的文化。这就是说，人民群众在日常的生产和生活中，靠口头和行为方式创造和传承的各类民俗事象，诸如物质民俗中的居住民俗、饮食民俗、服饰民俗、生产民俗、交通民俗、贸易民俗等，社会民俗中的家族民俗、亲族民俗、村落民俗、民间组织民俗、节日庆典、人生仪礼（诞生、成年、婚姻、丧葬）等，精神民俗中的占卜、巫术、信仰、宗教（民间的）、禁忌、民间文艺、体育竞技、娱乐游戏等，都是一种文化创造。它们统称为民俗或风俗文化。

那么，民俗文化究竟是什么性质的文化呢？它在整个文化体系中，又占有什么位置？如果我们再将整个文化整体区分为雅文化和俗文化两大类型，民俗属于俗文化范畴。它和雅文化一样，不仅在文化史上占有相当重要的地位，而且具有不容忽视的美学价值。

当前，随着中国改革开放政策的实行，社会上曾掀起一股不小的"文化热"。学术界也曾有许多人以谈"文化"为时髦，并对中国文化传统进行深刻的反思。其中有扬弃的，有针砭的，高谈阔论，纷纷扬扬。更有甚者，以反传统自居，以否定中国几千年的文化传统为己任。根据他们的宏论，中国如不彻底抛弃传统文化，就会亡国灭种，被开除出"球籍"（指地球）。他们不能正视中国文化传统的历史和现实，认为只靠一纸议论，中国文化的"封闭"之门就会由此而大开；中国文化会像盛唐时期那样，向异域推进。这实在是一种天真幼稚的想法。因为社会的发展，包括文化发展在内，绝不会以某些"哲人"的意志为转移。民族文化（包括那些新的文化）的发展有它自己的规律，它既和时代同步，又不脱离它固有的民族文化传统。脱离本民族文化传统的所谓文化，不仅不可思议，也不会长久。

问题当然不会如此简单。在当前形势下，重新审视中国文化传统，对它的历史和现实进行反思，指出利弊，无可非议。关键在于我们对民族文化的复杂内涵和它的多种表现形态是否有透彻的了解。

中国文化向来有雅、俗之分。雅与俗既指中国文化的不同层次，也指中国文化的不同体系。雅文化与俗文化的互相关联、影响、渗透，形成了中国文化的整体。古语所说"礼失而求诸野"，正表明雅文化和俗文化的相互关系。但是，由于历史遗留下来的习惯和偏见，我们以往的描述和研究只局限于雅文化上。雅文化的代表是儒文化，因此，儒文化被认为是中国文化的主流和中心，而将广大民众历代所创造的民俗文化排除在外，忽视了这一文化整体中最活跃的因素，这不能不说是一件十分遗憾的事。

雅文化和俗文化在整个文化体系中，虽属于不同层次、不同体系，但它们的关系是十分密切的。一切雅文化，起初都是在俗文化的基础上形成的。俗文化是雅文化的源头和母体，只是后来，由于历史的发展和阶级的局限，才分化成文化的不同层面和趋向。其中，雅文化由于受到统治阶级的崇尚、散布和推动，迅速发展起来，其美学价值得到充分肯定，并在整个文化系统中成为占有统治地位的文化。不过，俗文化也并未就此消亡。相反，它以顽强的生命力由民众不断创造出来，并通过种种渠道加以传播，得到延续和发展，从而形成丰富多彩的民俗文化宝库。

田野民俗采风录

从美学角度来判定，雅文化是一种脱俗的创造。它无疑具有很高的美学价值。雅文化从内容到形式大都体现着统治阶级的意志和审美情趣。如中国封建时代的各种政治、教育、典章、器物、宗教、道德、法律、建筑、文学、艺术，许多都体现了神权、族权和皇权思想。雅文化的主体内容是在儒学思想、哲学、道德观念的指导下创造出来的。而俗文化则不同，它是普通民众的创造，并和社会的生产、生活方式紧密相连，它所表达的是民众的思想感情和愿望，体现的是民众的审美观。

中国是一个统一的多民族国家，除汉族外，有55个少数民族。自古以来，各民族之间友好相处，长期交往，共同缔造了中华民族悠久的历史和灿烂的文化。少数民族和汉族相比，人口虽少，但分布地区却非常广阔，而且大都在边疆地区。那里有茂密的森林、丰美的草原、宽广浩瀚的戈壁、秀丽的山川。正是这种独特的自然环境，促使各族在长期的历史发展过程中，创造了与之相适应的独特文化。如居住在中国长白山、大兴安岭地区的满族、鄂伦春族、鄂温克族、赫哲族、达斡尔族、朝鲜族等民族，历史上曾创造了以采集、狩猎生产和生活为主的森林文化；居住在内蒙古和新疆地区的蒙古族、哈萨克族，青藏高原的藏族等民族，创造了以牧业生产和生活为主的草原文化；居住在云南、贵州、四川、广西地区的西南各民族，创造了以稻作生产和生活为主的山地文化；居住在东南沿海各地的畲族、京族、高山族等，创造了以海产养殖、捕捞生产和生活为主的海洋文化。但是，由于历史的原因，1949年以前，中国少数民族地区的社会发展并不平衡。当时，有些民族尚处在原始社会向奴隶社会过渡阶段，有些民族进入奴隶社会或农奴社会，有些民族则已进入封建社会。各民族社会发展的不平衡，造成了文化发展的不平衡。和汉族比较，中国各少数民族文化的发展仍以民俗文化发展为其主体。20世纪50年代以后，随着国家民族政策的落实，少数民族地区发生了翻天覆地的变化。新的文化因素不断增长。但由于大多数少数民族地处边疆，交通不便，在某些地区和民族传统文化还保持着相对稳定的发展，优秀文化传统也得到进一步继承和发扬。民俗像一扇奇特的窗口，通过这扇窗口，我们可以看到各民族形成和发展的历史，看到它们在不同的历史阶段上所形成的独特的社会结构、生产方式、生活方式、民族性格和民族心理。少数民族民俗以它特有的丰采，为我们展示了一个神秘而又新奇的大千世界。

第二节 一种美的文化积淀

今天，我们所能看到的少数民族千姿百态的民俗文化事象，都曾经历过漫长久远的历史发展。它是千百年来，经过各民族不断的筛选而保存下来的，是一种美的文化积淀。加里宁在谈到民间口头创作时，曾说过这样一段意味深长的话："毫无疑问，人民艺术是最高级、最有才能、最有天才的艺术。这种艺术是人民所铭记，是人民所保存，并且是人民世代相传的。你们要了解，没有价值的艺术是不可能在民间保存下来的。人民好比淘金者，他们所选择的、保存的、相传的，并且在几百年中加以琢磨的，只是最宝贵、最天才的东西。"将民众的艺术（指口头创作）评价为最高级的、最有才能的、最天才的艺术，并不过分。在日常生活中，人们都曾感受到民间艺术的魅力。每个人在童年时代或进入成年以后，都曾为民间神话、传说、故事、歌谣、史诗、谚语、谜语所表现的多彩的内容和高超的技巧所倾倒。世界各国著名的诗人、作家、艺术家吸取民间文学的养料，创作了众多的第一流的作品。"希腊神话不仅是希腊艺术的宝库，而且是希腊艺术的土壤"[1]，民间文学从来都为伟大的作家、诗人提供着"一切富于诗意的概括，一切有名的形象和典型，……弥尔顿、但丁、密茨凯维支、歌德和席勒的名声登峰造极之日，正是他们受到集体创作的鼓舞，从无比深刻、无比多彩、有力而睿智的民间歌谣这个源泉中，汲取灵感的时候"[2]。尽管如此，还是有人认为，民众创造的口头文学和各类民俗事象是粗糙的、浅陋的，不能登大雅之堂。习惯和偏见常使人们对民众创作的价值做出错误的判断。北京故宫的精美建筑（出自民间工匠之手）与西

---

[1] 马克思：《论文化各种形式（科学、技术、艺术）的不平衡发展》，载北京大学中文系文艺理论教研室编《马克思、恩格斯、列宁、斯大林论文艺》，人民文学出版社，1986年，第64页。

[2] 高尔基：《个人的毁灭》，载刘锡诚编《俄国作家论民间文学》，中国民间文艺出版社，1986年，第249页。

安半坡村半地穴式民居的价值,究竟如何判断评价呢? 谁又能否定半坡遗址的考古学价值和它在文化史上的意义呢?

当然,民众艺术并非从一开始就显得十分完美。它的雏形往往是十分粗糙和浅陋的。这种粗糙和浅陋的形式,也许更具有文化史的意义。就像在考古发掘中得到原始人打制的石斧、石锛,或别的什么刮削器一样,它无疑是人类天才的创造,标志着一种文明和进步。民众艺术也是如此,它是一种历史的传承和美的积淀。在中国少数民族中,口头创作十分丰富。民间至今还流传和保存着许许多多古老的神话、传说、故事、歌谣、史诗等作品。这些作品的流传又都与一定的社会习俗相结合。它所传达的有关知识,被人们视为生活中不可缺少的"百科全书",也是研究各民族历史发展必不可少的活的社会化石。例如,中国许多民族中,民歌的演唱至今还和音乐、舞蹈紧密相连;神话叙事诗的演唱离不开巫师和原始宗教仪式;史诗的演唱充满了神秘色彩。居住在中国高黎贡山、滇西边陲的傈僳族,民歌贯穿于他们的生产劳动、爱情、风俗习惯的各个方面,形式十分独特。如其中的"跳嘎调",属于舞蹈歌的一种,多在逢年过节、婚丧嫁娶、生活喜庆时进行。演唱时,由嘎头(有威望的人)领唱,其他男女老少边唱边舞。嘎头唱一句,众人接唱第二句和衬句,重沓复唱,形成一种多声部的合唱。

居住在云南丽江地区的纳西族,民间保存着一种独特的歌舞形式——阿冉冉。每当节日集会,少则十多人,多则上百人合围成圈,边歌边舞。男声刚健粗犷,女声则用快颤音做热烈华彩的穿插伴唱。有时还模仿羊的叫声。这种歌舞多在耕种、收获季节或狩猎时演唱。歌词叙述纳西人生产和狩猎的情景。

"打歌"是一种古老的民歌形式,在中国西南地区的许多民族(包括汉族)中均有流传。"打歌"即"踏歌",如李白《赠汪伦》:"李白乘舟将欲行,忽闻岸上踏歌声。桃花潭水深千尺,不及汪伦送我情。"诗中所说的"踏歌",当时在江南地区的汉族中曾广为流传。这种歌舞形式,现在在汉族地区已经消失,但在少数民族地区却有类似"踏歌"的形式流传和保存。云南省的白族、彝族、傈僳族、拉祜族、佤族等民族中,流传的"打歌"历史悠久。白族"打歌"流传于大理洱源县高寒山区。每当婚丧嫁娶、节日集会之时,人们在空地上燃起篝火，歌者分甲、乙两方，人数少则五六人，多则二三十人，每人端一碗酒或烤茶，在歌头的带领下，围着篝火边唱边踏步走动，一问一答，盘古问今。白族关于开天辟地的神话，就是借助这种形式一代一代流传至今。

诗、歌、舞相结合，是中国少数民族民歌传唱中的一大特色。这种传统习俗沿袭至今，形成各民族丰富多彩的歌唱风俗。许多民族，如甘肃、青海、宁夏等省区的回族、东乡族、撒拉族、裕固族、保安族等民族的"花儿"（民歌的一种），西南各民族的民歌，都是以歌唱习俗为载体得到流传。有些民族和地区还形成了传统的歌节和日常的对歌习俗。如甘肃、青海各民族的"花儿会"，广西壮族的"歌圩"，大理白族的"石宝山歌会"以及苗族的游方，布依族的浪哨，侗族的行歌坐月，仫佬族的走坡，维吾尔族的麦西热甫，哈萨克族的阿肯弹唱等等，不仅历史悠久，而且成了这些地区和民族生活的重要组成部分。广西壮族的歌圩，据说起源于春秋战国时期，流传地区很广。据不完全统计，广西有30多个县流行歌圩活动；形式上有夜歌圩、日歌圩和野歌圩之分，以集体对唱山歌为主；歌唱内容有政治、经济、天文、地理、历史人物、生产知识、爱情生活等。正是这种歌唱风俗的深入人心，在壮族等民族中才产生了歌仙刘三姐一类受人爱戴的歌星。

中国许多民族被称为"歌的民族"，许多民族地区被誉为"歌的海洋"，这本身就是对民歌美学价值的充分肯定。许多民族的谚语都讲到"饭养人身，歌养人心"，由此可见，民歌在少数民族心目中的地位和作用。正是中国少数民族历来有着歌唱传统，所以在民歌基础上，其他的韵文作品逐渐地形成和发展起来，其中以叙事诗作品更加引人瞩目。少数民族民间叙事诗可分为三类：神话叙事诗、英雄叙事诗和一般生活（主要是爱情生活）叙事诗。和汉族民间叙事诗相比，少数民族民间叙事诗不仅数量多、传播面广，而且从某种意义上讲，填补了中国民间文学史上叙事诗的空白。中国少数民族中民间叙事诗的蕴藏量究竟有多少，这实在是一个难以回答的问题。我们仅知道，目前已经抢救、采集、整理、出版的民间叙事诗就有几百部。神话叙事诗中比较著名的有白族的《创世纪》，纳西族的《创世纪》，彝族的《阿细的先基》《梅葛》《查姆》《勒俄特依》，《苗族古歌》，侗族的《侗族祖先哪里来》，拉祜族的《牡帕密帕》,哈尼族的《奥色密色》,阿昌族的《遮帕嘛与遮米嘛》,瑶族的《密洛陀》,还有壮族的《布洛陀》,土家族的《摆手歌》,等等。有些国外神话学者曾断言,中国人不善于想象,所以神话作品很少。中国少数民族神话作品的大量发现,已使这种言论彻底破产。中国人不仅不是不善想象,而且想象还十分瑰丽。少数民族神话所反映的大千世界,几乎包括了人类开天辟地、人种起源、万物生成、民族起源等文化史的全部内容,这是十分引人自豪的。少数民族中流传的一般生活叙事诗,更是不胜枚举。保存几部、几十部民间爱情叙事诗的民族,绝不是少数。仅傣族,民间保存的叙事诗就有550部。如大家所熟知的《召树屯》(《孔雀公主》)、《娥并与桑洛》、《线秀》、《松帕敏和嘎西娜》、《苏文纳和他的儿子》、《三只鹦鹉》、《一百零一朵花》等,只是其中的一部分。其他民族中,比较著名的叙事诗有彝族的《阿诗玛》《逃到甜蜜的地方》《逃婚的姑娘》《我的幺表妹》,纳西族的《相会调》《玉龙第三国》,白族的《鸿雁带书》《出门调》《青姑娘》,壮族的《马骨胡之歌》《特华之歌》《达稳之歌》,苗族的《仰阿莎》《哈梅》,羌族的《斗安珠与木姐珠》,东乡族的《米拉尕黑》,回族的《马五哥与尕豆妹》,裕固族的《黄黛琛》,土族的《拉仁布与齐门索》,哈萨克族的《萨里哈与萨曼》,维吾尔族的《艾里甫与赛乃姆》,蒙古族的《诺里格尔玛》《达那巴拉》,达斡尔族的《少郎和岱夫》,等等。英雄叙事诗在少数民族文学中独树一帜。藏族的《格萨尔王传》,长达50多部,120多万诗行,是目前世界上最长的史诗。柯尔克孜族的《玛纳斯》共8部,20多万诗行。蒙古族的《江格尔》共15章,10多万诗行。这三部壮丽的史诗早已被列入世界著名史诗之林,引起国内外专家、学者的广泛注意和研究。此外,在中国少数民族中,还保留有大量的中、短篇史诗,如哈萨克族保存的中短篇史诗,将近200部。蒙古族保存有上百部。东北地区赫哲族中流传的"伊玛堪",是该民族歌手演唱史诗的专门体裁,也是赫哲人对英雄史诗的总称。以前,人们大都认为史诗这类体裁的作品,一般保留在中国北方游牧民族中。近年来的研究表明,在中国西南一些农耕民族中,同样产生和保留着史诗作品。如羌族中流传的《羌戈大战》、傣族的《相勐》《兰嘎西贺》等。民歌和民间叙事诗的创作和流传,使中国民间艺术宝库大放异彩,并令人叹为观止。

新奇的民族民俗世界

民间文学是风俗文化的产物，它通过生动的形象和典型反映各民族不同时代、不同地域的生产和生活状况。民间文学又是一种口碑文化，它的创作和流传不仅要受到时代的局限，而且要经过民众不断的筛选和加工，充分体现民众在长期的历史发展进程中所形成的美学思想和审美情趣。那些古往今来盛传不衰的作品，必然是民众智慧的结晶。

民俗文化不只包括民间文学，它所包含的范围极为广泛。在社会文明高度发展的今天，民俗作为一种文化积淀，已深入民众生活的各个领域，并对人们的思想、道德和行为发生着深刻的影响，有时甚至成为人们行为的规范和准则。在中国少数民族地区，由于历史原因造成的社会发展不平衡，民俗文化的积淀也呈现出不同的层次。我们知道，不同的民俗文化都与社会发展、生产方式、生活方式和审美意识相适应。中国西南地区的有些民族，由于自然条件的限制和耕作技术上的落后，至今还保持着"刀耕火种"习俗。这种习俗又与原始信仰相结合，表现出一种独特的情趣。原始的生产习俗受原始观念的影响和指导，如西双版纳布朗族地区，每年从选地、播种到收获，在生产的各个环节中，都要配合原始古朴的农耕仪式。这种仪式规定，每年耕种季节到来时，要用占卜（打米卦）方式选择耕地。届时，佛寺的祭师和村寨中专管祭祀的头人，在选好的土地上砍倒两棵树，举行叫魂仪式，祈祷生产丰收。然后选择吉日，全寨的人集合起来，在出发砍地前，村寨的头人手持一对蜡烛，向氏族神祈祷，希望氏族神能保护开荒者的安全。各家各户还要祭祀村寨之神，并进行祈祷。到了8月薅秧季节，要请佛寺的和尚到田里叫谷魂，并吟诵布朗族名为《谷子的来历》的经书，以迎接谷魂的到来。他们认为只有这样才可获得丰收。"刀耕火种"，是一种很粗放的农耕方式，在这种生产方式下，人们不能战胜自然，为了期望丰收，只有向神灵祈求，希望得到神灵的保佑。在农业生产比较发达的民族中，也不难找到原始耕作的习俗。在广西桂北的红瑶、花瑶、盘瑶居住的地区，流行着一种古老的习俗，无论谁家开荒，全村的男女都要前去帮忙。届时还要请一位歌师击鼓歌唱来呼唤山神、娱乐山神，借以协调动作，鼓舞开荒者的情绪。这种原始的"共耕"习俗，在瑶族中被完整地保存下来，成为瑶族助人为乐的一种美德。这种团结友爱、互相关心的美德，同样在少数民族狩猎习俗中体现出来。居住

田野民俗采风录

在云南高黎贡山和担当力卡山崇山峻岭中的独龙族，狩猎是其主要的生产活动之一。每当农闲多雪季节，独龙族男子手持弩弓、竹签、扣索，将"巴拉"树的毒汁涂在箭头上，进山打猎。每一位猎手的箭头都有特殊的标志。击中猎物是一种荣誉，分配猎物时，将兽头和兽皮分给射中的猎手。猎手将兽头挂在门口，作为擅长狩猎的标志。猎场上猎获物的分配，根据古老的"见者有份"的原则和习惯，不仅狩猎者，就是偶然相遇的人，同样可得到平均的一份。回到村寨后，猎人们还从自己的猎物中拿出一部分，分送给村里没能参加狩猎的人，否则会受到人们的鄙视。西藏的珞巴族将狩猎视为男子勇敢的象征。每当获得猎物回村时，全村男女老幼都要出村相迎。如果猎获猛虎，欢迎的场面更加隆重，要向猎手献青稞酒，祝福平安，给猎手戴上虎皮缝制的帽子、插上虎须，作为荣耀的标志。这一风俗再现出原始部落时期的遗风和美德。

　　以上所谈只是生产民俗中的个别事例。如果将少数民族民俗的各类事象都展示出来，那真是一个五彩缤纷的世界。在这座露天的博物馆内，我们可以领略各种风土民情，陶醉其中，流连忘返。在这里我们也许会发现，现代文明与传统习俗之间并不存在天然的鸿沟，相反，它们却是息息相通的。有时我们还会感到，所谓的现代文明反不及传统习俗朴素纯真。这只要举一些小小的例子就可以说明。如居住在中国东北地区的鄂伦春族，表现出勇敢剽悍而又大公无私的性格，村庄内部按每户平均分配生活资料，鳏寡残疾者可分到又多又好的食物。给邻里帮忙，向来不索取任何报酬。猎人们驮肉归来，不论相识与否，只要你说声想要点肉，主人会把刀子递给你，任你割取，毫不在意。这和现代文明社会"斤斤计较""向钱看"的人际关系形成鲜明的对照。云南的独龙族社会向来"路不拾遗，夜不闭户"，他们甚至不知道"锁子"为何物。当他们出门时，将食物分装在几个小袋子里，沿途每走一天，就在岩洞或路边的树上留下一口袋食物，留到归途中食用。其他来往行人，即使无粮断炊，宁愿采集野果，也不会去食用他人留下的食物。就连当地的贸易公司，也常将茶叶、食盐、农具之类的货物放在临时搭起的草棚中，经年累月，绝不丢失。广东乳源地区的瑶族，在劳动和走路时，随时可把不愿带走的东西放在路边，只需要打一个草结就可以了。如果砍了一棵树，一时无法运走，同样在木头上打一草结，别人绝不会搬走。傣族和傈僳族等民族一般用石头做标志，这就是著名的"草标制"。施行"草标制"的民族公认偷摸行为是极端可耻和可恨的，舆论的鄙视和谴责使犯事者无地自容。这种传统美德在文明高度发展的社会，已被"谨防扒手"的警告所取代。人们为了保护生命和财产的安全，不得不求助于保险公司。

文明社会强调法治，民俗社会注重道德。道德是一种无形的社会力量，它是民众在长期的社会实践中形成的。道德一旦形成，就成为人与人之间或个人与社会之间关系的规范。美与丑、善与恶、诚实与虚伪、公正与偏私，便是评价个人和集体行为的道德标准。在现实生活中，每个民族都有制约社会行为和道德的标准，而道德观念的强化和实现却是通过某些具体的民俗活动完成的。许多民族民间的"习惯法"（不成文法）的形成和实施，就具有这一特点。比如贵州地区的苗族，民间保留一种社会组织，叫"议榔"（也叫"合款"和"门款"）。款，是一种组织单位，往往集三五个或二三十个相邻村寨为一小款，集几个小款为一大款，每款选出几个年岁大、威望高、有办事能力的人为款首（榔头），然后择定吉日，款首们在一起共同讨论制定"榔规"。"榔规"的内容包括对山林、田园、鱼塘、房产的保护，对水渠、河流、山坡、婚姻纠纷的处理等。它将苗族的道德标准条理化，大家必须遵守，违犯榔规者要受到处罚。这样就保证了社会的稳定、财产的安全和人际关系的和谐。瑶族的"瑶老制""石牌制"和苗族的"议榔制"一样，也是一种古老的社会组织传承。广东连南八排瑶的"瑶老制"中，瑶老分天长公、头目公、先生公、烧香公、掌庙公、放水公等。天长公为最高首领，由各姓、各房的老人轮流推选，一年一换，一个人一生中只能担任一次。他的主要责任是调解纠纷，处理盗窃案件和对外进行交涉（包括指挥战斗）。其他诸公负责宗教、农业生产事宜。广西大瑶山和贵州荔波等地的瑶族施行石牌制。几个村寨为小石牌，数个小石牌联合成一个大石牌（总石牌），每个石牌都根据自己的实际情况制定石牌公约。瑶民经过讨论，将维护社会秩序、保护个人财产及有关婚姻制度的规定，刻在石牌上或木牌上，叫作"石牌律"。由石牌头人监督执行，违犯者要受到惩罚。类似的制度和习惯法，在中国少数民族中普遍流行。它不仅对维护社会秩序、保护财产安全起到作用，而且对保护民族居住地的自然生态的平衡也有积极作用。如许多民族村寨中的乡规、乡约，规定了对山林、土地、水利资源的保护，避免自然环境生态被破坏，是一种优良的道德传统。但是，过去由于极左路线和思想的干扰，所有乡规、乡约被当作封建主义流毒加以批判和废除，传统道德的堤防被冲垮，于是大片的森林遭到破坏，水土流失，生态恶化。

民俗从来都是一种美的创造和积淀。中国少数民族民俗千姿百态，每一民俗事象都经历了历史的考验和筛选。尽管社会发展，时代更替，但优秀的民俗文化传统却超越时代和空间的界限，一代一代流传下来，历久不衰。有人认为，民俗具有保守性、封闭性，这是一种误解。其实，民俗社会是相当开放的，它总是随着时代的发展，在传承内容和形式上做出不断的调整、充实和改变。今天我们在各民族中所能看到的各类民俗事象，诸如居住、服饰、饮食、生产、交通、家庭、村落、婚姻、丧葬、宗教、信仰、巫术、禁忌、节日、竞技等等，都是民俗文化不断演进和沉积的结果。从每一民俗事象发展的轨迹中，我们可以看到它的产生、发展、定型、传承，集中体现出民众的聪明智慧和对美的热烈追求。

第三节　集体的审美和创造

马克思曾经说过，人的本质在于它的社会性。在民俗社会中，每个人从降生的时候起直至死亡，都生活在一定的民俗文化环境之中。在生命的整个过程中，他无时无刻不在接受民俗文化传统的熏陶和影响。父母、家庭、学校、社会所构成的全方位教养，民俗文化的潜移默化作用，渗透到人生的各个环节之中，培育每个公民成为社会合格的一员。人类创造了民俗文化，民俗文化又影响人们心理和性格的发展，这便是人与社会、人与文化的合乎规律的发展。

民俗是人们在日常生产和生活实践中，靠口头和行为方式创造和传承的风尚、习惯和喜好。任何一种民俗事象都是社会性的，而不是个人的行为。个人独特的习惯和喜好，如果不和社会的共同习俗相结合，便不会得到社会的承认，所以单是个人的行为构不成社会的民俗事象。

民俗从来都是一种集体的审美和创造活动，这种审美创造过程主要表现为两种方式。一是指民俗事象的产生靠集体力量来完成。或者由某个人创造，然后得到社会集体的响应而加以丰富和发展，最后成为全社会的共同行为和规范。如果只有个人的创造和倡议，没有社会集体的响应而便不能成为一种社会的民俗。二是指民俗的流传同样需要集体的行为来完成。有了集体的创造，同时又有集体的传承，民俗才能一代一代流传下来。否则，任何活动只不过是一次即兴行为。

民俗的审美意识怎样通过集体的、口头和行为的方式实现，这是一个十分复杂而又有趣的问题。但是，只要我们对社会流传的民俗事象稍加留意，便不难发现，许多民俗的创造和传承除实用功能外，都与创造者、传播者的审美观有联系。最典型的例子是民间口承语言民俗的传承。

关于文学的起源，历来都是文学家、哲学家、美学家们潜心研究而又争论不休的问题。美学史和哲学史上曾出现模仿说、游戏说、魔法说、心灵表现说、劳动说等等。实际上，纯哲学、纯美学的探讨，都不能圆满地解答这一问题。如果换一个角度，即从民俗学的角度考察，可能会收到事半功倍的效果。文学的源头究竟在哪里呢？在民俗之中。即先有民间的歌唱习俗，然后才有文学的产生，民俗是文学的载体，文学是从民俗文化中分化出来的。

应当看到，民俗是一种原生形态的文化，这种文化具有很强的兼收并蓄能力，宗教、信仰、道德、法律、哲学、文学、艺术等无不包含其中。只有当社会发展到一定阶段时，各种社会科学门类才从民俗文化中逐渐分离出来，成为一门独立的学科。

关于文学的起源，鲁迅先生曾说："我们的祖先是原始人，原是连话也不会说的，为了共同劳作，必须发表意见，才渐渐地练出复杂的声音来。假如那时大家抬木头，都觉得吃力了，却想不到发表，其中有一个叫道'杭育杭育'，那么这就是创造；大家也要佩服，应用的，这就等于出版；倘若用什么记号留存了下来，这就是文学。"① 鲁迅的这段话，是从《淮南子·道应训》"今夫举大木者，前呼邪许，后亦应之，此举重劝力之歌也"引发出来的。"杭育杭育"虽然不是纯文学作品，但它包含着文学的萌芽。而孕育这种文学胚胎的，恰恰是古老的生产习俗。劳动中通过歌唱协调动作，以减轻劳动负担，这种习俗一直延续到今天。如劳动号子、打夯歌、栽秧号、薅草锣鼓等。集体劳动中，通过"杭育杭育"式的呼唤来协调动作，本是原始的语言和音乐功能，后来音乐形式被保存和流传下来，并在此基础上不断地加工改造，由歌手们根据不同的劳动场景即兴创作，填上相应的歌词，于是成为民间流行的各种反映劳动生活的民歌。再往后，又在民歌基础上，出现了长篇抒情诗、叙事诗。所有这些，均离不开民众不断发展的审美意识。

民间口头创作从来都是一种民俗现象。无论汉族还是少数民族都是如此。决定这一特征的首要条件是它的口头性和集体性。中国大部分少数民族只有本民族语言，没有本民族文字，口头语言至今还是他们创作和传承文学作品的主要工具。少数民族的口头创作，无论神话、传说、故事、民歌、叙事诗、谚语和谜语作品，都不是某个人的创作，它们集中了少数民族民众的智慧和才能，由集体创作而成。正因为这样，我们很难确定它的创作权究竟属于谁。如藏族的英雄叙事诗《格萨尔王传》，长达50多部，120多万诗行，但我们找不到它的原始作者，只知道演唱这一史诗的歌手遍布藏区，有几十位。柯尔克孜族史诗《玛纳斯》共8部，20多万诗行，著名的"玛纳斯奇"（指专门演唱《玛纳斯》的歌手）朱素甫·玛玛依，是唯一能演唱这部史诗的歌手，但他也不是这部史诗的原始作者。在柯尔克孜族中，能演唱这部史诗片段的歌手，还有70多位。史诗结构宏伟，卷帙浩繁。史诗是人类社会发展史上特定历史时期的特殊文学现象。它产生于原始社会末期和奴隶社会初期，以描写部落战争和歌颂部落英雄为其宗旨，但它的最后定型却往往要经历数个世纪。在这一漫长的发展过程中，众多的歌手参加进来，他们筛选、加工、再创造，最后形成一部反映历史和全部生活的"百科全书"。同时它也是一种美的象征。史诗中的主人公自然也就成为民族心理和性格的化身。

---

① 鲁迅：《门外文谈》，载《鲁迅全集》第7卷，人民文学出版社，2005年，第75页。

民间文学的集体审美意识，不仅表现在创作上，而且表现在流传上。一部民间文学作品一旦产生，很快就会在民间传播开来，但是它的传播向无定谱。每一个传播者在每一个传播环节上，都有可能根据传播地区的具体情况、客观实际生活的变化和需要、传播者的思想感情和愿望及审美情趣，对原作进行不断的加工和改造。民间许多脍炙人口的作品，就是经过这种反复的锤炼，才一代一代流传至今的。如果没有这种传播上的集体审美和创造，作品就可能失传。

请看下面的例子：

泪滴玉杯（缩写）
（满族）

从前，有个老太太，一辈子就生了一个儿子。这小伙子长得再难看也没有了。丑虽丑，但九腔十八调，样样精通。你要听哪个调，他能给你来哪个调，小伙子就专门靠唱唱供养母亲过日子。

有一天，他到离家不远的一个大堡子里唱唱，被一位聪明美貌的姑娘黄娥听见了。黄娥叫丫鬟把唱唱的叫来，他唱得太好听了。

小伙子跨进黄娥家的大门，黄娥见他长得奇丑，赶忙叫丫鬟把他赶出门去。而小伙子却愣住了。他走乡串沟到处唱唱，眼见的姑娘也有成百上千，就没有这么俊的了。

打这以后，这丑小伙一天到晚想黄娥，几天下来，就病倒了。有一天，他对母亲说："娘呀，我眼看就要死了，你去把那姑娘叫来，我想和她见一面。"

老太太没法，只得到黄娥家，向姑娘讲明实情，黄娥便随老太太到家，丑小伙却昏迷过去。黄娥只得走了。

丑小伙临死时，要母亲答应他一件事。他说："我死之后一百天，正好是清明，你去给我上坟时，把我的心从坟里拿出来，日后必有人来买，你就多要钱，留着做你养老之用。娘呀，你可千万记住！"说完，他眼睛一闭，就死去了。

老太太照儿子的话去做。果然有一天来了两个寻宝人，用二百两银子将小伙子的心买走了。这颗心变成了一只绿莹莹、透明、晶亮的玉石杯,这玉杯还可以根据寻宝人的要求,围着桌子转圈唱歌,唱得再好也没有了。

寻宝人拿着玉杯卖唱挣钱。说也巧,这一天,唱到了大堡子头,被黄娥听见了。黄娥便将这只玉杯买下。玉杯唱歌,黄娥越听越觉得和死去的那个小伙子的歌唱一样,听来听去难受起来。心想,这小伙子一片痴情,年轻轻的丧了命,还撇下个孤老太太。想着想着,眼泪直往下掉,赶巧掉在玉杯里。这玉杯跳下地,"吧嗒"一声,蹦出个青衣褐帽眉目清秀的小伙子。

黄娥一惊,问:"你是谁?"

小伙子说:"你说我是谁。你刚才寻思谁?"

黄娥说:"你是唱唱的?"

小伙子说:"不错,你那时看我丑,这时你看我怎样?"

玉杯不见了。后来他们成了夫妻。①

会唱歌的酒壶(缩写)
(达斡尔族)

很早以前,有个白音,家里只有一个长得像天仙一样的千金小姐。

有个穷人家,母子俩靠打鱼生活。儿子打鱼时爱唱"扎恩德勒"②,鱼儿听到歌声都游到江边来,小伙子每天打回很多鱼。

白音家的女儿,最喜欢听小伙子的歌声。她总想见见小伙子,时间一长,就病倒了,茶不思,饭不想。白音请萨满(巫师)跳神驱鬼,也不管用。最后,姑娘说:"只有把唱歌的小伙子请来,当面唱歌,兴许病就好了。"

小伙子被叫到白音家,天天唱歌,但只许隔着布帘唱。有一天,白音的女儿轻轻地掀开布帘,不料,唱歌唱得那么好听的青年,长得却那么丑,一头烂秃疮,烂眼边,一脸大麻子,个子矮墩墩像个板凳。这副模

---

① 张其卓、董明整理《满族三老人故事集》,春风文艺出版社,1984年,第232页。
② 扎恩德勒,达斡尔族语,意即民歌。

新奇的民族民俗世界

样,吓了小姐一跳。而小伙子看到天仙一般的姑娘,看呆了,竟忘了唱歌。小姐把小伙子赶走了。

从此,小伙子得了相思病。临死前,他想见小姐一面,小姐拒绝了。临死时,他告诉母亲,死后将他的心埋在门槛底下。过些时候,用这颗心周围的土和成泥,再用这些泥捏成一个酒壶。这个酒壶,不管谁,只要倒上点酒就会唱歌。母亲照做了,酒壶果然会唱"扎恩德勒"。

有一天,酒壶让一位过路人高价买走。他到处走,到处打酒。酒壶一倒酒就唱歌。从此,这个酒壶远近闻名。

白音家请过路人去喝酒,酒壶越唱越起劲。小姐坐在酒壶边,觉得歌声很熟悉。这时酒壶停下来,说起话来,叙说自己的不幸遭遇。话音刚落,酒壶就炸开了,把白音小姐给炸死了。①

以上是两则流传于不同地区、不同民族中的故事。故事的情节大同小异,属于同一故事的不同变体。两则故事通过具体的人物形象,表达了创作者和传承者对美与丑、善与恶的不同观点。在满族的《泪滴玉杯》中,小伙子的丑与黄娥的美是统一的。这种统一性表现了他们心底的善良,所以有一个喜剧性的结尾。而在达斡尔族的《会唱歌的酒壶》中,小伙子外形的丑与内心的美,白音小姐外形的美与内心的丑是对立的,所以故事的结尾是一个悲剧。两则故事比较,我们可以看出满族和达斡尔族在审美意识上是有差异的。满族故事委婉曲折,充满了人情味;达斡尔族故事朴实真挚,爱憎分明。

民间文学的传承永远是一个不停息的过程。具体到某一作品,开始创作和流传时,情节、内容、形式大都是十分简单的,越到后来,内容越来越丰富,形式越来越优美。比如,广东、广西、贵州的汉族、壮族、仫佬族、苗族、布依族等民族中流传的刘三姐(或刘三妹、刘三娘、刘三姑等)传说,是一个跨区域、跨民族,播布很广的作品,文献记载也很多。"传闻刘三姐,系广东潮梅人,有歌唱之天才。走遍两粤,不获一对手(意即找一个男子,最会歌唱的,与她对歌;唱得比她高妙的,她就嫁他)。后至立鱼峰,遇一农夫,

---

① 萨音塔娜采录、翻译、整理《达斡尔民间故事选》,内蒙古人民出版社,1987年,第199页。

与彼对唱,一直唱过三年又三月,三姐似不支,心中一急,呆然化为石像。农夫瞧瞧,叹息一声,悠然他逝。"① 这则记载十分简略,但保留了传说的核心,即刘三姐善于唱歌—与人对唱—结果化作石像。研究发现,至今还在民间流传的刘三姐传说,其内容和情节都要复杂丰富得多。有的增加了刘三姐与秀才对歌。有的增加了刘三姐遭到土豪的迫害,群众保护了她,地主拉三姐抵债,三姐反抗入狱等情节。有的故事则说刘三姐为自己的哥哥所害。同一故事,在不同地区、不同民族中流传,讲述者对故事中人物的生活和命运的认识、理解程度也就不同。于是在各自的讲述中,必然会增加或删去一些成分,使故事中的人物越来越鲜明、丰满,情节变得越来越复杂、生动。于是刘三姐被奉为歌仙,在富于歌唱传统和习俗的地区和民族中,人们必然十分崇拜她,讲述中也必然将民族集体的感情和审美意识倾注到刘三姐这一形象之中,使之成为箭垛式的人物,成为民众智慧的结晶。

任何民俗事象都遵循着集体创造和审美的原则。只有这样,民俗才能一代一代传承下来。如果在传承过程中,中断了集体的创造和审美,民俗就会消亡,这是民俗传承的普遍规律。人们每时每刻都生活在一定的民俗文化环境之中,我们只要稍加留意,并认真回顾自己成长的过程,就会发现,我们周围的民俗事象的变化都与集体的智慧和参与有关。在中国少数民族地区,随着社会和各民族地区经济、文化的发展,民俗文化也在发生急剧的变化。原来传承的许多民俗事象有些因不适应变化了的生活,渐渐消失;有些民俗事象则不断吸收社会变革中的新因素,继续传承下来;同时新的民俗又不断在我们身边产生。所有这些,都是社会的、集体的力量所为,不是某个个人的意志,也不是行政命令的结果。

---

① 刘策奇:《刘三姐》,《歌谣》周刊1925年3月15日第82号,第8版。

第四节　民俗传承的审美认同

民俗是一种大规模的时空文化的连续体。所谓"大规模",一是指任何一种民俗的流传都不只是在一个局部的范围之内,它往往突破地域、民族甚至国界,在更大的范围内传播,其覆盖面十分广阔;二是指民俗活动从来都是由千百万民众自愿参加的集体活动,得到社会成员的一致认同。所谓"时空文化",是指民俗事象时间上的传承性和空间上的播布性而言。民俗文化不是静止的,而是流动的。现在仍在民间流行的民俗,与传统民俗之间都存在着历史的渊源关系。各民族民俗在时间上代代延续,在空间上相互撞击、吸收、融合,由此构成一种时空文化的整体。所谓"连续体",是指民俗是一种历时持久的,由社会所传递的文化形式。

了解民俗的如上特征,对准确地把握民俗的传承是有益的。我们知道,传承是使民俗得以延续的重要手段。实际上,影响这一手段得以发挥的,是一定地域、社会和民族的共同心理。正是这种独特的心理,决定了人们对祖先遗留下来的东西(包括习俗、知识、成见等)不会轻易放弃,而要千方百计一代一代延续下去。这种潜在的心理因素也许是不可抗拒的,它使许多民俗事象带有保守性和稳定性。

另一方面,我们还应看到,民俗是一种带有活力的流动文化。民俗一旦形成,除纵向传承外,它必然要进行横向的渗透和传播,即由一个地区传向另一个地区,由一个民族传向另一个民族。各地区、各民族民俗相互交流和影响,打破民俗原有传承的保守性和稳定性,融合进许多新的成分。

民俗的传播是十分复杂的文化现象。民俗在传播过程中,总是在进行不断的分化和整合。一般说来,一种民俗从一个地区传入另一个地区,从一个民族传入另一个民族,既有客观的传播条件,又有主观的心理承受因素,两者缺一不可。引起民俗向外传播的方式大致有两种:一种是战争和迁徙方式,一种是和平采借方式。历史上,战争、天灾、人祸或其他原因,迫使一个民

田野民俗采风录

族的人群发生大规模的迁徙，民俗文化也随着人群的迁徙，由一个地区进入另一个地区，并很快和这一地区原有的民俗混合在一起，逐渐形成适应当地自然环境、生产方式和生活方式的新民俗，为人们所共同接受，并随之传播开来。比如，原来生活在中国东北地区的满族，入关后，用武力统一全国，同时也将满族的许多习俗带到汉族地区。满族原是女真族的后裔，入关以前虽逐渐南迁并接近汉族地区，生活环境和条件有了改变，但由"善骑射、喜耕种、好渔猎"的生产方式所决定，原来的传统习俗并未改变。以服饰而言，满族男子留颅后发，编结成辫，垂于脑后。当满族入主中原后，曾在全国范围内强令推行这种发式。顺治二年（1645年）六月，豫亲王平定江西后，朝廷旨令："各处文武军民，尽令雉发，倘有不从，军法从事。"①同年又谕礼部："向来雉发之制，所以不即划一，听令自便，盖欲天下大定，始行此制，今者天下一家，岂容违异，自今以后，京师内外，限旬日尽令雉发。"并严令声称："遵依者，为吾国之民，迟疑者，为逆命之寇，若惜爱规避，巧言争辩，决不宽贷。"这种严厉的政策曾在全国引起轩然大波，违命被杀者不在少数。因此，民间有"留头不留发，留发不留头"之说。从此以后，清朝男子不分满汉、老幼，一律雉发垂辫。辛亥革命后，清朝灭亡。民间风俗一个很大的转变，就是剪辫子，并且视此为革命的标志。民谚说："大清国，改中华，人人都把辫子割。"即指此而言。除男人留辫子外，清代民间服饰的变化还表现在男子戴礼帽、便帽（瓜皮帽），穿长衫、马褂；女人穿旗袍。马褂、旗袍是满族服装，后来为汉族和一些少数民族民众所认同接受，变为日常生活中的着装，一直延续下来。清代民间还有穿坎肩的习俗，男女都穿。坎肩是汉族服饰，始于隋朝。因为它实用、美观，为满族所接受。坎肩又称"马甲"，今天仍不失为一种时髦的装束。满汉民俗文化的最初交流，通过一种特殊的方式——战争而进行。当清朝的统治地位一旦巩固，满族又逐渐吸收汉族文化，丰富和发展自己原有的民俗文化。这就形成了民俗在和平环境中的传播。

在和平环境中，各民族友好相处，民俗文化的传播就不像战争时期那样通过民族迁徙来完成，而是运用一种和平的相互采借方式，即各民族互相吸收

---

① 蒋宸骐：《东华录》，转引自王云英《清代满族服饰》，辽宁民族出版社，1985年，第5页。

对方民俗文化中的某些部分，作为发展本民族民俗的借鉴。这种传播方式比较简单，是在各民族之间生活比较稳定的情况下，通过对某一民俗事象的审美认同，自然地采借和传播。

民俗审美中的认同意识常常表现为一定的过程，这一过程一般包括如下几个阶段：

第一，价值取向阶段。民俗一旦产生，必会表现出一定的实用价值和审美价值，这种价值决定刚刚萌芽的民俗能不能得到社会的承认和传承。民俗价值的判断，往往由民俗的发动者和传承者共同认定。凡是没有价值的民俗，在短暂的时间里就会被淘汰；而有价值的民俗，却因得到民众的喜爱传播开来。如中国云南省剑川地区的白族，每年正月十五流行过"姊妹节"的习俗，白族称为"青姑娘节"。关于这一节日的起源，白族中流传着一则带有悲剧色彩的传说。传说中的主人公——青姑娘，既聪明美丽，又勤劳善良。她从小做了童养媳，受尽了婆婆和小姑的虐待，最后走投无路，跳河自尽了。白族群众，特别是青年男女，非常同情青姑娘的不幸遭遇，于是举行一种仪式来悼念她。到了每年的正月十五这一天，白族青年纷纷凑钱买纸，扎一个青姑娘的模拟像，施以彩绘，给她穿上白族妇女的服装，然后敲锣打鼓，将青姑娘从河边迎到打谷场上进行祭奠。晚上又抬着青姑娘的模拟像，到村里各条街道走一趟。青年们边走边唱，叙述青姑娘的身世。过后，又回到打谷场，将青姑娘放在秋千上荡一荡，一直娱乐到深夜。也有的地方，事先选一位姑娘扮演青姑娘，大家去拜访她，送给她各种礼物。"青姑娘节"在白族地区一直流传至今，这说明白族民众十分肯定这一民俗的价值，人们通过对青姑娘的追念仪式寄托了非常美好的愿望，并希望青姑娘的悲剧不再重演。

第二，审美认同阶段。审美认同是指当一种民俗在某一地区、某一民族中开始流传时，不但得到本民族民众的喜爱，而且引起周围地区和民族的注意。这种注意意味着一种民俗的价值，将要得到它周围地区和民族的更广泛的承认，同时也标志着一种区域性、民族性的审美认同意识即将实现。为什么中国许多少数民族，尽管所处的地域不同、语言不通，但许多民俗现象却表现出大同小异？其中一个重要的原因是，他们对许多民俗事象，在审美上是共同的。比如，春节、端午节、中秋节这三大节日，原在汉族中流行，但许多少数民族也过这些节日。在婚姻习俗中，汉族古代盛行纳彩、问名、纳吉、纳征、请期、亲迎等"六礼"，这种礼俗也得到许多少数民族的认同，我国至今还保留着关于"六礼"的一套完整的仪式。这都说明审美认同在民俗传承中起着非常重要的作用。

第三，采借置入阶段。采借置入是在价值判断和审美认同的基础上进行的。一种民俗产生后，它周围的民族了解了这一民俗的价值（包括美学价值），觉得在本民族有吸收这一民俗的必要，于是这一民俗就被采借过来。但是，我们应当明白，这种采借不是无条件的、盲目的行为；相反，它要根据本民族的实际情况（地域的、心理的等），对被采借的民俗加以改造，然后置入本民族民俗文化环境之中并吸收、融化，使采借来的民俗以一种新的形式开始在本民族中传播。这就导致一种民俗在向异域传播时，其含义、形态、功能都发生了变化，这种变化是正常的，符合民俗发展的客观规律。

中国是一个统一的多民族国家，中华民族是包括各少数民族在内的民族共同体。形成这一民族共同体的重要标志之一，是各民族具有共同的风俗文化。而这种共同的风俗文化，又是在漫长的历史过程中，通过民俗的时空传播形成的。所以，我们今天在考察某一民族的民俗事象时，都会发现这些民俗事象不是孤立地存在于某个民族之中，而是和其他民族的民俗事象紧紧联系在一起。只有通过各民族民俗的比较，我们才能发现它们传播的规律。

也正是民俗的时空传播，造就了中国少数民族地区许多壮美的人文景观。如西北地区的甘肃、青海等"花儿"流行地区，常举行一年一度的花儿赛会。"花儿会"可能起源于高原民族的民间农业祭祀活动，或者是在传统庙会（祭神）活动中兴起的。也有人认为它是原始的群婚习俗的遗留。"花儿会"的原始形态究竟是什么？学者们十分关心这一问题。今天仍在流行的"花儿会"，已成为西北地区花儿爱好者的盛会。每年夏季到来时，各地的"花儿会"赛事频繁，吸引了成千上万的唱家和群众。按时间排列，较大型的花儿会有农历四月二十六日至二十八日的和政县松鸣岩花儿会、五月二十七日的岷县二郎山花儿会、六月一日至六日的康乐县莲花山花儿会、六月六日的青海大通元朔山花儿会、六月十五日的青海省海东市乐都区瞿坛寺花儿会等。其中莲花山花儿会规模最大，参加人数最多时可达三四万人。无论各地区、各民族花儿的演唱风格有多大差异，作为这种民歌的演唱习俗，各民族是共同的。

第二章
舒适的居所

第一节　自然美和创造美的巧妙结合

在现代文明社会里,每个人都有一个温暖的家庭和舒适的居所。家庭,给人以快乐和安慰;住所,保护人免受大自然的侵袭。因此,家庭在每个人的心目中都是十分重要的。

家(包括家庭、居所),作为居住习俗和文化创造,是社会发展到一定阶段的产物。考古发现表明,人类居住习俗的形成大约出现在旧石器时代晚期。在此之前,人类不是暴露在自然之中,就是群居于天然的洞穴之内。宇宙是广阔的,人类是渺小的,只能听任大自然的摆布。后来,随着社会的不断发展,人类认识自然和战胜自然的能力不断提高,这时他们开始营造人工居所。人工居所的营建不仅缩小了人类生活的空间,使安全有了保障,而且也是真正的居住民俗形成的开始。

人类最初的居住形态究竟怎样,已无可考。文献只留下一些片断的记载。

凡居民材,必因天地寒暖燥湿,广谷大川异制,民生其间者异俗。

——《礼记·王制》

田野民俗采风录

> 昔者先王未有宫室，冬则居营窟，夏则居橧巢。
>
> ——《礼记·礼运》

> 上古穴居而野处，后世圣人易之以宫室，上栋下宇，以待风雨，盖取诸大壮。
>
> ——《周易·系辞下》

> 上古皆穴处，有圣人出，教之巢居，号大巢氏。今南方巢居，北方穴居，古之遗迹也。
>
> ——《太平御览》卷78引项峻《始学篇》

从这些简单的记载中可以看出，民居的建筑受"天地寒暖燥湿"等自然条件的影响很大。自然条件的差异造成民居形式和居住习俗的不同。另外，所谓的"穴居"与"巢居"，已不是天然的山洞和树穴，而是指人造的居所。"营窟"指人工开凿的地穴（现代山区居民的窑洞可能是其遗俗）；"橧巢"是一种半地穴式的居住形式，多见于平原地区。古人认为北方人穴居、南方人巢处，其实是一种误解。实际上，南方民族同样经历了早期的穴居生活。后来为适应自然环境的变化，橧巢式的居住形式才向着更高的层次转化，变为地上建筑。

人工居所的建造是人类文明发展史上的一大进步，它的贡献不亚于火的发明。其一，人工居所的建造大大缩小了人类生活的空间，结束了暴露于自然而带来的悲惨命运。这种安全的庇护之所为人类的繁衍发展创造了极好的条件。其二，人工居所的建造对保护人类文明成果起了重要作用。包括火种在内的许多发明创造，有了安全的储存库。其三，人工居所的建造带来了婚姻、家庭、社会制度的一系列变化，推动了社会的向前发展。其四，人工居所的不断改进和完善体现出人类审美意识的进展过程。从原始的"营窟"式、"橧巢"式建筑到现代化的高楼大厦和巍峨的殿堂，它们之间存在着一种必然的联系，表现出人类审美意识在不断升华。

在谈到民居建筑与居住习俗时，我们不能忘记自然给予人类的伟大启示。

自然永远是人类学习的理想课堂，顺应自然所得的鼓舞和违背自然受到的惩罚，使人类在经验与教训中变得越来越聪明、干练。民居的建造与传承也是如此。从民俗形成的历史发展中，我们清楚地看到，现在在各民族中传承的千姿百态的建筑样式，从取材、设计、构造，无不和当地的自然环境（包括气候等）相协调。人类将智慧倾注在居所的建造上，这使各民族的民居文化充分体现出自然美与创造美的巧妙结合。

当然，我们并不否认民居是一种综合性的文化。它的建筑除受到自然条件的制约外，还受到政治的、哲学的、社会的等其他因素的影响。就是处于相同自然环境中的民族，由于信仰不同，民居建筑的样式和居住习俗也会不同。但无论怎样，它都不能摆脱客观自然环境对它的制约。自然环境既决定各民族的生产方式和生活方式，也决定各民族民居的独特形式和风格。比如，中国东北地区独特的自然环境影响和决定着生活在这一地区的满族、达斡尔族、赫哲族、鄂伦春族、鄂温克族、朝鲜族等民族的居住方式和习俗。在地理位置上，中国的东北地区位于北纬39—54度之间，是中国所处纬度最高的地区；南临渤海、黄海，兴安山地和长白山地形成环抱状，中间是辽阔的东北平原；气候上，冬季漫长严寒，夏季温暖短促，雪量、雨量充沛，土质肥沃；尤其是森林资源特别丰富，素有中国第一"林海"之称，林区所产貂皮、鹿茸、人参被誉为"东北三宝"。生活在这一地区的各民族，为适应独特的自然环境和生产方式，创造了特有的民居形式。居住在大小兴安岭地区的鄂伦春族和鄂温克族，以往过着游猎生活，逐兽迁徙，这使他们每一季节都要选择猎物较多的地区为落居地点。他们居住的是临时搭起的圆锥形的"撮罗子"（又叫仙人柱、歇人柱等）。这种居所是临时搭制的，夏季外部围以桦树皮，冬季围以兽皮。赫哲族生活在三江平原，以渔、猎生产为主。他们的住房有临时和固定两种。夏季捕鱼季节，他们住临时性的"撮罗昂库"，这也是一种圆锥形的草屋，它的外形与鄂伦春族、鄂温克族的"撮罗子"相同。更为简便的居住形式，是将许多细长的柳条弯成半圆形，两头插入地里，上面加几个横条，苫上草，就可以住人。冬季住"地窨子"（赫哲族语"胡日布"），挖地二尺多深，上面立柱脚，架上檩、椽、薄条，铺上草，培上半尺多厚的土即可。里面架铺或搭炕。

东北鄂温克族的撮罗子　　　　东北鄂伦春人正在搭建撮罗子

"撮罗子"和"地窨子"都是原始的居住形式。现在除生产性需要外,基本上已被淘汰。东北地区较有代表性的是满族的民居形式。满族祖先也曾经历了穴居野处生活。《后汉书》卷115记载,挹娄(满族先民)"处于山林之间,土气极寒,常为穴居,以深为贵,大家至接九梯"。《唐书》卷229记载,靺鞨(满族先民)"居无家庐,负山水坎地,梁木其覆以上,如邱冢,然夏出随水草,冬入穴"。这种地窨子式的居所,完全是为了抵御严寒,也说明当时室内取暖问题并没有解决。辽代以后,满族先民开始建造地上房屋,以后又逐步加以完善。

满族民居多依山傍水,山石、林木为主要建筑材料。住房以毛石砌墙,木柱支撑房梁,高八尺,房顶起脊成"人"字形,茅草苫顶。房屋一般为三间,也有四间五间的。门朝南,屋内北、西、南三面建炕,成"匚"字形,俗称"蔓字炕"。西炕为上,不住人。炕内烟道与锅灶相通,便于取暖。南北留窗,冬天北窗堵死,以御风寒,夏天打开,便于通风。窗户分上下两扇,窗纸用油浸过,糊在外面,免得被雨雪淋湿。这种习俗一直保持到清代满族入关。北京故宫原来也是窗纸外糊。"窗户纸糊在外"被认为是东北三大怪之一,实际上比汉族的方法先进。

满族的居住方式直接影响了东北其他民族。如达斡尔族由于以往游猎生活所形成的习惯,聚居的屯子总是选依山傍水、风景秀丽的地方。院墙是用柳条编织的带有各种花纹的篱笆,正房与满族的相同。屋里南、北、西三面铺火炕,连在一起组成"蔓字炕",炕墙用油漆木板镶嵌,上面装饰有鸡、凤、

新奇的民族民俗世界

鹌鹑等动物图案，朴实生动。延边等地的朝鲜族民居，大都以木杆搭架，屋顶分为四个斜面，上面用稻草、瓦片覆盖。室内用砖或薄石板铺成火炕，炕面铺纤维板，漆成黄色，平滑而光亮。屋舍内外用白灰粉刷，在青山绿树的掩映下，给人以醒目、整洁、舒适的感觉。

东北满族的民居建筑

东北地区地处高纬度，冬季漫长，气候严寒，自然生态异于内地。这些条件影响到民居建筑，必须注意保暖而不太讲究外观装饰。火炕的设置，成为东北地区各民族民居的一大特色。这和中国南方的民族的民居建筑形成了鲜明的对比。傣族的竹楼，土家族、侗族、布依族、苗族的吊脚楼，拉祜族的掌楼，羌族的碉楼，傈僳族的千脚落地房，布朗族的茅草房，黎族的船形屋，白族、纳西族的"三房一照壁"，千姿百态，各与山水相宜，表现出十分浓厚的山地民族的文化特色。

地处云南滇西地区的大理白族聚居区，民居建筑与自然相和谐，在中国少数民族民居建筑中独树一帜。这里得天独厚的自然胜景，久负盛名。苍山洱海，载雪紫云，湖波澄碧，被誉为"东方瑞士"，是遐迩闻名的风光旅游胜地。这里气候温暖湿润，土质肥美，无霜期达300多天，最宜于花木生长，繁花似锦，四季皆然。加上众多的古文化遗址（如大理三塔寺、蛇骨塔、南诏德化碑等）和古朴有趣的风俗，使人心旷神怡。

俗谚说"大理有二宝，石头砌墙不会倒……"，道出白族民居的一大特色。大理被称为"石头城"。用石料建筑民居是大自然的一种赐予。那散布于苍山洱海之间的白族民居，整齐、庄重、轩昂、大方，白墙青砖，耀人眼目。这种美感的产生不仅来自自然，还来自人工的创造。白族民众用苍山产的花岗石、片麻石、青石、鹅卵石砌墙，每幢房屋向外的三面檐口，都用薄片青石封闭得严丝合缝。屋顶以板瓦为沟，筒瓦为顶，沙土石灰黏合，墙面用石灰粉刷，山墙屋角喜用图案装饰。典雅大方，经济美观，是白族民居建筑的追求。

大理白族的民居建筑

白族民居中的门楼

白族的能工巧匠们，还把他们的艺术才能倾注在门窗雕刻和大门的装潢上。每幢房屋一般分为三间，左右两间为卧室，中间为客厅。客厅门面用三合六扇格子门组成，格子门的雕刻工艺十分精巧。每扇门又分上下两截，下半截常雕以各种动物图案，全采用浮雕方式，造型朴实，概括洗练；上半截采用多层镂空手法，底层为几何形连续花纹，表层以山石花鸟或人物故事做浮雕，线条柔媚，栩栩如生。这种雕花格子门扇出自剑川木匠之手，市场上常有整堂整堂的雕花门扇出售，建房者可自由选购、安装。

白族民居也很注重门楼的装饰，门楼的不同形式还标志着屋主人的身份。比如，一高两低（中间高，两边低）表示屋主人曾获取过功名。讲究一些的门楼，飞檐串角，施以泥塑、木雕、彩画、石刻、大理石屏、凸花青砖等，组合成丰富多彩的主体图案，玲珑剔透，均衡对称，和谐优美。白族对民居建筑有着很高的美学追求，不仅讲究局部的美观，而且追求整体的舒适。这种审美意识充分表现在白族民居院落的组合上。

白族庭院有各种形式，如"两房一耳""三房一照壁""四合五天井""六合同春"等。其中，"两房一耳"，即两幢楼房相互垂直，交叉处有一个较小的耳房。两房中间又以北房和西房为主房，北房对面砌有瓦顶飞檐的粉墙，称为"照壁"，房屋与照壁围成一个天井。所谓"三房一照壁"，是指三幢楼房，主房对面建照壁，中为天井。"四合五天井"是指四幢楼房，每每相交处都有一个小天井，加上院心的天井，构成"五天井"，庭院环境和整个自然环境相协调。另外，多数人家的天井里均砌有花坛，种一两株山茶花、缅桂花或丹桂、石

新奇的民族民俗世界

白族民居中的照壁

榴、香橼，整个庭院花香四溢，恬静幽雅。白族民居的美得苍山之助也。

在中国少数民族村落民俗中，侗族鼓楼和风雨桥是又一大人文景观。它像一颗建筑艺术明珠，闪烁于侗乡山寨之中。在中国湘、黔、桂三省（区）毗邻地区，重峦叠嶂，江水奔腾，杉木葱茏，桐茶遍岭。群山环抱中，依山傍水坐落着无数侗族村寨，杉木建造的木楼鳞次栉比。当人们进入侗乡，无论向哪一个村寨望去，最先映入眼帘的，必是那形似宝塔而又高大壮美的鼓楼。这种鼓楼普通的村寨只有一座，较大的村寨则有三四座。

侗族村寨多依山傍水而建，这就自然构成一种多层次的立体布局。在这种布局中，往往在密集的建筑群中，辟出空地建造鼓楼。鼓楼的形式多种多样，有门厅式——单层或重檐；楼阁式——层檐间距大，与一般楼阁相似；门阙式——常设于寨门处，与寨门合一；密檐式——集塔、阁、厅于一身，形似宝塔。如果按建筑平面分，可分为正方形、六边形、八边形等。侗族工匠施工不用设计图纸，只是将竹竿削去青皮，称作"香杆"，鼓楼的构件尺寸和数据刻画在香杆上面，使用起来横比竖量，得心应手。侗族地区盛产杉木，素有"杉海"之称，因此杉木成了侗族民居（包括鼓楼）的主要建筑材料。用来建造鼓楼的大梁柱，由侗族中德高望重的长者选定。整个建筑不用一钉一铆，凿榫衔接，结构严谨。鼓楼建筑整体分上下两部分，下半部分像亭子，上半部分像塔。飞阁重檐，层层而上。楼檐雕

广西侗族村寨

侗族鼓楼建筑

龙绘凤，画花饰锦，翘角上施以各种泥塑，尖顶塑宝葫芦、千年鹤等吉祥造型，巍峨庄严，气势雄伟。在山水秀丽的侗乡，鼓楼建筑往往和自然融为一体。它既是侗族民众聚居和娱乐交际的场所，又是传播知识的课堂、行使权力的圣坛。正因为如此，鼓楼成了侗族民众聪明智慧的结晶和民族审美意识的标志。

中国少数民族地区土地辽阔，自然条件和气候存在着许多差异，在长期的历史发展过程中，各民族民众运用自己的聪明才智创造了各种各样的居住形式。从最原始的风篱、撮罗子到蒙古包和各式帐篷，从干栏式房屋到吊脚木楼，从船形屋到现代化的上栋下宇型建筑，组成了一个露天的、分布面极广的民族民居博物馆。它们以客观存在的实体，展现着民居文化的发展历史。

第二节　游牧民族文化的象征

敕勒川，阴山下。
天似穹庐，笼盖四野。
天苍苍，野茫茫，
风吹草低见牛羊。

这是一首大家所熟知的，描写中国古代北方少数民族游牧生活的民歌——《敕勒歌》。这首歌曾被许多史家誉为民歌中的"绝唱"。歌中所指的"穹庐"，就是今天的蒙古包。可见，这种居住样式有着十分悠久的历史。

蒙古包，又称"毡房""帐篷"。古代称为"穹间"(《史记·天官》)、"穹庐"(《淮南子·齐俗训》)、"穹庐"(《匈奴传》)，是中国古代民族，特别是北方游牧民族喜爱的一种居住形式，历久不衰，一直传承到今天。

帐篷型居所是一切游牧民族和游猎民族的文化创造。它既是一种居住形式，又代表着一种文化符号。这种带有拱顶的圆锥形建筑，曾出现在世界许多古老的游牧、游猎或其他游徙民族的生活之中。北美印第安人的"梯皮"，欧洲北极拉普部落的"哥塔斯"，中亚牧人的"由尔塔斯"，南美胡尔切人、佐尼卡人和北非沙漠游徙者的帐篷，尽管名称不同，但形制大都相同，即呈拱形或圆锥形。中国的蒙古族、哈萨克族、藏族等民族的帐篷，也是这种居住文化的一部分。

帐篷型居所的建造是由独特的自然环境和生产方式决定的。因游牧或游猎民族生活在广漠的草原和茂密的森林地带，要根据季节的不同逐水草而居或择林木而处。这种居无定所和游动的生产方式，要求牧人或狩猎者到达一个新的地点后，必须迅速安置新的居所，而且这种居所不仅要容易建造，还要容易搬迁，帐篷型居所正好适应这一特点。现代的帐篷结构已发展得比较先进，可以由工厂制造，便于安装和拆运。

那么，最早的帐篷形式是什么样子，又是怎样建造的呢？生活在中国东北地区的鄂温克族、鄂伦春族，原是以狩猎为主要生产方式，在这里曾普遍流行的"撮罗子"，可能是帐篷型居所的雏形。它的建造十分简单，原料大都就地取材。一般用上端带杈的落叶松木杆，搭成一个三角支架作为基架，然后再加二三十根辅助杆，围成一个圆锥形的伞形骨架。夏季，木架上用桦树皮覆盖，顶端是通风口和烟口，并朝日出的方向开一个小门，屋内生火取暖。就是严寒的冬季，也很舒适。这种古老的居住习俗，今天也还没有完全消失。

在所有帐篷型居所中，较为典型的是蒙古包。"蒙古包"原是满族对蒙古族居所的称呼。"包"，在满语中，是家或屋的意思。蒙古族自称蒙古包为"茫格勒格日"。蒙古包有大有小，但无论大小，建造结构都一样。普通的蒙古包高

搭建蒙古包

田野民俗采风录

内蒙古蒙古族牧民的蒙古包

西藏藏族牧民的帐篷

十三四尺，四周的围墙高四五尺，底部直径小的七八尺，大的一丈多。包门高三尺多，宽二尺多。原始的建造方法不用图纸，一般根据要建的蒙古包的大小，在地上画一个圆圈，便开始建造。建筑材料是草原上盛产的红柳条。砍来红柳条，交叉结成一个下部与地面垂直、上部呈拱形的骨架（蒙古语叫"哈纳"），顶部留一个天窗，然后在整个骨架上搭上毛毡，再用毛绳将毡子系牢，一座蒙古包就算建成了。

蒙古包是游牧生活的产物。在浩瀚的草原上，它的出现打破了自然界的空旷寂寞，带来无限的生机和欢乐。蒙古包缩小了牧民生活的空间，它不仅孕育了民族本身，而且养成了他们独特的心理和性格。许多住惯了高楼大厦的人初次见到蒙古包，觉得很新鲜，继而就觉得这种居住方式太落后了。这是因为他们不了解这种特殊居室的功能。除适应牧民迁徙生活的需要外，这种居室还有许多优点。它的圆锥体造型减少了对暴风雪的阻力，又因它是圆形的，不易积雪，包门很小且连着地面使寒气不易侵入，拱形包顶在雨季不易存水等。包内的百叶哈纳（墙围子），是用几十根长短一致、粗细均匀的木棍以毛绳连接起来制成的，用时拉开做蒙古包的花墙，搬迁时又可折叠起来，做牛车或马车的车板。包顶的天窗，用以采光和通风。这样看来，蒙古包的建造是十分讲究科学的，所以直到今天，它仍然是蒙古族牧民特别喜爱的居所。

生活在新疆地区的哈萨克族，生产以畜牧业为主，这种生产方式同样决定他们必须住在迁徙比较方便的毡房（又称"哈萨包"）里。不过这种"哈萨包"的建造与蒙古包略有不同。它的顶部呈弧形,四壁支杆呈穹隆状。支杆与外层的毛毡之间铺有用芨芨草编成的席子,顶部的天窗上苫活动毡子,便于通风。春、夏、秋三季,哈萨克族牧民都要迁徙牧场,因"哈萨包"易建易拆,带来许多方便。与此相比,藏族牧区的帐篷别具风格。因藏族牧区很少有树木(包括灌木)生长,不可能提供建房的木质材料,因此,藏族牧民用牛毛纺线,织成粗氆氇(粗褐子),然后用这种氆氇缝制成长方形的帐篷。使用时,当中支撑木杆,周围自然下垂,再用毛绳拉开,将边角固定在地上,四周用草饼或牛粪饼垒成墙垣,一方开门,白天将帐篷的一角撩起来,既可得到阳光,又便于出入。晚上,放下帐篷的一角,用绳子系紧,保证安全。帐篷的顶部留一条长缝,沿缝缀上小钩,便于通风和启闭。这种帐篷比蒙古包、哈萨包的建造还要简单,它适应西藏高原多变的气候。质地粗厚的氆氇,可抵御风雪严寒。

游牧民族的文化特征,不仅仅表现在居住形式帐篷上,其他如服饰、饮食、宗教、信仰、婚姻、丧葬等也各有特点。但这些文化现象又都与帐篷有关,如果离开了帐篷居所,一切文化活动就将无从进行。

第三节 农耕稻作民族的文化象征

和游牧民族的居住形式形成鲜明对比的,是中国南方少数民族的干栏式建筑。这种建筑样式的出现,和当地气候炎热、雨量充沛、农耕稻作方式有关。农耕民族不像牧业民族那样逐水草而居,他们世世代代选择适合农业生产的环境长期定居。这样有条件、有时间从事民居建筑经验的积累,从而创造出独具特色的居住文化。这种文化以干栏式建筑为标志。

干栏式房屋的特点是使居室脱离地面,人居其上,畜养其下,充分照顾了南方气候炎热、多雨潮湿的自然条件。这种居所的结构有两种形式:一为纯木结构,一为土木结构。纯木结构多见于平地,以西双版纳傣族的竹楼最为典型。西双版纳位于中国南方亚热带地区,高温多雨。这里不是以春、夏、秋、冬来划分季节,而是以降雨量的多少分为干季和湿季。莽莽的亚热

田野民俗采风录

西双版纳傣族的竹楼

带雨林，覆盖着这片富饶的土地，人们都称它为镶嵌在祖国边疆的一颗绿色明珠。如果登上这块神奇的土地，首先映入眼帘的，是那一幢幢掩映在高大的乔木、果树、翠竹下的精巧竹楼。

傣族竹楼，又叫"干栏"。这种建筑样式的历史极为久远。《淮南子》记载："南越巢居。"《魏书》《周书》《北史》描述僚人的居住情况时说："依树木以居其上，名曰'干栏'。干栏大小，随其家口之数。"《新唐书·南平僚传》说："土气多瘴疠，山有毒草及沙虱唐蛇，人并楼居，登楼而上，号为'干栏'。"这里所说的"南越""僚人"，泛指中国南方古代民族，包括傣族在内。而《云南志略》载："金齿白夷……风土下湿上热，多起竹楼。居滨江，一日十浴。"其"金齿白夷"专指傣族。干栏式建筑的最大妙用，就在于避免湿热的气候，因此傣家竹楼多建于平地或平缓的山坡之上。建筑平面大都是正方形。居住面积50—70平方米。楼分上下两层，一般用24根或40根木柱支撑，构成屋架（大的竹楼可用到120多根木柱），木柱均落于石础之上。楼板距地面2.5米左右，屋顶呈"人"字形，上面覆盖茅草编成的"草排"，或是一种特制的瓦片。这种瓦片三寸见方，薄仅二三分，每片瓦的一边有一钩，挂在椽子上面的竹条上。傣族用火塘取暖和做饭，不用烟囱，烟从瓦缝间透出。楼顶不高，两边倾斜，屋檐及于楼板，所以四周不设窗户。屋檐稍高者，楼上的墙壁用竹编墙，通风良好。竹楼的一端设九级楼梯，楼梯口是阳台。楼上为卧室，楼下一层无遮拦，用来养牲畜、家禽或堆放农具、舂碓、织机等。从外形看，傣家竹楼很像诸葛亮的帽子，所以傣族民间传说中就讲，他们的竹楼是仿照诸

湘西土家族的吊脚楼

新奇的民族民俗世界

葛亮的帽子建造的。

干栏式房屋遍布于中国西南少数民族地区。在苗族、侗族、瑶族、布依族、景颇族、德昂族、仫佬族等少数民族中，都不同程度地保留着干栏式建筑样式。只是在传承过程中，各民族又根据不同的自然环境、气候特点加以改造罢了。如居住在贵州南盘江一带的布依族，房屋常依山而建，他们首先把山坡挖成"厂"字形的平台，平台以下立木柱，搭上木板，与平台取平，作为房屋的前庭。然后，在前庭和土台上建造房屋。台上两层，加上台下一层，共三层。下层关牲口，堆放杂物；中间一层住人；最上一层堆放粮食。一楼三用，不仅充分利用了土地，而且免除了许多建筑用工。这种干栏式房屋，屋顶呈"人"字形，墙壁用木板装修，室内宽敞明亮。

居住在云南滇西山区的普米族善于建造"木楞房"。这种房屋长两丈，宽一丈，四脚立大柱，中央立一方柱，称为"擎天柱"，房屋分上下两层，楼上住人，楼下关牲畜。居住在滇西山区、河谷地带的傈僳族建造房屋时，先在地基上打入数十根木桩作为基柱，留其中几根高大的木桩做整个房屋的支柱，其余的基柱上搭横木，铺楼板。屋顶用茅草或一尺见方的木片铺盖。基柱以上部分围以竹编篱笆，屋子中央设火塘。夜晚，全家人环火而眠。楼下圈养牲畜。人们称这种干栏式房屋为"千脚落地房"。

作为中国南方少数民族农耕稻作文化的代表，干栏式居所特点非常鲜明。它是南方民族原始居住习俗的遗存，是古代"巢居"习俗的延续和发展。除干栏式建筑外，中国南方少数民族还创造了多种居住样式，如许多民族的吊脚木楼和上栋下宇型平房等。有些居所形式甚至和干栏式房屋的历史一样古老。如海南岛黎族和台湾高山族的船形屋，在建筑史上同样具有宝贵的价值。这种居室以当地盛产的竹子做建筑材料，屋顶接地为拱形状，外面覆盖茅草。其实这种建筑形式不仅在黎族、高山族中存在，就

云南纳西族摩梭人的木楞房

海南黎族的船形屋

是在中国内陆地区也时常见到。中原汉族地区看守瓜田和守护庄稼的窝棚，就是船形的。现代化建筑中，也不乏船形屋顶的设计。这说明古代文明与现代文明之间存在着必然的联系，原始朴素的美常为现代化建筑所吸收，并赋予它以崭新的含义。

干栏式居所在中国南方少数民族中，是一种综合性的文化创造。它在人们的日常生活中占有十分重要的地位。首先，新居的建造被认为是农耕家庭的大事，每一个居所就像村落的一个细胞，预示着一个家庭的新生。所以在建房中，村寨的每一户人家都会全力相助。主人建房只需稍备一些建筑材料，然后通知全寨的人家和亲友，大家便会带着建筑材料前来相助。一栋房屋，早晨动工，晚上就会建成，体现出一种和睦相处的协作精神。其次，当新房落成后，要举行隆重的祝贺仪式，"贺新房"成了一种别有情趣的习俗。送纺车的仪式、生火塘的仪式等，在歌声和笑声中进行。之后，许多传统的民俗活动就围绕着这个新的家庭，得到一代一代的传承。

第四节　居住美学的完整体现

帐篷和干栏式居所是中国北方游牧民族和南方农耕民族最早创造的不同居住形式，它们分别代表了两种不同地域、不同民族的居住文化体系。从它们的建造和使用中，我们知道这种建筑受自然条件和生产方式的制约很深。随着社会的不断发展和历史上各民族的友好往来，在汉族居住文化的影响下，中国少数民族的居住样式也发生了深刻的变化。一种适应于各种自然条件、在南方和北方民族中都实用的建筑样式便出现了。这就是在各民族中流行的

新奇的民族民俗世界

上栋下宇型居所。这种居所的建造特点是一般都有夯筑坚实的地基，然后在地基上竖木为柱，连柱架梁，梁上搭檩，顺檩搭椽，构成整个房屋的骨架，屋顶则根据各地的自然条件和民族的审美要求加以变化。雨量稀少的地区采用平顶形，雨量较大的地区采用人字形或一面坡形，上铺茅草和屋瓦。屋墙包柱，用土坯和砖石砌成。窗户、门楣为木刻，建造工艺十分精细。

上栋下宇型居所，是各民族文化高度发展的产物。这种建筑冲破自然环境和气候条件的限制，适用于各个地区和民族。从建筑美学上看，它讲究整体布局和室内装饰。但在具体样式上，各民族又有所不同。

藏族民居

大理白族民居讲究庭园式布局，一家一户，单门独院。建筑格局分正房和左右配房，均为等高的两层楼房。屋顶根据白族地区多雨的特点，建造成人字形，上面用筒瓦覆盖。各房除有门窗的一面外，其他三面山墙用砖石砌成。屋顶重檐，用木柱支撑，形成一个出廊。室内用木板隔间，楼上铺木板。正房对面建造影壁，在墙的右边开门，并建有精巧的门楼，显得典雅庄重。由无数庭园式建筑组成的白族村落，和苍山洱海形成自然和谐之美。纳西族和白族一样，居所也采用庭园式建筑，所不同的是三房中正房较高，两侧配房较低，墙身不是垂直砌筑，而是向内做适当倾斜，借以增加房屋的稳固性。门窗上雕饰花鸟龙凤，两侧山墙各有一条写实的鱼形图案——垂鱼，形象生动。

居住在青藏高原的藏族的住房，与中国其他民族截然不同。一般的民居结构简单，土石围墙，架木于上，其上覆以泥土。房顶系平顶，用当地一种风化了的"亚嘎"土打实抹平建成。室内住人，外院圈牲口，是一种极简陋的庭院式建筑。讲究的庭院建造楼房时，一般用石块砌墙，木头做柱，柱子

藏族民居的室内装饰

较密集，约四平方米便有一根木柱，柱子上面用木头铺排做椽，其上再加楼板。窗户窄小，楼顶有阳台，四周围墙，围墙厚二尺余，相当牢固，中间是庭院。室内的柱头、房梁上用绘画装饰，十分精美。藏族受佛教文化影响很深，这也在房屋建造和室内陈设中表现出来。大的庭院设计雅致，周围是房间，中间是天井，边沿是走廊，房屋旁边有转经筒，屋顶插经幡。在藏族色彩信仰中，红色代表尊严。除寺庙外，一般人家的房屋习惯上不涂红色，只是在室内供养佛龛、经书。木柜、矮桌制作工艺十分精细。屋内不设床铺，平时休息和晚上安寝均在毛制的"卡垫"上。藏族住房形似碉堡，所以习惯上称为碉房或碉楼，它和高原环境相适应，显得朴实浑厚。

羌族的住房也是碉楼形式，多见于羌族居住的高山和半山地带。建筑平面呈方形，平顶。石块砌墙，墙间不施木柱，平直整齐，外形美观。楼高三层，中间住人，下层养牲畜，上层堆放杂物。屋顶上设神龛，供奉白石神。顾炎武在《天下郡国利病书》中说，古代羌人"垒石为碉以居，如浮屠数重，门内以楫木上下，货藏于上，人居其中，畜圈于下，高至二三丈者，谓之鸡笼，十余丈者谓之碉"。直到现在，羌族垒石为碉的居住习俗仍然延续下来。

平顶式房屋多见于中国西北地区的少数民族之中。那里雨量稀少，不需要为加大排水量而增加屋顶的坡度。有的民族还在屋顶留天窗或设屋顶花园。院内还培植各种果树、花卉，显得别有情趣。南方诸民族"上栋下宇"型民居，屋顶多呈"人"字形，坡度加大，排水迅速。房屋大多分为三五间，也有多至七八间的。但无论是几间，都以正中一间为中堂（或称

羌族碉楼

羌族村寨

"堂屋")。中堂一般不住人,也不堆放杂物,专门用来接待客人或供奉祖先。其余各间用来做卧室、客房或厨房。在居住习俗中,聚族而居是中国少数民族的一大特点。这种特点也体现在房屋建造和村落布局上。按族姓居住的,往往一寨一姓,少则二三十户,多则上千户。如侗族就喜欢聚族而居,房屋多为外檐式小楼房,全都是木质结构。楼的两端搭偏厦,屋顶呈四面流水形。有的地区数幢楼房相连,形成廊檐相接的通道,供一族内若干个小家庭居住。

侗族村寨大都建在依山傍水和风景秀丽的地方。寨中除鼓楼外,在河流、山涧之上还架有各种风雨桥。风雨桥的建筑样式和规模,在汉族和其他少数民族中是绝无仅有的。桥上建有长廊,长廊内设栏杆、长凳,供行人躲避风雨和休息。有的鼓楼的长廊,在瓦檐、柱头、栏杆上施以精心的雕饰,绘有各种历史故事、鸟兽图案,供人们玩赏。房屋、鼓楼、风雨桥和秀丽的自然风光交相辉映,令人赏心悦目,心旷神怡。

民居不仅是人类的庇护之所,它还是人类文化创造和活动的中心。在外观上,各民族的居住形式是识别它的生产方式和生活方式的重要标志。但这只是一种表象,隐藏在民居深层的是各民族独特的风俗习惯和独特的民族心理。比如,住宅的布局,房间的分配和使用,屋内什物的陈设,家庭中独特的供奉,祭坛、信仰、禁忌等等,都体现着一个民族悠久的文化传统。有人说,"火"是家庭中的第二居民,一点也不为过。因此,火在每个居所中均占有十分重要的位置。从古至今,民间对火神的崇拜和祭祀,是居住习俗中的重要内容。

在中国南方诸民族中,火塘始终是家庭生活的中心。当一天的劳作结束后,人们带着疲惫的身子,坐在火塘边,温暖会使疲劳消除;寒冷的夜晚,全家人环火而眠,火又带给人们以生存的力量。有了火,家才是温暖而舒适的。所以,许多民族把火塘视为神圣之所,家神、祖先供奉在火塘上方,任何人不许触动。

关于火塘的使用,还有许多禁忌。如火塘里的三脚架不

傈僳族人家的火塘

纳西族摩梭人家供奉的火神詹巴拉

许用脚踩蹬,任何人不许从火塘上方跨过,家中成员按照长幼秩序围绕火塘。家长被安排在指定的地方,他睡觉的地方别人不得坐卧。北方信奉萨满教的民族,如鄂伦春族、鄂温克族、赫哲族等,都有独特的拜火仪式。每年的正月初一,鄂伦春族各个家庭都在仙人柱(撮罗子)内点燃篝火,举行祭奠"托欧宝日坎"(火神)的仪式,向篝火烧香,扔一块肉和倒一杯酒,叩头祈祷。拜年的亲友来到时,必先给火神拜年。每当用餐的时候,先向火中投一些食物,而后方可吃饭。在日常生活中,他们也有许多火的禁忌,如不能向火上泼水汤,因为水是火的对头;不准用刀子之类的利器夹取火上的烤肉,以免伤了火神;不洁之物不能投入火中……火可以给人类带来幸福,也可以给人类带来灾难,所以人们的崇拜总是含着一种敬畏心理。

居住习俗又往往影响到住房的建造。当人类社会处于母系家庭公社和父系家庭公社时期,所谓家庭,是由若干个尚未独立的个体家庭组成的。他们共同劳动,共同消费。这时,房屋的建筑必须符合大家庭生活的要求。如在基诺族的居住习俗中,过去曾有过"大房子"居所,它是一种长方形的大竹楼,长三四十米,宽八至十米。室内有一个象征大家庭的总火塘,中间是通道,通道两旁等距离分布着若干个小房间,供各小家庭使用,即每家分用一个小火塘。整个家族的权力归族长,由他负责安排生活、生产,调解消费和负责对外交涉。当氏族社会瓦解后,个体小家庭从氏族大家庭中分离出来,于是小房子代替"大房子","大房子"居所自然消失。

第三章
迷人的服饰

第一节 功利与审美的结合

现代文明社会,无论男人和女人,都在追求着服饰的美感。每年变换的服装的流行色和流行型,像一条无形而具有魔力的彩带,牵动着人们趋时、趋美、趋新的心理。新潮向传统挑战,旧有的传统服饰从色泽到款式显得"黯然失色"。

但是,我们也不可否认,人类对服饰美的追求心态自古以来都是一样的。一部人类服饰发展史就是最好的证明。它们的区别只在于,以往任何一个时代服饰的变革,都没有像今天来得这样迅速和强烈罢了。

关于服饰的起源和形成,一直是学术界争论不休的问题。羞耻说、功利说、审美需要说等不一而足。持"羞耻说"者认为,服饰的发明受人类最初的羞耻观念所支配。但文化人类学家并不这样认为。他们在考察中发现,"在一个人人不事穿戴的国度里,裸体必定清白而又自然。一位旅行家记述道,他在巴西穆卡拉的一家印第安人小茅屋里发现,女人们几乎没穿任何衣裳,而这些心地纯真的妇女们,根本不觉得不好意思。只是其中的一个人穿着一件被称作'萨依阿'的小短袄,他说'这女人穿上这件小袄时,就像文明人要脱下它时那样地感到羞愧难当'"①。可见，羞耻心理并不是发明服饰的一种动因，它只是一种道德和伦理观念。这种观念的产生显然是比较晚的。

持"审美需要说"者认为，服饰的发明是人类为了美观而进行的装饰。他们运用许多民族学和文化人类学的调查资料，证明人类从一开始就不仅装饰自己的全身，而且涂绘身体、文身和切痕。据说之所以如此，完全是为了增加对异性的吸引力。实际上，这种性挑逗行为仍然是为了功利目的，并非审美需要。其实，服饰的发明和创造，在其最初阶段，完全出于某种实用目的。我们知道，人类最初的活动完全暴露于大自然之中。安全没有保障，更谈不上对美的追求。人工住所的建造，缩小了人类生活的空间，使人类有了庇护之所；而服饰的发明，又使人类从一个缩小了的空间（居所）重返大自然。在从事诸如采集、狩猎活动时，如同在家里一样安全。穿上用树皮和兽皮做的"服装"，不仅可以御寒，而且保护身体不致被划伤。至于为美观而进行的装饰，只有在与功利目的相结合时，才有可能产生。

服饰是人类创造的物质文化之一。它是实用和审美结合的产物。许多考古发现告诉我们，人类最初的审美客体往往是实用对象本身，如生产中使用的工具、狩猎中获得的猎物等。北京周口店山顶洞人遗址中发现的装饰品，就有穿孔的兽牙、砾石、贝壳和鱼骨。这种装饰的遗风一直延续到今天。居住在中国大兴安岭地区的鄂伦春族，世世代代过着狩猎生活。他们特别喜欢戴着狍皮帽子狩猎。这种帽子是将一副完整的狍子头剔去骨头和肉，使其完整地保留毛、眼、耳、鼻、口，然后加以鞣制、缝合而成。将这种帽子戴在头上作为伪装，诱捕猞猁、狼、东北虎、棕熊等猛兽。狍头帽的制作，起初完全是为了狩猎这一功利目的。久而久之，当捕到的猎物越来越多，引起猎人们的快感时，狍头帽的美学价值才被充分地肯定。于是，它也就成了鄂伦春族颇有特色的民族服饰。中国西南许多少数民族妇女，喜欢用贝壳、兽骨、兽爪、植物种子、藤圈做装饰品，也是这种古老的审美意识的遗存。

---

① 约瑟夫·布雷多克：《婚床》，王秋海、闵夫、李豫生译，生活·读书·新知三联书店，1986年，第56页。

新奇的民族民俗世界

服饰的产生、发展和变革是一个复杂的社会过程，往往受到来自自然和社会的各种条件的影响和制约。如自然环境、气候对各地区、各民族服装款式及其实用价值，就起着举足轻重的作用。北方民族处于高纬度地区，地处寒带和温带，四季服装不仅样式变化多，而且用料和缝制工艺都十分讲究。如达斡尔族男子服装，分布衣、皮衣、皮裤、腰带、皮帽、手套、皮靴等。布衣是夏季服装，皮衣是冬季服装，多用狍皮做成。皮靴用狍子皮鞣制缝合而成，便于在雪地上行走。妇女们在服装缝制上，花费了大量心血，衣服边缘和手套等处均绣有精美的图案，使实用功能和审美意识得到完美的体现。而在南方，由于气候温和，服装用料多选轻柔的，款式也比较简单。

鄂伦春族用狍皮制作的帽子

除自然环境和气候条件外，影响和制约服饰发展、变革的，还有生产方式和生活方式。人类总是生活和活动在一定的自然空间，从事一定的作业。这就要求服饰的制作必须照顾到客观实际的需要。不同的生产方式和生活方式决定着不同的服制。蒙古族自古以来就生活在大漠南北的广大地区，过着游牧生活。"逐水草而居"的生产和生活方式，使他们创造了容易搬迁的蒙古包作为居所。蒙古族服饰更是具有明显的特色，他们喜欢穿长袍，俗称"蒙古袍"。这种袍子两侧开衩，大襟向右系扣子，袍身肥大，长袖、高领，穿时系腰带。蒙古族着装，夏天穿浅蓝、乳白、粉红、淡绿色，冬天穿蓝色或棕色。其中，乳白色被认为是最圣洁的。所以许多隆重场合，人们都穿乳白色的长袍。牧民一般戴鹰式皮帽，其形若苍鹰，用羊羔皮制作。据说这种式样的帽子是皇后为方便

狍皮帽子

元世祖忽必烈打猎而特制的，后来为草原牧民所传承。蒙古族男子都喜欢穿靴子，靴子分布制和皮制两种。布靴蒙古语称"马海"，意为马上穿用的；皮靴蒙古语称"古图勒"，是一种船形月牙状的筒靴，防水防寒且保护踝骨，在草原上行走阻力小，乘马伸镫十分方便，深受牧民的喜爱。

实用、质朴、健美、庄重，是各民族服饰所追求的风格。但有时各民族又根据自己不同的特点加以创造性的发挥，于是在服饰文化中，体现出不同的民族特征。这些特征有时还成了我们识别一个民族的标志。稍有民族知识的人，从服饰上辨别一个民族并不困难。但要了解一个民族服饰的地域性差异，却是困难的事。比如，苗族是中国古老的民族之一，在湖北、湖南、广东、海南、广西、贵州、云南、四川等地都有分布，而且各地区的服饰均不相同。黔西北、滇东北地区的苗族男子，穿带有花纹的麻布衣服，肩披织有几何图案的羊毛毡；其他地区的苗族男子，一般穿对襟和左大襟短衣以及长裤、大腰带，头缠黑色布巾，冬天缠裹腿。与此相反，妇女的服饰就显得比较复杂。发髻的梳理、衣服的颜色、绣花图案、裙子的样式，省与省，县与县，甚至村寨之间都显出不同。其他如瑶族、彝族、侗族等民族的服饰，其地域性、民族性差异也是很大的。中国少数民族从东到西，从南到北，服饰文化璀璨夺目，是一座极其丰富的文化宝库。

第二节　年龄、职业、民族的标志

每一个人在他的生活中，大都积累了这样的经验，即根据人们的服饰去判断某个人的性别、年龄、地位、职业和民族。因为每一种服饰在不同的人物身上，都有着不同的含义。每一种服饰都是一种特定的标志符号。由各种符号组成的服饰系统（衣着系统），则是某个群体的集体行为模式。中国有55个少数民族，凭着特定的服饰语言（符号），我们是很容易识别他们的民族成分的。

居住在东北三江平原的赫哲族，以渔业生产为主，他们善于用鱼皮鞣制鱼皮长衫、鱼皮套裤、鱼皮乌拉、绑腿、围裙、手套、腰带和各种口袋。衣服的扣子也是用鱼骨磨制的，以海贝为边饰，史称"鱼皮部"。而从事畜牧业的蒙古族、哈萨克族、藏族、柯尔克孜族、塔吉克族、裕固族和土族等，穿着多用皮毛制作。如藏族、裕固族用羊毛捻线，制成氆氇，再用它来缝制衣服、坐垫、靴子和毛袋。居住在西南高寒山区的彝族、纳西族、普米族和羌族，历史上以畜牧业生产为主，所以今天仍保留着穿皮衣的习俗。纳西族妇女的羊皮披肩上，缀有刺绣精美的七颗星星，肩两旁缀日、月，象征着"披星戴月"、勇敢勤劳。无论哪个民族的服饰，均体现着实用和审美相结合的艺术传统。哈萨克族的缎面羊羔皮三叶帽、柯尔克孜族的高顶卷檐皮帽、塔吉克族的黑绒面羔皮帽、珞巴族的熊皮圆盔、裕固族顶缀红缨穗的喇叭形浅檐平顶白帽、维吾尔族的小花帽、彝族妇女的凤凰帽等，都成为民族服饰的标志。各民族的服装样式更是多种多样，朝鲜族妇女的多褶长裙，短小的灯笼斜襟上衣，穿着合体，飘洒自如。藏族的"处巴"（长袍），无领、斜襟、右衽，内穿有领长袖短褂，袍身和袖长都超过身高和手臂，穿着时先将领子顶在头上，袍裙提升至膝盖，系上腰带，然后放下，前襟自然形成口袋状，里面可装酥油盒、木碗等生活用品。维吾尔族的袷袢是一种齐膝的对襟长袍，无纽扣，穿时以花方巾系腰。妇女穿宽袖连衣裙，外套黑绒背心，头戴小花帽，庄重素雅。

　　南方妇女的服饰样式更多。往往一个民族，由于居住地区不同、生活条件的差异，会出现几十、上百种款式的服装。比如彝族，它的支系很多，各支系的服饰样式都有差别。四川大凉山和黔西彝族男子，多穿黑色、窄袖、右衽短褂和宽松如裙的长裤；头戴蓝布和黑布包头，右前方扎一个细长的英雄结；身披羊毛织成的黑色察尔瓦。察尔瓦下垂长穗，形似斗篷，白天御寒，晚上可以当被子盖。广东连南一带的瑶族，蓄发椎髻，红布包头，上插野鸡毛。筒裙是滇南少数民族妇女的普遍着装样式，但式样却有所不同。西双版纳傣族穿花色筒裙，德宏傣族穿黑色筒裙。而布朗族、景颇族筒裙则有红、绿或红、黑相交的花纹。贵州苗族的"百褶裙"，名为百褶，实际上都在五百褶以上。蜡染图案成为苗家妇女美的象征。这里所列举的只是少数民族独特服饰的一部分。人们就是通过这些特异的服饰语言，去了解、认识一个民族悠久的历史和文化。

少数民族的衣着是一个独立的文化系统。有时它简直是一个信息储存网络,许多信息形同密码。所以不了解某个民族的社会、家庭、婚姻、文化历史,这些密码往往很难破译。比如中国西北地区的回族、东乡族、撒拉族、保安族妇女都喜欢戴盖头,这是伊斯兰教妇女的一种风俗。这种盖头分白色、黑色、绿色数种,白色盖头是老年妇女戴的,黑色盖头是中年妇女戴的,绿色盖头则是青年妇女戴的。初到这里的人,往往不容易识别。又如,朝鲜族妇女喜欢穿丝绸制作的短衣长裙。颜色分白、红、绿、黑数种,不同年龄的妇女穿不同颜色的长裙。就是裙子的长短,也按年龄来区分,一般长及脚面的,多为中年以上的妇女穿用;短及膝盖的是少女的着装;儿童服装的上衣,两只袖子由七色相间的绸缎拼接而成,色彩斑斓,十分好看。这都说明,各民族服饰是随着一个人年龄的增长而不断变化的。不同的年龄阶段穿不同样式的服装。因此,这种服饰本身就含有一种特殊的意义。

人生中变化最大的是少年和青年时代,这首先在服饰文化上表现出来。中国的许多少数民族,至今还流行着男女青年婚前社交自由的风俗。这一风俗主要体现于传统节日、集市贸易、婚嫁仪式等社会活动中。其中有些民族的婚前社交活动是十分独特的,如傣族的"串姑娘"、苗族的"游方"、侗族的"行歌坐月"、布依族的"浪哨"等。参加这些活动的青年男女,都有他们独特的服饰标志。如云南哈尼族支系罗美姑娘的服饰,在不同的年龄阶段表现出不同的差别。一般女孩子在十岁左右,头上开始戴闪闪发光的银泡小帽,腰间结扎两头绣有五彩花纹、带箭头形的蓝布带,布带的箭形花纹必须露在上衣后摆的臀部处,表示少女的天真。等到十七八岁时,银泡小帽的两边出现疏散的流苏,腰带上也增加了数十股蓝色细布条以遮住臀部,这就意味着姑娘已长大成人。小伙子们看到这种被称为"披甲"的饰物出现在姑娘的腰间,就可以找她谈恋爱了。青海牧区的藏族妇女,喜欢将头发结成许多小辫,然后再扎成一根或两根大辫子,上面用宝石、珊瑚、玻璃珠、蜜蜡石等作饰物。如果姑娘的头顶出现了用宝石或珊瑚制成的三角形或月牙形的"巴珠",就意味着这个姑娘已经长大成人,别的人家就可以上门提亲。东乡族少女戴绿色绸纱缝制的盖头。裕固族妇女喜欢穿高领长袍,外面套一件短褂,戴喇叭形红缨帽。如果你要知道哪位是未婚少女，只要看帽筒内有没有一串绿色的垂珠就可以。白族年轻妇女中已婚和未婚的标志也很清楚。未婚少女的头上用一块一尺见方的蓝布包着，叫作"网头巾"。具体装束是：将蓝布的四角收于脑后，用红头绳扎住，伸出去的四角很像鸽子尾。内穿白色或粉蓝色衬衣，外罩黑色或红色灯芯绒（或平绒）坎肩，腰系围裙。结过婚的妇女将网头巾除去，戴一顶红毛线织的圆形帽子。哈尼族的"披甲"，藏族的"巴珠"，东乡族的"盖头"，裕固族的"垂珠"，白族的"网头巾"等，都是未婚女青年的标志，这种标志在婚前社交自由的民族中，是完全必要的。它是识别人生年龄阶段的一种符号。一旦结婚，这种标志必须除去，代之以另外一种符号。布依族妇女大都用头饰区别未婚、已婚和中老年。梳高头是未婚少女的标志，未婚少女将头发梳成拱桥髻，披向脑后，再在发髻上由前往后插一只骨簪。骨簪粗如小指，长一尺多，外包花头帕，婚后改戴"假壳"。假壳是以一个前圆后方、尾部上翘、长约一尺、形如簸箕的竹壳为架，用一丈多长的黑布包裹缠绕而成的，它是已婚妇女的标志。布依族原实行"不落夫家"的习俗，即婚后两三年内，新娘常住娘家，只有逢年过节时，才偶尔到夫家一两天，而且不与丈夫同房。在娘家，新娘仍过着婚前的自由生活，甚至可以参加"赶表"一类的社交活动，装束也和做姑娘时一样。如果要结束这种"不落夫家"的生活，办法只有一个，就是要给新娘戴上作为已婚标志的"假壳"。一般来说，"戴假壳"的准备工作由男方家秘密进行。先请巫师择定吉日，届时由男方的母亲、嫂嫂或从亲戚家请来的两位中年妇女，带上一只鸡，不声不响地到女方家中隐蔽起来，然后乘女方不备，强行将"假壳"戴在她的头上。如果顺利，仪式就算完成了，并在女方家设宴招待，从此新娘也就结束"不落夫家"的生活。如果由于新娘反抗，没能戴上"假壳"，只好等下次再找机会。戴上"假壳"的新娘，必须到丈夫家长住，否则会受到社会舆论的谴责。这说明，"假壳"不仅仅是已婚妇女的一种装饰，它还含有特殊的社会意义，标志母权制向父权制过渡的一种社会遗风。

　　服饰除作为民族、年龄特征的标志外，还可根据它辨别人们的职业特征。赫哲族的"鱼皮衣"，标志着这个民族是以渔业为主要生产方式；蒙古族的"蒙古袍"及藏族的"处巴"，是游牧民族特有的装束；鄂伦春族的"狍皮帽"

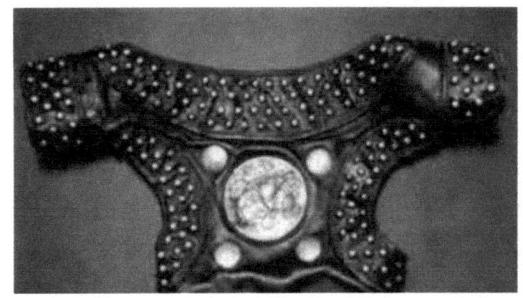

蒙古族的摔跤服

那达慕大会上的摔跤手

是狩猎民族的装束。腰刀、箭囊、玉佩、银饰等有时也代表一个人的职业嗜好。蒙古族职业摔跤手的服装，充分体现着草原民族的尚武精神。这种摔跤服是一种革制的绣花无袖短衣，边缘是两排铜泡装饰，背部是团形图案装饰，形似盔甲。下穿贴花套裤，显得威武雄壮。各民族宗教职业者的服饰特征更加明显，藏族佛寺的僧侣用服装区别不同的等级。一般穆斯林和清真寺的阿訇的服装也有区别。萨满教的萨满，虽无专门职业，但他的神衣、法器标志着他能与神相通。

服饰不是一种孤立的文化现象，它的功能和作用是多方面的。如同其他的物质文化实体一样，服饰的每一变化都忠实地记录着民族文化发展的历史和时代变革的进程。

第三节　人体的装饰艺术

人体的装饰艺术，源远流长。它的发展，最能代表一个民族集体的审美情趣、智慧和创造。同时，它还标志着一个民族文明进化的程度。

中国有55个少数民族，各民族的社会发展和文化水平虽然存在着差异，但每个民族都在长期的历史发展过程中，形成各自不同的审美规范，表现出惊人的创造力。民族学和文化人类学的研究告诉我们，人体装饰艺术的起源十分古老。大约在母系氏族社会(原始社会),人们就开始用图画身体的方式来装饰自己,究其意图,大概有四种:文身图案是氏族、部落图腾信仰的标志;全身涂上色彩和图案,以引起敌人的恐惧;出于某种巫术的目的,如用动物的血涂抹身体,祈求狩猎的成功;出于审美的要求,作为人体的装饰。但是,图画在身体上的图案毕竟容易洗去和褪色,于是人们又想出一种永久性的办法,这就是文身。

文身曾是一种遍及世界各地区、各民族的习俗。现在许多原始部落中,这种习俗仍然流行。文身的方法,一般采用针刺法,就是用针刺破皮肤,在伤口处涂上不易褪色的颜料,痊愈后便留下永久性的花纹。这种方法在浅色皮肤的民族中,被普遍采用。黑色皮肤的民族,因没有适用的白色颜料,所以用割裂肌肤的方法,使身体留下疤痕。文献记载,中国少数民族中很早就流行着图画身体、文身及切痕的习俗。

《山海经·海内南经》有"雕题国",郭璞注云:"点涅其面,画体为鳞彩,即鲛人也。"《谷梁传·哀公十三年》云:"吴,夷狄之国也,被发文身。"《礼记·王制》云:"东方曰夷,被发文身,有不火食者矣,南方曰蛮,雕题交趾,有不火食者矣。"《楚辞·招魂》云:"魂兮归来,南方不可以止些。雕题黑齿,得人肉以祀,以其骨为醢些。"王逸注曰:"雕,画也,题,额也。""言南极之人,雕画其额,齿牙尽黑。"《墨子·公孟》云:"越王勾践,剪发文身。"《庄子·逍遥游》云:"越人断发文身。"类似的记载还经常见于《史记》《汉书》《风俗通义》《百夷传》等古籍。从这些记载看,古代流行文身习俗的主要是"东夷"和"百越"诸民族。雕画题额,断发文身,被认为是一种美的标志。直到晚近,民族学的调查还表明,中国南方的高山族、黎族、傣族、独龙族、怒族、布朗族、佤族、珞巴族等,还保留着文身习俗。其纹样有动、植物花纹,也有几何图案、文字和其他符号;文身部位,包括面部、胸部、手、脚等;文身性别,包括男女,也有的民

海南黎族的文面

族只限于男子，有的民族又只限于妇女。

在众多的文身民族中，海南省黎族的文身最为原始，且带有浓厚的图腾意识。《海槎余录》载："黎俗，男女周岁，即文其身。不然，则上世祖宗不认其为子孙也。"黎族文面者多为妇女，留有母权制的遗风。女子出嫁，文面被认为是吉礼。有时由男方出一花纹，文于新娘之面，借以确定配偶关系。张庆长《黎岐纪闻》中说："女将嫁，面上刺花纹，涅以靛。其画或直或曲，各随其俗。盖夫家以花样予之，照样刺面上以为记，以示有配而不二也。"

傣族文身只限于男子，文身的意义也与黎族有很大差异，傣族民间认为，文身是一个男子勇敢和成熟的标志。不文身的男子会被女人们讥笑，也就不可能得到女人的喜爱，所以傣族男子一般都要文身，文身时也不举行任何仪式。男子在12—20岁之间，父母要请一位有文身经验的人施行文身手术。具体方法是：用较粗的缝衣针，三五枚组成一束，固定于银圆大小的铅饼上，作为文身的工具；接受文身的人，当其处于麻醉状态时，文身者用针束刺打皮肤。技术高明者并不预先绘出图案，随心所欲即成理想的花纹针刺后，涂一种紫黑色的树汁，待其痊愈后，自然成为紫黑色的永久花纹。这样的手术要进行多次，每次刺一个部位，或腿或臂。第二次施行手术，必须等上次的伤口痊愈之后才能进行。而一个想文满全身的人，要经受很大的痛苦。傣族文身完全是为了装饰，花纹常有虎、豹、象、狮、龙、蛇等动物；也有经文、八卦和几何图形。当傣族男子袒胸露臂时，斑斓的花纹便成为健美的象征。但是，由于此类文身要经历多次的痛苦和风险，所以目前已经很少有人施行。

人体装饰艺术是多种多样的，文身只是其中的一种，且比较原始。此外，我们在日常生活中常见的是各种发型和头饰的变化。在中国，不留发型、不戴头饰的民族是没有的。居住在云南省双江一带的拉祜族妇女，虽流行剃光头习俗，但也只限于已婚妇女和老年妇女。尽管如此，妇女们还是用黑色头巾包头，头巾

傣族的文身

两边装饰有彩色长穗，戴大耳环、手镯，胸前还佩挂着被称为"普巴"的大银牌。剃光头是拉祜族妇女美的标志，而各种佩饰则同样是美的追求。追求发式和头饰美是妇女的天性。各种发式和头饰，除它的审美意义外，还含有特殊的意义，它往往是区别不同年龄、不同地位妇女的标志。

满族妇女善于射猎，所以幼年时代的发式多与男孩相同。薙去四周，只留颅后发，结发为辫，盘于脑后。成年待嫁时，方才蓄发。庄绰《鸡肋编》说："燕地（金）其良家世族女子，皆髡首，许嫁方留发。"入关以后，这种风俗仍然保留，已婚女子多绾髻。髻的样式很多，最典型的是"两把头"，即将头发束于头顶，分成两绺，在头顶盘成一个横式发髻，再将余发绾成燕尾式的扁髻，压在后脖领儿上。这是贵族妇女的发式，它限制了脖领的扭动，走起路来端庄周正，不失贵族身份。一般劳动妇女只将头发绾于颅后，叫作"盘髻"。这一发式后来影响到汉族妇女，一直流行至今。满族妇女很讲究头饰，喜欢在发髻上插花，耳饰讲究一耳三环，即每只耳朵扎三个孔，佩戴三个耳环。她们认为，一耳一环是异族妇女的佩饰，须禁止。清代宫廷选美女，一耳三环是必备条件之一。满族入主中原200多年，满族妇女的发式对汉族和其他少数民族都产生了深远的影响。

鄂尔多斯蒙古族妇女的发式和头饰带有浓厚的游牧民族的特色。那里的未婚女子都留有一条长长的发辫，垂于身后。出嫁的前一天，请两位德高望重的长老为"分发父母"，举行庄重的分发仪式。他们先将姑娘时的一条发辫拆开，梳成12条小辫子，垂于脸庞两侧。小辫子上系戴新郎家送来的华丽首饰，以此表示少女时代的结束和新生活的开始。

鄂尔多斯蒙古族妇女的头饰看起来似乎有点奢侈。蒙古语称为"陶勒甘久甘"的头饰，由松石、玛瑙、珊瑚、宝石、金银等贵重材料制成。一副高档的头饰，价值几群好马和数十峰骆驼，绝非平常人家所能拥有。但无论头饰的昂贵与廉价，妇女们都要经常佩戴，只有夜晚入睡时方可解下。如果平时不戴，便意味着对父母、长辈或客人的不尊重。这种头饰分"连垂"和"头套"两部分。连垂，蒙古语称"西布格"，是用布缝制成的两个扁圆形饰物，下垂两段约五寸长的木棒。据说这原是战争中女俘房的象征。后来，妇女们给它加上绣有各种花纹图案的金银饰物作为外套，成为精美的头饰。在扁圆形的布垫上缀满珊瑚、金银制品，下垂响铃，玲珑剔透，十分美观。头套，蒙古语称为"阿日布其"，像一个扇形布垫，套在头上，上面缀满珊瑚、珍珠串和镶有玛瑙的金银吉祥饰物。额前的流苏由金银串珠组成，末端挂一颗红绿宝石，整个头饰显得雍容华贵。鄂尔多斯蒙古族原是游牧民族，古代实行部落外婚。迁徙不定的生活使青年男女成婚十分不易。一旦成婚，必定隆重庆贺，妇女华丽的头饰也反映出人们对婚姻的重视。蒙古族中还流行着妇女不能"露顶出门"的习俗，头巾、帽子成为常服，这也使妇女们刻意追求头饰的美。

鄂尔多斯妇女的传统头饰

部分头饰组件

生产方式的不同常带来民族服饰上的变化。如果稍加注意，我们就会发现，农业民族的头饰和发式在平时与节日等隆重场合存在着很大差异。日常的发式和头饰讲究轻巧和变化。如西南地区的苗族，由于居住地域的不同，发式、头饰也就不同。黔东南清水江一带的苗族，姑娘们六七岁开始蓄发，中年以下的妇女每天都要梳理发髻，接上假发，抹上黄油或菜油，使头发保持光洁。她们将长发辫成弯月形椎髻，然后戴上木梳或银梳，这是日常生活中常见的发式。如果遇有节日，椎髻上缩银绳，戴银扇、银羽、银花。妇女们常用的银饰有20多种，着盛装时，头、颈、胸、手、背、肩所佩银饰达50多种，用银达三四百两。品种有银角、银雀（银凤）、银冠、银扇、插头花、花银梳、银簪、银针、耳环、银牌、扭丝项圈、响铃圈、银罗汉、银牙签、银镇练、六方手镯、空心手镯、扭丝手镯、圆手镯、扁手镯、翻边手镯、四方戒指等；还有用各种刻有花纹的银片、响铃缀在花衣的背、肩、领子等部位，称为"银衣"。苗族妇女的头饰，在中国少数民族中是十分独特的。别的民族，如侗族、瑶族、景颇族、哈尼族、拉祜族等民族的妇女也喜欢银饰，但都比不上苗族丰富多彩。

苗族的银头饰　　　　　　　　苗族银饰锻制技艺

除头饰外，中国少数民族还十分讲究佩戴。各类佩戴饰物既讲究装饰美，又强调实用性，它们都是人体装饰的一部分。如德昂族妇女的腰箍，就很有特色。有青色的紧身衣和长裤之间，系红、黑两色的腰箍。腰箍的数量十多根、二三十根不等。腰箍用当地盛产的藤条做成。有的腰箍前半部分是藤条，后半截是螺旋形的银丝，行走时具有弹力，可以伸缩。腰箍是德昂族妇女美的象征，不系腰箍的女人会被人耻笑。景颇族妇女同德昂族妇女的佩戴习俗基本相同，即除戴项圈等银饰外，腰间也套有40多根五颜六色的腰箍作为美的标志。

男子的佩饰比妇女简单，且注重实用。佩带弓箭、长刀，身背猎枪，均是男子的装束。腰间垂玉，是为了辟邪。佩带火石、火镰、烟荷包，是为了外出时使用方便。也有的佩饰除日常需要外，还是礼貌所需要的。如蒙古族男子，腰间常佩带鼻烟壶。主客相遇，除热情地打招呼外，要互换鼻烟壶。同龄男子交换后，烟壶仍归各自的主人；遇有长者，先请长者入座，然后递过烟壶。这时晚辈要将烟壶举过头顶，感谢长者的关照；如果遇到特别尊贵的长者，则要将自己的烟壶打开一半，用手扶着，恭敬地递过去。烟壶的制作十分考究，材料有钢、木、桦树皮、骨头、细瓷、翡翠、玛瑙、琥珀、玉、水晶、金、银等，样式有方、圆、扁、多面体等。上刻山水人物、花鸟鱼虫、珍禽异兽，外套刺绣丝袋，系于腰间，雅致美观。鼻烟壶虽小，但彼此间通过交换，都会感到亲切温暖。即使再陌生的人，也会感到快乐亲近。

少数民族的服装、佩饰绚丽多彩，不能尽述，再详细的介绍也是挂一漏万。装饰本身并不是目的，目的是体现民族的爱美之心，这是一种潜在的心理力量，因此，对服饰美学我们应该加以深入研究。

第四节　服饰传统与现代意识

民族服饰是各民族民众在长期的历史发展过程中，经历了无数次变革后形成的一种传统文化，是物质文化和精神文化相结合的产物。民族服饰文化一旦形成，就具有相对的稳定性，并得到社会一代又一代的传承。服饰文化传统又不是一成不变的，它总是随着社会的不断发展和人们审美能力的提高而产生种种变异。服饰文化在新的发展背景下的变异，是推动服饰文化向前发展的动力。

中国少数民族的服饰千姿百态，璀璨夺目，历史悠久，自成体系，直到今天仍然得到完好的传承。当现代服饰通过大规模的机械化生产和广阔的消费市场，对人们的生活产生重大影响时，少数民族，特别是居住在边远山区、广阔牧场、茂密森林中的民族，由于交通不便、文化落后，其服饰文化仍处在一种封闭的环境之中。他们自己用土机织布、土法印染，用手工刺绣、缝制。自己生产，自我享受，整个服饰习惯似乎与服装消费市场无关。

尽管如此，服饰的现代意识还是有力地冲击着各民族服饰文化传统。民族服饰也在随着时代发展，不断产生变异。文化发展史告诉我们，任何一个时代，文化的变异都有它自己的特点和规律，而且都与当时生产力的发展分不开。当今科学技术日新月异，带来生产力的飞速发展，而生产力的发展又带来物质文明及风俗文化的变异。近几年来，"西装热"和"牛仔服"的流行，就是服饰文化中现代意识的反映。现代服饰的流行型和流行色，不仅引起年轻人的极大兴趣，而且得到中老年人的关注。以城市为中心的服装新潮，不断向农村和边远地区推进，少数民族地区也不例外。目前，在少数民族地区的城镇和公路沿线，新的服装潮流已被那里的青年一代所接受。新式服装（西服、牛仔服等）逐渐代替民族服装，流行色逐渐代替传统色，这虽然破坏了区域的和民族的人文景观，但也是无可奈何的事。因为人们对服饰色彩与款式的追求以美为原则。当一种比原来的服饰更舒适、更美观、更方便的服装款式出现时，人们的传统心理定式会很容易被打破；当一种比民族服装色泽更明快、更优雅、更凝重的色调出现时，人们也会冲破对传统色彩的崇尚。

流行色与流行型从来都是时代的产儿。它表面上似乎变化无常，实际上受着时代、社会、民族、季节和自身演变规律制约。西装并不是一种时髦服装，也不是中国的民族服装，但它在"五四"新文化运动之后，作为革新派人物和知识分子的标志，很快在全国城镇中流行起来，而且对中国古老的"袍服"是一个很大的冲击。20世纪50年代以后，"中山服"成了"国服"，"解放帽""解放鞋"遍及全国城乡和民族地区。80年代以后，随着改革开放潮流的到来，西服热又一次兴起；喇叭裤、牛仔服风靡一时。自然、和谐、创新，成为新的历史条件下，广大民众对服饰美的追求。服装设计的新款式引导着时代的消费潮流，改变着人们审美的传统情趣。

此时，新的服装潮流也波及民族地区，它促使各民族民众做出新的抉择，要么保持固有的文化传统，要么接受新的服饰文化体系。但这是不可能的。因为任何一种服装新潮，不可能改变一个民族生存的环境和整个文化背景。所以，人们也不必担心中国各民族的服饰文化传统会消失。相反，由于民族服饰创造性的魅力，它早已成为旅游资源开发的重点。这是人们所始料不及的。看看少数民族的服饰发展，饮誉海内外的民族服饰展览，已成为国际友人认识这些民族的历史和文化的窗口。有些民族地区还配合旅游事业，举办民族时装表演，同样收到了很好的效果。大理白族自治州曾在一年一度的"三月街"传统活动中，组织全州各地区的白族、彝族男女青年身着本民族服装进行现场表演，使数千名中外观众对参加表演的每套民族服装，从用料、色彩组合、刺绣工艺、璎珞装饰、银饰制作和佩饰进行评审，观众无不叹为观止。

  民族服饰的传统与现代意识不是根本对立的。经济的发展是引起物质文化变革的基础。中国少数民族的服饰传统与少数民族地区的经济发展相适应，随着经济的发展和文化水平的提高，民族服饰传统也会跟着产生变化。他们会自动抛弃那些封闭、落后的服饰传统，使各民族服饰在新的环境中达到时代感与民族性的完美结合。在这一方面，任何强迫和行政命令都是无济于事的。

第四章
诱人的美食

第一节 佳肴美味来自民间

中国有句俗语:"民以食为天。"可见,饮食在人类生活中占有十分重要的地位。它不仅满足人们生理上的需要,使生命得以延续,而且它也是人们物质生活不可缺少的组成部分。离开饮食,人类无法生存,当然也就谈不上社会的存在和各种文化事象的产生。

中国是一个具有几千年历史的文明古国,饮食文化不仅源远流长,而且自然形成了一个庞大的饮食文化系统。包括各民族饮食文化在内的中国饮食文化,真可谓"誉满全球"。中国被誉为"烹饪王国",外国人都乐意"吃在中国"。这当然会使我们感到自豪,但这种自豪绝不是拿我们民族的美味佳肴专供外国公民尽情享受,而是要使他们知道,制作这种美味佳肴的中国人的文化创造精神和丰富多彩的饮食文化是惊人的。同时也使他们知道,中国人不仅善于创造饮食文化,而且善于享受这种文化。

在中国饮食文化中,最具有代表性的是经过长期的历史发展所形成的各类菜系,如川菜、粤菜、闽菜、苏菜、鲁菜、京菜等。这些菜系都是在民间菜肴的基础上,逐步发展和完善起来的,具有浓郁的地方特色。就"京菜"而言,可以说是吸收了南北各地菜肴精华形成的,其中也保留了少数民族菜肴的特色。如清代宫廷盛行的"满汉全席",就很有民族特色。满族在入关以前,繁衍生息在中国东北的"白山黑水"之间,饮食上并不讲究精细的烹调。举行宴会时,只是将大块的肉煮烂,与会者席地而坐,解刀进食。主食讲究米面点心。遇有祭祀仪式,则整猪、整羊、整鸡、整鸭上席。这种习俗入关以后仍然保留。《清稗类钞》载:"满洲贵家有大祭祀或喜庆,则设食肉之会。无论旗人、汉人,无论识与不识,皆可往,均不发简延请也。是日,院建高过屋之芦苇席棚,地置席,席铺红毡,毡设坐垫无数。主客皆衣冠。客至,向主人半跪道贺。即就坐垫,盘膝坐,主人不让坐也。或十人一围,或八九人一围。坐定,庖人以约十斤之肉一方,置于二尺径之铜盘以献之。更一大铜碗,满盛肉汁。碗有大铜勺。客座前各有八九寸之小铜盘一,无酢酱。高粱酒倾大瓷碗中,客依次轮饮,捧碗呷之。自备酱煮高丽纸、解手刀等,自切自食。食愈多,则主人愈乐。若连声高呼添肉,则主人必致称谢。肉皆白煮,无盐酱,甚嫩美。量大者,可吃十斤。主人不陪食,但巡视各座所食之多寡而已。食毕即行,不谢。不拭口,谓此乃享神之浚余,不谢也。拭口,则不敬神矣。"满族这种借祭神而举行的宴饮,粗疏豪放,保留了淳朴的风俗。清代定都北京后,满、汉杂处,饮食文化得以深入交流。特别是满族的达官显贵在与汉族官员的相互交往中,吸收了汉族菜肴的制作方法和宴饮程式,并加以改造,于是逐渐形成了"满汉全席"的格局。

"满汉全席"最初是在吸收满族面点和汉族菜肴的基础上形成的,后来逐渐走向奢华。山珍海味,水陆杂陈,于是失去群众基础。如今只有少数名点仍流传于民间。"满汉全席"最能代表不同民族饮食文化的融合,在各民族饮食文化史的研究中,具有很高的价值。

饮食文化总是和各地区、各民族的经济发展、生活方式相联系。中国地域辽阔,民族众多,各民族民间都保留着许多特殊的美味佳肴,种类繁多,风俗习惯也很奇特。比如,维吾尔族的抓饭、烤馕、拉面、包子就很有民族特色。抓饭,维吾尔族语言叫"普鲁",用大米、羊肉、清油、洋葱、胡萝卜蒸煮而成,白里透黄,油亮喷香,硬软适度,咸甜味美,各民族群众都喜欢吃。如果不用羊肉,改用葡萄干、杏干、桃皮做出的抓饭叫"甜抓饭";改用鸡丝,则为"鸡丝抓饭"。抓饭,是维吾尔族招待客人的美味食品。烤制食品也

新奇的民族民俗世界

是维吾尔族饮食习俗的一大特点，同时也为新疆其他民族所喜好。维吾尔族烤制食品的专用"馕坑"，建造十分特别。一般是在房前选一块空地，用土坯和砖砌成口小肚子大的圆形炉膛，高约一米。炉膛的内壁，用黄土和泥，内加盐水和羊毛，抹两三厘米厚。烤制食品时，先用木柴或焦炭将炉膛烧热，取出明火，然后将需要烤制的食品快速贴在炉壁上，加上封盖即可。"馕坑"的用途很广，除烤制面食外，还可烤制肉食，如肉馕、油馕、包子、帕尔木丁、芝麻馕、层层馕、疙瘩包子、比加可馕等。这些都是人们喜爱的食品。馕坑烤肉时，先将羊肉切成约十平方厘米大的块，将蛋黄、姜黄、胡椒粉、孜然粉、茴香、精盐、精面粉拌成调味糊抹在肉上，贴在炉壁上，封好顶盖，半小时即可烤成。外脆里嫩，味美可口。肉制品中，最有特色的是"烤全羊"。做法是：选羊羔一只，宰杀剥皮，去头、蹄和内脏，用一根一米长的木棍，一端穿一个大钉子，然后将羊从头至尾穿上，并在羊肉上抹上用蛋黄、姜黄、盐水、孜然粉、胡椒粉、面粉做成的调味糊，头部朝下，放入馕坑，封好顶盖，焖烤一小时即可。色泽黄亮，皮脆肉嫩。将烤好的羊头，扎上红绸子，羊嘴里衔上香菜，置于整羊之上，放入木盘端上宴席，色、香、味俱佳。"烤全羊"是维吾尔族招待贵宾的佳肴。维吾尔族的食品因制作技巧特别，味美可口，影响了新疆其他民族的饮食习俗。如哈萨克族、锡伯族、柯尔克孜族、乌孜别克族、塔吉克族、塔塔尔族等民族的食品制作，与维吾尔族基本相同。

古代被称为"百越"的南方诸民族，民间同样保留着许多美味食品。《淮

维吾尔族的馕坑与烤馕

维吾尔族的烤全羊

南子·精神训》载:"越人得髯蛇以为上肴。"宋代朱彧《萍州可谈》云:"闽蚋、大蛙……广南食蛇,市中鬻蛇羹。"如今广东人的"蛇餐",就是在民间食蛇习俗的基础上形成的。广西壮族的"香猪"是久负盛名的菜肴,宴会上的佳品。制作香猪所用猪崽,是通过子母相配,近亲繁殖的,烘烤、清蒸、爆炒都鲜嫩可口,壮族民间称为"香蕉猪"。其他如大理白族的"砂锅鱼",蒙古族的"手把肉"和"整羊席",朝鲜族的"冷面""狗肉汤",傣族等民族的"香竹饭"等,也都是出自民间的美味食品。

第二节　各民族独特的饮食习俗

饮食文化的发展历史告诉我们,每个民族饮食习俗的形成既与这一民族所处的自然地理环境、气候、物产及生活方式有关,又与各民族文化的互相影响和交流有关。环境、气候和物产的差异往往导致饮食的原始结构和制作技术的不同,各民族饮食习俗的交流促进了饮食文化的发展。汉唐以来,随着丝绸之路的开通,从西域诸民族中引进的葡萄、石榴、胡麻、胡桃、西瓜、胡瓜(黄瓜)、番瓜(西葫芦)、菠菜、胡萝卜、芹菜、莴笋、胡蒜(大蒜)、胡葱(大葱)、胡豆(豌豆、蚕豆)、扁豆、茴香等,不仅极大地丰富了中国的蔬菜品种,也促使许多名菜改变了烹制方法。这样的例子不胜枚举。如北京有名的涮羊肉,就是从蒙古族或满族中传入的。据说是慈禧太后创造发明的"菊花火锅",至今仍然在民间和宴会上采用。

中国少数民族的独特食俗,常因地区和民族的不同而产生差异。《酉阳杂俎》中说:"物无不堪食,唯在火候,善均五味。"这是指熟食习俗。在中国少数民族中,从饮食文化发展的历史看,还保留着比熟食习俗更加古老的生食习俗。生活在中国东北地区的赫哲族,渔业是其主要的生产方式。在那里形成了独特的"鱼餐"。刹生鱼、炒鱼片、烤"塔拉哈"、炒鱼毛,削刨花鱼片,成为食鱼的传统习俗。赫哲族招待亲友和客人常以"刹生鱼"表示尊敬。

"刹生鱼"的制作，是先将肉从鱼骨上剔下两整块，切成相互连接的鱼条，再将鱼肉从鱼皮上片下，切成鱼丝，然后拌上用开水烫过的土豆丝、绿豆芽、粉皮、韭菜、辣椒油、醋、盐等，吃起来清香鲜嫩。这种生食习俗在许多民族中都不同程度地保存着。在云南大理白族中，有"吃生皮"的习俗。猪宰杀后，不用热水褪毛，而用泥涂抹猪身，用火烤，去毛，等猪皮变得焦黄，腿和臀部熟透时切成肉片，再夹些生的瘦肉片，蘸作料食用。有时也从刚刚宰杀的猪体中割取里脊肉，切成细丝，蘸各种作料配制的汤汁而食，清爽松软。甘肃、青海、西藏牧区的藏族，喜欢食用风干的牛羊肉——风干肉。每年的冬季，藏民们将宰杀的牛羊肉割下，挂在阴凉处，使其冰冻风干。这样既去了水分，又保持肉味的鲜美。第二年春天，拿出来烤食或生食。

中国南方许多少数民族中，自古以来就有腌制食品的习俗。无论蔬菜、肉类都可以用不同的方法腌制。这也是古老生食习俗的一种变异。侗族的腌鱼，酸、甜、辣三味俱全，且具有鲜、嫩、脆等特点。腌鱼的时间，一般是在农历的九月、十月，这时气候变得凉爽起来，腌制的食品不易腐烂。具体制作方法是：先将鱼腹剥开，去其内脏，用食盐水浸泡。另外，在腌鱼之前要先制作"腌糟"，即用预先蒸好的糯米饭、辣椒面加适量的米酒、生姜、大蒜、花椒、土硝、火炉灰水与浸泡鱼的盐水拌匀，这就是所谓的"腌糟"。腌鱼时，先用腌糟垫桶底，然后用腌糟擦鱼皮，并将腌糟包入鱼腹。一层鱼，一层腌糟码放好，最后盖上棕片、笋叶，上压石头一块，腌制过程就算完成。用这种方法腌制的生鱼，能久放久存，且保存了鱼的营养价值。其他如猪肉、牛肉、鸡、鸭、鹅肉也可用此法腌制。苗族的酸鱼和侗族的腌鱼一样，也是一种群众喜爱的美味食品。苗族在捕得鲜鱼之后，将其洗净，去除内脏，撒上适量的盐和辣椒粉，再加香料，浸泡两三天，然后再将糯米粉、玉米粉撒在鱼上，一层鱼，一层粉，装进坛子里，盖好，封严，半月即可腌成。吃时用油炸过，色鲜味浓，爽口畅心。也可生食。如果是隔年酸鱼，吃起来味道更美。

菜肴的制作，各民族更是百味纷呈。白食和红食是蒙古族的两类独特食品，也是游牧民族的饮食特征。白食是指奶食品，蒙古语叫"查干伊德"，意思是纯洁、高尚的食品。这与蒙古族的尚白习俗和信仰观念有关。如蒙古族中有进奶豆腐、奶皮子让客人先尝为敬的习俗。亲人出远门时，用白食祝福。在晚辈的生日、婚礼上，长辈以鲜奶祝愿等。红食是指肉食品，主要有手把肉、烤羊肉、炖羊肉、火锅、整羊席等。好客的蒙古族还创造了一套吃手把肉和整羊席的规矩。吃手把肉时，凡羊肉，均以一条琵琶骨配四条长肋骨待客。牛肉则以一条脊椎骨配半截肋骨及一段肥肠待客。姑娘出嫁前，吃羊胸骨肉以示送别。整羊肉蒙古语叫"术斯"，祭祀时做供品，用在宴会上表示敬重，也可用来送礼做礼品。

在各民族的美味佳肴中，"虫菜"的制作和食用也是一大特色。"虫菜"进入人们的饮食生活，在中国有着悠久的历史。《周礼》记载中有蚳醢（蚁卵酱）、蜩（蝉）、蠃醢（蜗牛酱）等。这种风俗今天仍然在有些民族中保存。虫菜的种类很多，蝗虫、蚯蚓、蜗牛、龙虱、蚁卵经过特殊的加工，可成为菜肴中的佳品。苗族待客的盛馔之一是"腌蚯蚓"；有的地方将蚯蚓与鸡、鸭、鱼肉相配，经煎炸爆熘、蒸炖余烩，制成所谓的"龙菜"。用蜗牛做成的菜肴，有宫爆蜗牛、串烤蜗牛、蜗牛烧平菇、蜗牛烩鸽蛋、晚香玉炒蜗牛肉丝、蜗牛肉片砂锅汤等。

"虫菜"食俗在各民族中都有流行，以傣族最为典型。傣族中常食用的有蚂蚁蛋、蜂蛹、竹蛆、酸蚂蚁、沙蛆、花蜘蛛等。蚂蚁蛋，系一种黄蚂蚁所产，白色，小如罂粟籽，大者如蚕豆，用酸醋拌和而食。蜂蛹，用油煎食。竹蛆，是竹节中甲虫的蛹，用油煎食。沙蛆，生在江边的沙土中，是一种黄褐色的蛹，可用来煎食，傣族还视其为大补品，价昂贵。所有这些虫菜，营养价值极高。西双版纳的佤族也喜欢吃虫菜，常见的有竹蛆、冬瓜虫、柴火虫、曼登树虫、槟榔树虫、飞蚂蚁等数十种。吃虫菜的季节主要在秋季。这时，人们到山上或树林中寻觅可食用的虫类，带回家做"蛆虫稀饭"。怒族好食虫鼠。基诺族待客的珍贵菜肴是"酸烩蚂蚁蛋""蝌蚪拌臭菜""清蒸香蕉叶裹小蟹""松鼠干汤"等。湖南通道地区的侗族，不仅以鳅、鳝、蛇、鼠、蝌蚪、四脚蛇为家常菜食，而且将幼蝉、幼蝗、土蜂等，经油煎炸，视为珍肴。

饮食文化包含着十分丰富的内容。主食、菜肴制作技术的精良只是一方面，另一方面它还包括饮食结构、道德礼仪、宗教信仰等风俗习惯。如果食品的制作离开了它所包含的社会意义和美学追求，变为只是满足人们生理上的需要，那它就不会成为一种文化创造。所以对待饮食文化的态度，都是从两方面观察，即不但要看到各民族怎样制作民间美食，而且要看到他们通过什么方式享受这种物质的和精神的文化。

饮食习俗包括居家饮食习俗、节日饮食习俗、待客饮食习俗等。居家饮食是"常食"，制作和享用都比较简便。它可根据不同地区、不同民族以及不同季节，对饮食结构、配餐方式做相应的调整。在这一方面，各民族都有不同的惯制。如居住在甘肃河西走廊一带的裕固族，牧业是其主要的生产方式。饮食习俗一般是三茶一饭或两茶一饭。早晨起床后，牧人们将熬好的茶水（或清水）舀一勺，洒在帐篷周围，然后开始喝茶；吃过早茶，就出去放牧。中午吃炒面或烫面烙饼，喝午茶。下午再喝一次酥油茶。晚上，一切活路都干完后，一家人才在一起做米饭或面条吃。客人光临，先以早茶方式招待，然后用手把肉和青稞酒款待。

居家饮食习俗很讲究长幼秩序。家庭成员的就餐位置是固定的。如锡伯族用餐，朝西的一方为上席，父子不能同席。乌孜别克族用餐时，长者坐上席，幼者坐下席。家庭人口多的，分席用餐。

待客习俗一向为各民族民众所重视，有许多特殊的礼节。哈萨克族招待客人时，要牵一只肥羊，走到客人面前，将羊举过头顶，等客人允许时，方可宰杀。肉煮熟之后，先向客人献上羊头，客人随手从羊脸颊上割下一片肉，敬给席上最年长者；再割下一只耳朵，给年轻人或孩子，表示尊老爱幼；然后，宾主才能割食羊肉。贵州布依族"杀鸡待客"的习俗别有风趣。为客人宰杀的鸡，鸡肠子必须保持完整，剥开清洗后，不得切断。切鸡块时，鸡块必须和来客的人数相等。切鸡块有一定的顺序，先切鸡头，后切鸡翅，最后切鸡身。待客时，主人先将缠有鸡肠子的鸡头、鸡脖子和一些鸡血、鸡肝献给来客中年龄最大者，表示肝胆相照，肠（常）来肠（常）往。等客人吃了鸡头，大家才开始用餐。这就是有名的"鸡头敬客"。苗族也有杀鸡敬客的习俗，吃饭时，主人先将鸡心夹到客人碗中，客人将鸡头分给大家共同享受，这就是苗族待客的"分鸡心"习俗。

节日饮食习俗常随着节日类型的不同，表现出各自的差异。祭祀性节日中，所制作的食品主要是用来供神的，它往往包含着某种信仰成分。居住在云南省的普米族信仰多神，崇拜自然和祖先。每年的四五月"封山"和八九月"开山"时祭山神，届时要献一只羊和一头牛。白族那马人祭天鬼时用天牛。按规定祭祀用的天牛要有人专门喂养。如果是娱乐性节日，所制作的食品含有欢乐、吉祥色彩。广西、贵州、云南的许多少数民族，每逢年节、歌节，都喜欢吃五色糯米饭和五色鸡蛋。居住在滇南哀牢山区的哈尼族，每逢腊月初六、初七，都要在长街设宴，几百户人家的餐桌相连，长达100多米，恰似一字长蛇阵，被称为"长龙宴"，场面十分壮观。上千的男女老幼分坐两边，主持宴会的是村寨中德高望重的"阿波阿皮"（阿爷阿奶）。人们边吃边饮，边饮边唱，边唱边舞，宴席上下，一片欢腾。这种"长龙宴"也是未婚青年男女谈情说爱的极好场所，男女双方如情投意合，即可离席到密林深处对唱情歌。这种独特的饮食习俗给生活带来无限的欢乐和美的享受。

五色糯米饭

哈尼族的长龙宴

各民族的饮食习俗历来都是将实用和审美情趣融为一体，即便是日常生活中普通食品的制作，也把色、香、味作为美的标准。这都表现出各民族民众对待生活的乐观情绪和对美好未来的追求。

第三节　酒俗——群体文化的表现

酒，是中国各民族民众在长期的历史发展过程中创造的一大饮料系统。甲骨文中早就出现了酒字和与酒有关的醴、尊、酉等字。《诗经》中有"即醉以酒，即饱以德"（《大雅·即醉》）的诗句。《周易》《周礼》《礼记》《左传》等典籍中，关于古代酒俗的记载更多，如"酒者可以养老也"（《礼记》）、"酒以成礼"（《左传》）等。这说明酒存在着多种用途，是生活习俗中必不可少的。

酒产生于何时，现在已无可考。关于它的发明创造，中国各民族民间流传着许多优美的传说。谈到酒的发明，起初用来造酒的原料是植物的块茎和果实，后来才渐渐发展为用粮食酿酒。《战国策·魏策二》载："昔者帝女令仪狄作酒而美，进之禹，禹饮而甘之，遂疏仪狄，绝旨酒。曰：'后世必有以酒亡国'者。"这则传说，可能是后人杜撰的，但它表明早在中国历史的传说时代，人们已认识到酒的危害。据史籍记载，武庚被灭之后，周公以殷遗民封康叔于卫，作《酒诰》。《酒诰》是周武王对殷的遗民发布的禁酒令，足见殷代嗜酒之风盛行，且导致了亡国。后世因酒风不正而发布的禁酒令，不计其数。民间还传说，夏代的杜康是造酒业的鼻祖。曹操的《短歌行》中有"何以解忧，唯有杜康"的名句，可见杜康酒是当时的名优产品。今天我们要想知道中国古老的酿酒技术是十分困难的。《礼记·月令》中记录了造酒的六点注意事项："秫稻必齐，曲蘖必时，湛炽必洁，水泉必香，陶器必良，火齐必得。"对原料、投曲、浸煮、水质、器皿、火候等提出了很高的要求，这说明当时的酿酒法已趋于成熟。当时酿造的可能是果酒和米酒之类的低度酒，烧酒等高度酒的酿造开始于元代。明代李时珍在《本草纲目》中说："烧酒非古法也，自元间始创其法。"当时还有了专门的烧酒作坊，米酒、果酒则民间早已有之。

从文献回到现实中来，在中国少数民族中至今仍然保留着许多原始而古老的制酒方法。郁永河《稗海纪游》中记载，中国台湾的山地民族"其酿酒法，聚男女老幼共嚼米，纳筒中，数日成酒，饮时入清泉和之"。林谦光《台湾纪略》也说，台湾地区山地民族"人好酒，取米置口中嚼烂，藏于竹筒中，过数日而酒熟，客至，出以相敬，必先尝而后进"。这是原始酿酒法的最形象的记录。总之，无论用哪种方法，发酵是基本的工艺。中国少数民族民间普遍传承着自制果酒、马奶酒、青稞酒、米酒的习俗，只不过投曲、发酵工艺已有了许多改进。

伴随着酿酒技术的不断发展，酒的产量与日俱增，饮酒习俗自然渐渐形成。酒俗从它开始形成的时候起，就是一种群体文化。它的原始功能是用于祭祀活动，供神享受。作为民俗事象，它包含着庄严之美，表达着人们祈求幸福的美好感情。之后，随着社会的发展，祭祀活动渐渐地由娱神变为以娱人为主，酒便大量地出现在宴飨和文化活动之中，具有了交际和娱乐的功能。

酒俗和酒礼是中国酒文化的重要内容。酒俗和酒的发明是同时产生的，而且随着社会的不断发展而发展。早在先秦时代，就出现过"酒人"和"酒正"一类的人，专门在日常生活和交际场所负责管理酒和分配酒。汉代以后，国家开始设置酒官，专门管理酒业和科税等业务。这大约相当于今天的酒类管理和专卖机构，他们除经销酒类商品外，还起着协调生产与消费者之间关系的作用。

酒俗在民间的传承具有浓厚的文化色彩和多种功能。首先在酒的制作方面，各民族有自己独特的酿造方法和传统的饮酒习俗。中国云南的傈僳族喜欢制作和饮用米酒。每年到了秋收季节，家家户户都做好酿酒的准备。造酒原料一般是玉米、高粱、稗子等，其中以稗子酒为最好。酿酒方法是：先将用来造酒的粮食捣碎，并加以蒸煮，然后投入酒药，罐装封存，数十天后，即可启封冲饮。饮酒时，先将铁锅置于火塘之上，倒入事先兑好的温水，然后用木勺把罐里的酒糟舀入锅内，和温水搅拌，片刻之后，尝一尝，如味道和温度均可，就将水酒舀出过滤，盛入精制的竹木小酒杯中，供人品尝。这种自制的水酒度数不高，味道甘醇，饮用起来特别爽口。在傈僳族生活中，如遇贵客来临或喜庆节日，人们常借酒对歌，并以舞蹈助兴，有时一饮数日不散。有些地区，每当贵客来临时，还有饮"双人酒"的习俗。即主人斟一碗酒，然后主客各伸出一只手，捧起酒碗，同时喝下这碗酒，表示两人亲密无间，情同手足。过去在签订盟约和结拜兄弟时，也使用这种最高礼节，这表现出傈僳族淳朴、豪放的民族性格。佤族也喜欢自制自饮水酒，佤语称为"布来"。在喜庆节日里，水酒是不可缺少的佳品。饮酒时，先由寨子里德高望重的长者开杯，然后你一杯、我一杯地对饮。酒席上谈笑风生，还可引吭高歌，以示团结和兴旺。新疆哈萨克族牧民最喜欢饮用"马奶酒"。这是一种由马奶经过发酵而制成的酒。表面上看，虽和羊奶、牛奶无多大差别，但它有一股浓烈、醇厚的香味。每年的农历六月至九月，是哈萨克族牧人制作马奶酒的季节。妇女们把刚刚挤来的马奶倒入木桶和皮桶里，再用一种特制的工具在桶里上下搅动，使马奶提高温度，迅速发酵。马奶酒不像葡萄酒那样甘甜，也不像其他烧酒那样辛辣，而是有着一种独特醇厚的香味。这种酒千万不能猛饮，否则很容易喝醉。传说巩乃斯草原上有一位牧民，曾和牧主打赌，要喝下15公斤马奶酒。牧民从上午一直喝到深夜，一滴不剩。于是，这位牧民的美名传遍整个草原。这是说，马奶酒虽是低度酒，品饮时却要慢慢来。

酒俗在民间传承中都含有自身的美学意义。大型的祭祀活动中，用酒酬神，寄托了祭祀者美好的愿望和崇高的感情。在政治和军事生活中，常以喝血酒的方式结成联盟。喜庆节日饮酒，增加欢乐气氛。酒进入社交活动和人们的日常生活领域，同样表现出对美的追求。因为每一种酒俗，它的创造都含有某种象征意义。彝族有一句谚语："汉人贵在茶，彝人贵在酒。"彝家"有酒便是宴"，饮酒不用菜，不分场合地点，不论生人和熟人，只要席地一坐，围成一圈，端起酒杯，就可依次轮流而饮，民间戏称"转转酒"。关于这种饮转转酒的习俗，彝族民间还流传着一则优美的传说。传说，在一座大山里，住着汉族、藏族、彝族三个民族，他们和睦相处，情同手足，于是结拜成三兄弟。汉族是大哥，藏族是二哥，彝族是幺弟。有一年幺弟种的荞麦丰收，磨了许多荞麦请大哥和二哥吃。当时因为煮得太多，没有吃完，第二天剩下的荞麦变成浓烈溢香的水。兄弟三人都舍不得喝。他们坐在火塘边，你推我让，从清早转到晚上也没喝完。后来，来了一位名叫"觉撒斯惹"的幸福之神，使这种酒常喝常有。从此，每逢过年过节，彝族姑娘便抱着一坛酒，插上几支金竹竿和麦秆，在家门口的路边等待，凡是过往行人，都要劝他们饮上一口美酒。"甜不过彝家的秆秆酒，好不过彝家人的心"，这是路人共同的评价。四川的羌族喜欢饮"咂酒"。"咂酒"以青稞、大麦做成。饮用时，向酒坛中注水，插细竹管吸食。男女老少轮流吸，吸完再添水，至味淡后食渣，民间俗称"连渣带水，一醉二饱"。

凉山彝族饮转转酒

许多民族凡饮酒必唱歌,"酒歌"在各民族中特别发达。在西双版纳傣族地区,酒、歌、舞结为一体。重要的聚会场所,俗例,由寨中的年轻姑娘敬酒,兴浓时歌舞以随,十分热闹。哈尼族在过"苦扎扎"(六月年)和"扎勒特"(十月年)时,要给来客斟两次酒,表示友谊连绵不断,生活吉祥幸福。席间,老人们还要唱"哈巴"(民歌)劝酒。

喝哟——喝!
来自远方的尊贵客人,
传说远古的时候哟,
我们是葫芦兄妹的子孙。

喝哟——喝!
不要嫌酒不香不甜,
祖辈像白云和山冈一样亲近,
愿我们的友谊像江河紧密相连。

酒歌激荡着历史的回声,也表达了哈尼人希望民族间和睦相处、友谊长存的美好感情。情真意切，歌声凄婉。

酒俗最能体现一个民族群体的心理和性格特征。作为物质文化和精神文化的整合体，酒俗往往将信仰、崇拜、宗教、道德、礼仪等观念融合在一起，构成民族文化的深刻内涵。如藏族民众在盛大庆典和亲朋相聚时，首领、长者、主人都要端起酒碗，用右手的无名指蘸上酒，朝天、地和西方各弹一次，表示对天神、地神和祖先的敬奉。其他人端起酒碗时，同样重复这一礼节。这一酒俗表现出藏族民众原始古老的宗教信仰和对客人真挚的敬意。酒宴始终充满了纯洁、和睦、崇高、静穆的气氛。

第四节　茶道——精神美的满足

茶是中国各民族民众创造的又一大饮料系统，茶俗和酒俗在民间饮食文化中相辅相成、相映成趣。

饮茶习俗，在中国各民族中传承既久。《神农本草》中说："神农尝百草，日遇七十二毒，得荼（茶）而解之。"这是一则关于茶的传说，可信性有多大，尚不可知。但有一点是明确的，即茶最早是一种药用植物，它的药用功能是解毒。因此，当时茶并未进入人们日常生活的饮料系统。根据文献记载，茶的种植和使用始于秦汉时期。《汉书·地理志》中有"茶陵"条。茶陵，在今湖南省，汉代属长沙郡，以位于茶山之阴而得名。西汉王褒《童约赋》中有"烹茶尽具"和"武都买茶"的记载。武都，在四川绵竹县北，是当时的茶叶产区。当时的饮茶方式十分粗放，一般是将茶叶采摘回来，稍事加工后煮汁自饮，或用来招待客人。到了唐代，出现了一位名叫陆羽（鸿渐）的茶圣。他总结了历代制茶和饮茶的经验，写了《茶经》（三卷）一书，并创造了全新的制茶方法。陆羽的《茶经》对茶的起源、种类、特征、制法、烹蒸、茶具、水的品第、饮茶风俗、名茶产地等做了全面论述，特别对饼茶的制作技术和加工，总结提出采、蒸、捣、拍、焙、穿、封七道工序。关于茶的煎用，陆羽认为要得茶中"三昧"，达到"极精"地步，先得克服"九难"，即采造、鉴别、器具、用火、用水、烤制、碾末、煎煮、饮用九项选择，且规定了具体要求。当时陆羽还曾被招进宫，为皇帝煎茶，得到赞赏，于是茶道大兴。到了宋代，中国的饮茶习俗达到了穷极精巧的地步。上至皇帝，下至士大夫，都有关于茶饮的专著，如宋徽宗（赵佶）的《大观茶经》、蔡襄的《茶录》、黄儒的《品茶要录》、赵汝砺的《北苑别录》、宋子安的《东溪试茶录》等。这时民间还出现了茶户、茶市、茶坊等交易、制作场所。当时茶的品种之多，不胜枚举。宋代饮茶习俗中，最有特色的是斗茶。斗茶不仅是饮茶方式，也是一种精神文化享受。蔡襄的《茶录》一书，就是专门讲斗茶艺术的著作，其中提到斗茶时茶的加工、斗茶工具、斗茶方法等。北宋中期，斗茶习俗风靡全国，上至达官贵人，下至平民百姓，无不以斗茶为乐事。这样，就把饮茶的美学价值提到一个新的高度。

明清时期，茶叶的加工制作和饮用习俗有了很大改进。此时，炒青制茶法得到普遍推广，于是"冲饮法"代替了以往的"煎饮法"，这就是我们今天所使用的饮茶方法。

茶饮进入饮食文化体系虽有着十分久远的历史，但各民族、各地区的饮茶习俗并没有统一的模式。从美学角度讲，色、香、味是茶饮习俗中共同追求的目标，而要达到这一目标，除茶叶本身的因素外，最重要的是饮茶所用的水质要好。其中，水质以山泉水为上品，用它冲出的茶，汤色明亮，香味俱佳。茶具，以江苏宜兴紫砂陶为上品。茶具要清淡高雅，古香古色，最好与居住条件、主人的身份地位和文化修养相协调。沏茶方法（包括水温和不可沏得太满），俗谚"酒满敬人，茶满欺人"，是说敬酒和敬茶的方式有所区别：敬酒时要斟满酒杯，表示相互间的盛情；敬茶时，则不可太满，要让客人慢慢品尝。急缓之间，包含了酒俗与茶俗中的刚、柔之美。

茶俗始自民间，形式多种多样。汉族茶俗中较有代表性的是广东潮州的"工夫茶"和苏州的"七家茶"。中国南方少数民族地区盛产茶叶，相应地形成了自己独特的饮茶习俗。就是在不产茶叶的民族中，也随着茶叶贸易和生活的需要，嗜茶成俗，而且在长期的历史发展过程中，形成独特的饮茶之道——茶道。

新奇的民族民俗世界

一、藏族的酥油茶

酥油茶是藏族民众每日必不可少的饮料。居住在青藏高原的藏族，由于独特的自然地理环境，他们日常生活中以酥油和糌粑为主要食品。那里气候较冷，不宜于蔬菜的生长。与之相比，茶叶却容易运输和保存。在长期的实践过程中，藏族民众渐渐懂得，蔬菜所含有的营养成分可以通过茶叶来补充。这样就创造了独特的打制酥油茶的方法。酥油茶的制作，是先将砖茶（大叶粗茶压制的砖茶）用水熬制成茶汁，再在茶汁里加入酥油和食盐，倒入竹制或木制的茶筒；然后用一种顶端装有圆形木饼的木棍，上下抽拉，使茶、油和食盐达到水乳交融；最后

藏族舞蹈《酥油飘香》

倒进锅里加热，便成了香味浓郁的酥油茶。藏族喝酥油茶有一定的规矩，一般是边喝边添加，不能一口喝干。家中来了客人，客人的茶碗总是斟满的。假如自己不想喝，就不要动茶碗。如果客人喝了一半，不想再喝，主人会将茶水斟满，等到告别时一饮而尽，主人也会感到十分高兴。这才符合藏族的习惯和礼仪。藏族嗜好酥油茶。有一则民间爱情故事，叙说了酥油茶的来历。传说，藏区有两个部落，曾因发生械斗，结下冤仇。辖部落土司的女儿美梅措，在劳动中与怒部落土司的儿子文顿巴相爱。由于两个部落历史上结下的冤仇，辖部落的土司派人杀害了文顿巴。当为文顿巴举行火葬仪式时，美

品尝酥油茶

梅措跳进火海殉情。死后，美梅措到内地变成茶树上的茶叶，文顿巴到羌塘变成盐湖里的盐。每当藏族人打酥油茶时，茶和盐再次相遇。这则由茶俗引发出的故事具有极强的艺术感染力。

二、蒙古族的奶茶

蒙古族嗜茶，且视茶为"仙草灵丹"。过去一块砖茶可以换一头羊或一头牛，草原上有"以茶代羊"馈赠朋友的风俗习惯。蒙古族牧民日常饮用的茶有三种：酥油茶、奶茶、面茶。奶茶，蒙古语叫"乌古台措"。这种奶茶是在煮好的红茶中，加入鲜奶制成。在蒙古族牧民家中做客，也有一定的规矩。首先，主客的座位要按男左女右排列。贵客、长辈要按主人的指点，在主位上就座。然后，主人用茶碗斟上飘香的奶茶，放少许炒米，双手恭敬地捧起，由贵客长辈开始，每人各敬一碗。客人则用右手接碗，否则被视为不懂礼节。如果客人少要茶或不想喝茶，可用碗边轻轻地碰一下勺子或壶嘴，主人就会明白客人的用意。奶茶、炒米是蒙古族茶俗中的一大特色。

三、白族的"三道茶"

白族饮茶有"酒盅要粗糙，茶盅要精巧"之说，说明白族重茶俗胜于重酒俗。当客人跨进白族人家的大门，主人会热情地让客人在火塘边就座。此时，主人一边与客人聊天，一边将熬茶的砂罐烤在火上，等砂锅预热后，放入少许茶叶并不断地抖动，等茶叶渐渐变黄发出清香时，冲入少许开水，这时只听"噼啦"一声，泡沫杂质从罐口溢出，这就是"雷响茶"。如果没有泡沫从罐口溢出，则称为"哑巴茶""老婆婆茶"。这种茶是不能敬客的，要倒掉重烤。用"雷响茶"敬客，每一盅内只倒两三滴茶汁，兑适量的开水，使茶水呈琥珀色，清香扑鼻。在一般情况下，一罐茶敬给客人，只斟三道。头道斟两盅，主客各一杯，其余两道茶客人独饮，"头苦、二甜、三回味"，其乐无穷。

有的地区，头道茶为苦茶，用质次的茶叶熬成；二道茶叫"核桃茶"，是将核桃削成薄片，加红糖、烤茶，甘甜爽口；三道茶加蜂蜜和四粒花椒，用苦茶水冲制而成，叫"蜂蜜茶"。这种茶道同样含有"头苦、二甜、三回味"的意义，饮之余味无穷。白族"三道茶"蕴含着"先苦后甜"的人生哲理，过去是长辈出远门时施行的一种仪礼，后来变为待客的茶俗。

四、回族的"盖碗茶"

"盖碗茶"，在许多民族中都有流行，但回族的"盖碗茶"却与众不同。它不只是茶，茶中还有其他饮品。在回族家中做客，以茶礼为重。来客如果是穆斯林，主客互道"色俩目"，然后请客人上炕入座，接着敬上一碗"盖碗茶"，俗名"三炮台""三炮台碗子"。茶碗内除放茶叶外，还要放入冰糖、桂圆、大枣等饮品。味道甘甜，香气四溢。客人一边饮，主人一边斟，别有情趣。这种"盖碗茶"，除在甘肃、宁夏、青海等地的回族中盛行外，在当地的汉族、东乡族、保安族等民族中也很盛行，成为待客的重要茶俗。

五、侗族的打油茶

打油茶是侗族生活中不可缺少的习俗。一天之中，不分早晚，随时都可以制作。油茶待客更是侗族的重要礼俗。用来制作油茶的原料主要是茶叶、大米花、酥黄豆、炒花生、猪下水、葱花、糯米饭等。具体制作方法是：先将煮好的糯米饭晒干，用油爆成米花，再将一把米放进锅里干炒，然后放入茶叶再炒一下，并加入适量的水，开锅后将茶叶滤出放好。待喝油茶时，将事先准备好的米花、炒花生、猪肝、粉肠等放入碗中，将滤好的茶斟入，就是色香味美的油茶了。侗家人喝油茶的规矩是在侗族地区无论到哪家，请喝油茶，不必讲客气。太客气了，是对主人的不尊敬。喝茶时，主人只给客人一根筷子，如果客人不想再喝时，就将这根筷子架到碗上。主人一看就明白，不会再斟下一碗。如果不是这样，主人就会陪客人一直喝下去。贵州的布依族也喜欢喝油茶，制作方法与侗族差异不大，只是不用猪下水等物。

六、其他民族的奇特茶俗

饮茶虽是各民族普遍传承的风俗，但它常常随着地域、民族的不同而产生差异。壮族中，"甜茶"是他们的传统饮料，同时也伴随着许多饮茶礼仪。如男青年第一次到女方家相亲时，姑娘必须敬他一杯茶。如果茶中有糖，表示姑娘同意这门亲事，小伙子自然喜出望外。否则，这门亲事就算告吹。苗族喜欢用冬瓜、橙子切成茶片，刻上各种花纹，以白糖和桂花香精制成花茶，作为礼品馈赠亲友。居住在云南山区的彝族，将茶叶放进灰泥缸中，加盖压紧，数月后发酵变酸，称为"酸茶"。佤族习惯将鲜茶叶放在火上烤至焦黄，再放入茶罐中煮饮，称为"煨茶"。

"男茶女酒""以茶为礼"是一种古俗。明代许次纾在《茶疏》中说："茶不移本，植必子生，古人结婚，必以茶为礼，取其不移志之意也。"明代汤显祖《牡丹亭·硬拷》中有"我女已亡故三年，不说到纳彩下茶，便是指腹裁襟，一些没有"。这里的"下茶"，表明古代男女之间订婚，无论哪个阶级都以茶命名，这就是婚姻中的"三茶六礼"。所谓"三茶"，是指订婚时的"下茶"、结婚时的"定茶"、同房时的"合茶"。茶礼，又叫"茶银"，是聘礼的一种。清代孔尚任《桃花扇·媚座》中有"花花彩轿门前挤，不少欠分毫茶礼"。这些都说明，以茶为彩礼的习俗在中国各民族中至今仍在流传。在拉祜族婚俗中，男女双方确定成婚日期后，男方要送茶、盐、酒、肉、米、柴等礼物给女方，拉祜人常说"没有茶就不能算结婚"，婚礼上必须请亲友喝茶。白族男女订婚、结婚都要送茶礼。云南中甸一带的藏族青年，在节日和农闲时，打好酥油茶带到野外聚会，遇到姑娘们便邀请她们入座。如看中对方，可借敬茶的机会，抢过对方的帽子，然后离开人群，进行商谈，如不同意做配偶，就将帽子拿回。侗族在解除婚约时，采用"退茶"的仪礼。

茶本是一种饮料，但由于它的清淡高雅及其特殊的功能，早已和许多文化现象结缘，成为历久不衰的时尚。因此，茶使人们的精神享受得到最大的满足。

第五章
欢乐的节日

第一节 节日习俗——聪明和智慧的结晶

节日习俗是一种极其复杂的社会文化现象，它的形成经历了漫长的历史过程。在人类社会生活中，每个节日习俗无不体现着一定时代的民族心理、审美情趣和价值观念，它是民众聪明和智慧的结晶。

民俗文化中，节日习俗是社会发展到一定阶段的产物。节日习俗的最初产生，往往和人类对自然的认识以及古代科学技术的发展有着密切的关系。特别是古代的天文、历法知识，直接导致了岁时节日习俗的形成。中国各民族尽管所处的自然环境、生产方式和生活方式不同，但都懂得根据一年中季节、时序的变化，植物生长和动物活动的规律，将生产活动纳入其中，并在此基础上逐渐形成了特定的节日。如中国东北的鄂伦春族，以月圆十二次为一年，春、夏、秋、冬的界定以物候变化为依据。雪融化的季节叫"额鲁开依"（春天），青草长出来的季节叫"昭内"（夏天），草木干枯的季节叫"保缘"（秋天），落雪的季节叫"托"（冬天）。云南的独龙族也是根据物候的变化，将一年分为十二个节令，并依次来安排农业生产。这些民族都是采用"自然历"或"物候历"。严格说来，"自然历""物候历"不是真正的历法。因为它对自然界天文的变化规律缺乏科学而精确的计算。这是一个民族在其社会发展早期所必然经历的现象，也说明这些民族对自然界还有着较强的依赖性。

岁时风俗是随着时序、节令的变迁，气候、物候的变化，在民间自然形成的风俗习惯。这种风俗习惯和自然条件的变化有着极强的黏着性。而节日民俗虽然也以时序、节令为转移，但它已带有强烈的人为因素，文化色彩更加浓重。在汉族和许多少数民族中，一些大的节日，如春节、端午节、中秋节、腊八节等，几乎是全民性的文化节日，它们原有的意义已经消失或正在消失。许多节日习俗都是在其发展过程中，得到不断的加工和丰富，融进了不同时代、不同地域、不同民族的审美意识。比如中国各民族的春节习俗，原是从中原汉族地区形成和发展起来的。春节俗称"过年"。年，最早是一种计时单位。《说文》释"年"曰："谷熟也。"这实际上是使用物候观测法，即"自然历"。它和游牧民族的草青一次为一年是同样的道理。后来随着农业生产的发展和社会的进步，"年"的概念和含义向外伸延，并和农业祭祀结合起来。《尔雅》中说"夏曰岁，商曰祀，周曰年，唐虞曰载"，说明在夏商时代，为庆祝和祈祷农业丰收而进行的祭祀活动，是"年"的本意。甲骨文中，"岁"字的写法像是用一把斧子砍断人的双脚，用作牺牲的样子，足见当时是用人做牺牲来祭祀谷神。20世纪50年代初，中国云南省的佤族在祭祀谷神时仍然保留着猎头祭谷的习俗。因谷物成熟而进行的"年祭"，从严格意义上说，它还不能算作节日，但它已具有节日的特性和庄重的文化色彩。

"自然历"的制定是以季节、气候、物候变化为依据的。在这一基础上形成的年祭习俗，没有固定的日期。后来随着对自然规律认识的提高，人们开始用科学的方法测量和推算，开始采用阴阳合历（农历），于是将年节习俗的时间加以固定。与此同时，年节的内容也不断得到丰富和发展。信仰、禁忌、崇拜、宗教、道德、仪礼等观念纷纷渗透到年节习俗中来，驱鬼逐疫、祭祀神明、朝拜祖宗、祈祷丰年等活动成了年节的主要内容。年节的表现形式也越来越丰富多样。如中原地区从商周以来所盛行的除夕驱傩（驱鬼）仪式，一直流传到明清之际。时至今日，在湖北、湖南、安徽、贵州、广西、四川、云南等省区的部分汉族和少数民族中，仍流行傩祭和傩戏（戴面具的表演）演出。由桃符演变而来的贴门神、对联，燃放爆竹、守岁、拜年以及各类花会、庙会、社火、灯会、交游、会饮等习俗，应有尽有。过节的时间也越拉越长，从正月初一一直延续到正月十五日或十六日。春节可以说是中国许多民族的艺术节。节日期间，年画艺术琳琅满目，戏剧杂耍异彩纷呈，服饰、饮食变化多端，众多的民俗精华荟萃，令人目不暇接。因此，春节习俗的娱人功能，大大超过了原有的祭祀和娱神功能。

中国少数民族的节日习俗丰富多彩，许多节日习俗的演变也都经历了如上的过程。其中有些节日习俗，就其内容而言，在传承过程中产生了巨大的变异，由单纯的祭祀仪式丰富发展为文化娱乐活动。

节日民俗是一种综合性的文化现象，它最能体现集体的智慧和创造。民间的节日活动虽然在一定的时令举行，但它的内容却包罗万象，几乎是政治、经济、生产、生活（衣食住行）、宗教信仰、文化艺术、社会交往、民族心理和审美情趣的综合反映。

在现实生活中，人们对节日习俗的传承倾注了极大的热忱。一般来说，不同地区、不同民族的节日，都带有强烈的地域和民族特色。中国北方的蒙古族，世世代代居住在广漠的草原。他们性格强悍、豪放，在蒙古族传统节日"那达慕"大会上，摔跤、赛马、射箭是必不可少的节目。相反，贵州榕江一带的侗族生活在山区，以水稻种植为主，他们的节日带有浓厚的农耕民族的文化特色。侗族过春节是汉族文化影响的结果。侗族中最富民族特色的是"侗年"。侗族过年的时间是农历十一月十九日至二十二日之间，主要活动是祭祖、吃团圆饭、请客互访、踩歌堂、吹芦笙、斗牛等。祭祖的仪式非常简单，只是在家中的神龛前供奉糯米粑粑、杀鸡、焚香，祭祀天地君亲师和历代祖先。踩歌堂是侗族民间的一种大型文化娱乐活动，大都是许多侗寨联合举行。届时，各寨男女老少聚会于歌场，自动围成一圈，人数往往多达千人。歌手持牛腿琴，边弹琴，边唱歌，人群踩着节奏按顺时针方向绕歌堂转圈。接着，身穿节日盛装的姑娘进入歌堂，她们跟在歌师后面，每当一位姑娘入场时，周围都响起一片欢呼声。对歌的高潮是节日第三天的"骑马入歌堂"仪式，每当小伙子骑马踏进歌堂时，年轻的女歌手必用花腰带系住马头，并唱一支赞美的歌，小伙子则付给酬金，表示感谢。吹芦笙活动的参加者都是年轻小伙子和姑娘，这为青年男女的社交活动提供了极好的机会。斗牛是侗族群众喜爱的活动之一。参加格斗的牛，由每个寨子或每个家族捐款购买，请专人喂养。这头牛出征前,寨中老小要为它送行,牛头上披红挂绿,牛背的鞍子上插满各色彩旗。当牛出圈时,要鸣放礼炮,由几位精壮的小伙子手举"一碰如雷盖天地,八足腾空赛狮龙"的马牌开道。锣鼓队、芦笙队紧随其后,威武雄壮,气势盖天,使围观者、远行者精神振奋。这时,斗牛场上人山人海,炮声震天,两牯相斗,群情激越。侗族斗牛只讲胜负,不计名次。购牛、养牛、斗牛过程中体现出侗族集体的搏击精神和荣誉感。

侗族的斗牛(左、右图)

节日习俗又是一种集体传承的文化现象,它在传承过程中,随着时代的前进和社会的发展,任何人在任何环节上都有可能对这一文化现象加以丰富和加工。节日习俗的创造者同时也是它的享受者。共同的民族文化背景和心理素质将群众的智慧聚积起来,又通过具体的节日习俗加以释放。

第二节　宗教节日——理想和愿望的寄托

宗教性是部分民俗节日的共同特征,它从一个侧面反映出民俗与宗教的关系。

节日习俗中,有许多是与宗教信仰联系在一起的。比如,一年之中与佛教有关的节日,就有农历四月初八的"浴佛节"。传说这一天是佛祖释迦牟尼的生日。傣族的"泼水节"是为泼水浴佛而举行的，农历七月十五的"中元节"，民间称为"鬼节"。这一天要施舍饿鬼、孤魂。在佛教传说中则说，孝子目连的母亲，坠入饿鬼道中，食物入口立即化为烈火。目连求救于佛祖，佛祖为他讲《盂兰盆经》，七月十五日作"盂兰盆会"以救其母。自此相沿成俗。腊月初八日的"腊八节"，据说是为纪念佛祖得道而举行的，目的是教育人们不要忘记释迦牟尼成道之前仅食一麻一米的苦难生活。因此，民间到了这一天要吃"腊八粥"。信奉伊斯兰教的中国的少数民族，一年中最大的节日是"古尔邦节"（又名"宰牲节"）、"开斋节"（又名"肉孜节"），前者与伊斯兰教传说有关。传说先知易卜拉欣夜晚梦见安拉，安拉命令他宰杀自己的儿子作为奉献。当他遵命执行时，安拉念其虔诚，令其以羊代替。于是伊斯兰教教民在回历十二月十日宰牲祭献。"开斋节"按伊斯兰教教义规定，每年回历九月为"斋月"，斋戒29天。之后，全体教民沐浴礼拜，互致祝贺，过"开斋节"。

中国各民族中传承的宗教节日，除上面讲到的现代宗教（人为宗教）节日外，大量流传于民间的是带有原始宗教色彩的节日。原始宗教形成于初民社会，它最原始的形态是各类巫术活动，后来才渐渐发展为比较完备的形态。但其特征仍然没有脱离对自然、图腾和祖先的崇拜。原始的宗教信仰是一种全民性的行为。氏族、部落的每一个成员，对所崇拜的神灵（自然物、图腾、祖先）都怀有一种纯朴、神圣的感情。随着社会的发展，原始宗教信仰作为全民性的活动渐渐消失，它的某些仪式和与之有关的活动作为民间习俗被传承下来，形成许多民间的节日习俗。如云南永宁地区的摩梭人（纳西族支系）在其社会形态中仍然保留着许多母系氏族社会的特征，婚姻形态上流行着走访式的"阿注"（朋友）婚。女神崇拜是节日习俗的一大特征。每年的农历七月二十五日，永宁的摩梭人要祭祀"干木女神"。女神形象的具体所指是当地的狮子山。摩梭语叫"干木山"。在摩梭语中，"干"是山，"木"是女，合起来称为"女山"。永宁干木山系石灰岩构造，山上的岩层远远望去，像妇女的"包头帕"，上下的山梁和峡谷排列起来，像摩梭妇女的"百褶裙"。在当地居民中，还传说山中的峡谷是女神的生殖器，两边的山梁是女神的大腿，旁边的许多山是女神的"阿注"。七月二十五日这一天的鸡叫时分，青年们便带

田野民俗采风录

上酒和各种食品来到干木山下，点燃松毛，向女神敬献供品，往篝火上洒酒、丢鲜花。仪式做完后，许多人围绕干木山转一圈。节日期间，白天赛马、野餐，边歌边舞；夜晚露宿干木山下。崇拜女神是一种很古老的习俗，在中国许多民族中都有保留。摩梭人将其发展成大型节日传承下来，是为了通过祭祀祈求人畜平安。更重要的是和婚姻、生育习俗联系在一起，希望人丁兴旺、民族发展。

居住在云南弥勒、潞西一带山区的彝族，每年正月初二举行祭山活动，颇为庄重和有趣。祭山这天，参加者携带供品来到祭场。主祭的长老吩咐大家将各自准备的青冈、栗树枝插在神树四周。负责杀牲的人要按所到人数，将肉切成块，挂在树枝上。一切准备妥当后，长老从附近的石缝里取来一枝叫作"山祖石"的圆石，用清水洗净，再用树叶包起来，恭敬地置于神树之下。传说这块圆石是猎神的化身，人们向它祭献供品，叩头膜拜。只有做完这一切仪式后，才能开始举行宴饮。宴会前，要由两个小伙子手端酒碗，绕祭场一周，口里学着布谷鸟和骏马的叫声，预示播种或收获季节的到来。宴会之后，举行赶雀活动。捕到的鸟儿，用藤子穿起来烘干，到了种荞麦的日子，炸雀干巴吃。据说这样能使那些侥幸逃脱的害鸟，不敢再来糟蹋庄稼。

彝族的祭山活动来自原始的自然崇拜，许多事象具有巫术意义。如祭山时通过青冈栗树叶的变化，预卜一年的收成。叶片直卷，像苞谷形状，预示庄稼长得好；叶片横卷，形似饭勺，预示口粮消耗大，要节约用粮。撵鸟活动和吃雀肉吓唬雀类同样具有巫术作用。由此可见，祭山活动是古朴的，但它所包含的期望却很大，寄托了祭祀者对未来美好生活的热切希望。

民族的图腾观念和自然崇拜有着密切的联系。图腾崇拜物，一般由动物或植物担任。所有崇拜图腾的氏族、部落和民族，对所崇拜的对象均怀有一种十分崇高的感情。图腾是氏族、部落和民族的标志。图腾物不能随便伤害，如果无意中伤害了它，就要举行一系列的赎罪仪式。图腾物是图腾信仰观念的物化表现，它在一个民族的文化史上具有很重要的作用。某种意义上讲，它还是民族凝聚力的表现。在广西以"盘瓠"为图腾的瑶族中，盘瓠是犬的化身。文献记载和瑶族民间流传的有关"盘瓠"的神话，表明瑶族在古代早已是有着图腾信仰的民族。"盘瓠"神话中出现的高辛氏（帝喾），显然是部落联盟的最高首领。后来，随着历史的发展，瑶族部落社会的性质虽然已经消失，但民间关于盘瓠的崇拜以及与盘瓠有关的习俗仍然保留了下来。现在广西大瑶山地区的瑶族过去自称是"狗头瑶"，民间仍保存着过"盘王节"的习俗。

原始宗教节日中，各民族的祭祖节最为丰富，也最有特色。祭祖源于古老的图腾崇拜。所不同的是，图腾祭祭祀动物或植物祖先，祖先祭祭祀人类祖先。由祭祀动物到祭祀人类本身，是社会发展的一大飞跃。它标志着人类的观念和思维已上升到一个更高的层次。

祭祖节是由原始宗教信仰习俗派生出来的。中国少数民族中流行的许许多多的祭祖节，大都是祭祀女性始祖的。这说明此类节日的历史确实十分悠久。如云南哈尼族的"祭母节"，时间是农历二月的牛日，地点在东坝。到了这一天，男子捕雀打鸟，妇女捕鱼，杀猪宰羊，备办宴席。傍晚时，全寨的人聚集到神树下，敲起大鼓、铓锣，高声齐唱《思母歌》。歌词的大意是说，神树是母体的化身，望见树就想起母亲怀胎十月的恩情；英雄都是母亲养，阿皮梭幺（指管天地的神）也有娘，百岁难忘母亲恩，母亲更比金和银。侗族春季时的头等大事，是祭祀"萨"神。"萨"，侗语为"祖母"之意。"萨"有多种称谓："萨岁"是大祖母，"萨玛"是排行第一的祖母，"萨玛顶岁"是比天子还大的祖母，"萨并"是最早的祖母。从这些称谓中可以看出，侗族一直延续着对女祖先的崇拜，只不过不同的时代由不同的祖母来替代。祭萨是侗族的"祖母节"，这一天踏歌起舞，举行"踩歌堂"活动，演侗戏，村寨之间互相走访，联系友情。仡佬族每年农历三月初三、六月初六、八月十五日有合寨祭祀神树、巨石的习俗。实际上，也是祭祀祖先的节日。三月初三祭神树时，要提前半月，由群众推选主持祭祀的头人，由他每晚午夜12点之前，提着灯笼到寨门前的路口，用仡佬语高喊："老祖公！老祖公！三月三快到了，老人家们在外面做客的，快回来吧！……"节日当天，人们在神树山设牲祭祀，祈祷人畜平安、五谷丰登。

宗教性节日内容丰富，形式多样，大都表现民族的共同信仰。当社会生产力还不十分发达、人们的认识水平还十分低下时，宗教性节日以信仰的力量对每一个民族都产生增强凝聚力的作用。这种作用有时是别的形式所不能取代的。

第三节　文娱节日——精神文化的荟萃

　　文娱节日指文化娱乐节日，是各民族节日习俗的重要组成部分。它完全打破了宗教性节日所具有的封闭性、神秘性，和民族的现实生活发生广泛的联系。欢聚、娱乐是人类社会的一大特征，也是人类对美的不懈追求。我们知道，审美意识是社会发展到一定阶段的产物，人类对美的感受必须经历一个漫长的过程。当人类与猿类告别时，并未使他们生活的环境变得十分美好，各种活动都要受到严酷的自然条件的支配。这时，他们不会产生审美意识。大约到了旧石器时代晚期，随着人类社会的发展，人们开始懂得用兽牙、砾石、贝壳和鱼骨装饰自己。只不过这种审美意识往往和功利目的联系在一起。比如在狩猎生活中，当猎获品越来越多并引起狩猎者的快感时，狩猎者会情不自禁地手舞足蹈起来。有时用猎物的皮毛装饰自己，就像非洲中部原始部落的男子那样，用色彩鲜艳的羽毛装饰自己的头发，把牙齿染成黑色，肩披豹皮，借以显示自己狩猎的技巧。或者像一些原始部落的狩猎者那样，当狩猎成功之后，用动物的鲜血涂抹身体，借以表示神异。这些都带有审美的个性特征。与此相应的农耕民族，则在农业获得丰收时，用集体的祭祀和欢庆方式举行祝贺。这些个性的和共性的审美特征有可能成为早期文娱性节日形成的条件。

　　文娱性节日大量流行于中国农业民族中。它的最初形成，除审美、娱乐因素外，与农业生产的季节性、社会对文化生活的需求有很大关系。如中国西双版纳的布朗族，20世纪50年代初，尚处于原始社会解体向阶级社会过渡的农村公社阶段，"刀耕火种"仍是其主要的生产方式。在信仰观念上，他们崇拜自然神。每年傣历的十二月，各村寨都要举行集体的祭山林活动，这也就是布朗族的农事节日。这一地区的基诺族信仰多神。天神、地神、山神、丰收之神、狩猎之神、战神都是他们崇拜和祭祀的对象。每年的傣历一月（过年后）、四月（播种前）、九月（收获前）举行祭祀活动，具体日期由寨头确定。在农业比较发达的地区和民族中,农事节日的原始信仰成分逐渐削弱,庆祝、祈年成为主要内容。有些活动甚至成了农忙季节的生产性动员。如藏族的"望果节",流行于拉萨、日喀则等农业地区,没有固定的日期,一般在农作物成熟之际举行。"望",在藏语中是"田地"之意;"果",是"转圈"之意,合起来称为"转地头"。当农作物成熟之际,村寨的全体成员聚集在一起,绕本村的田地转圈游行,随后进行各种娱乐活动。这种节日往往是农闲季节过后,大忙季节即将开始时的一次生产性动员活动。"望果节"一过,繁忙的秋收就开始了。云南大理地区的白族,在每年的水稻插秧之前,要举行一次春游活动——"绕三灵",祈求农业丰收。实际上,这是一种走村串寨的农事宣传活动。到了农历五月的插秧季节,又举行一次别开生面、喜庆欢快的"栽秧会"。"栽秧会"在农历芒种和夏至之间举行。这时,由几十户或整个村寨自愿结合起来,由众人公推"秧官"。秧官的责任是安排插秧进度和进行质量检查。活动开始的第一天叫"开秧门"。这天大清早,插秧的队伍敲锣打鼓来到田头,田头飘扬着彩色的旗子,摆着糖果和酒。插秧者先是吃糖喝酒,唱丰收歌,然后下田插秧。较有特色的是,田地边还有乐队助兴。音乐时快时慢,用来调节劳动节奏。整个开秧门的仪式,庄严而又欢快。这种劳动、娱乐合为一体的节日习俗,保留了原始的"共耕"意识,保证不误农事节令。

文娱性节日的功利目的,在于加强人与人之间的交流,通过彼此的联欢沟通相互之间的感情。有时它还和其他一些民俗事象交织在一起,如经济贸易和婚姻习俗等,这些就制约着节日习俗的发展。下面一些民族的节日,可以说明这一特征。

一、蒙古族的"那达慕"大会

"那达慕"是蒙古语音译,意为娱乐或游戏,是蒙古族牧民的传统节日。这种文化娱乐活动起源于古代蒙古人的"敖包祭",活动大多在夏季牲畜肥壮季节举行。一年一度,每次一至数日。届时,牧民们身着节日盛装,骑着骏马、骆驼,或乘坐勒勒车,带着帐篷从各地赶来参加。最初,"那达慕"的主要活动是进行蒙古族喜欢的射箭、摔跤、赛马比赛,蒙古族称为"好汉三艺"

或"男子三项那达慕"。据《成吉思汗石文》记载，成吉思汗征服了花剌子模后，为庆祝胜利，在布哈苏齐海举行了一次盛大的"那达慕"大会，会上进行了射箭比赛。这次比赛中，成吉思汗的侄子叶松吉在365庹的距离，射中了目标。后来，除三项竞技外，又增加了许多新的文艺项目，如歌舞、蒙古说书等。现在流传于牧区的"那达慕"，又增添了电影、马术、军事体育、田径、球类比赛、文艺表演、物资交流等活动，使"那达慕"真正成为牧民喜爱的节日盛会。

二、维吾尔族的"麦西热甫"

"麦西热甫"是维吾尔族民间的集体歌舞聚会，一般在农闲季节举行。这一活动同村或同街的男女老少都可参加。一般由各家轮流主持，并准备适当的饭菜招待客人。大型的"麦西热甫"，往往在盛大的节日里举行。如"古尔邦节""开斋节"时，有成千上万的人参加。这种歌舞喜庆活动，常穿插"撒那舞""赛乃姆"和"刀郎赛乃姆"三种歌舞形式，吸引每个参加者，使其做出出色的表演。

"撒那舞"是男子汉们的舞蹈。在鼓乐伴奏下，舞步矫健奔放，凝重潇洒，情绪热烈，场面壮阔。"赛乃姆"是姑娘和妇女们的舞蹈。它形式自由，动作灵活，感情奔放，优美抒情。"刀郎赛乃姆"是大型的双人对舞和群舞。它吸收了维吾尔族歌舞的许多优秀成分，同样刚柔相济，热情奔放，或旋或跳，夺人心魄。舞蹈进入高潮时，人声鼓声欢腾喧闹，气氛十分热烈。

"麦西热甫"的内容十分广泛，除音乐、舞蹈外，还有歌唱、联句对歌、讲故事、说笑话、做游戏、即兴吟诵等。它是群众文化娱乐活动的最好形式，深受维吾尔族民众的喜爱。

三、壮族的三月三"歌圩"

"三月三"是壮族传统的歌节，因为是一种聚众对歌的习俗，故称为"歌的圩市"。"歌圩"的规模有大有小。大的歌圩往往有上万人参加，小的歌圩也有数百人。白天进行的称"日歌圩",一般在村外的山坡或田野中举行;晚上举行的称"夜歌圩",一般在村中进行。传统的歌圩是未婚青年男女公开社交的场所,借歌传情,相沿成习。每当歌圩来临时,壮族青年男女穿上节日盛装,相邀约伴,从四面八方涌向传统的歌场,用歌声物色歌友。中午时分或夜幕降临时,形成对歌高潮。歌圩上所唱的歌内容十分广泛,包括天文地理、历史政治、生产生活,其中以男女对唱的情歌为最多。未婚青年在歌圩上自由选择心爱的伴侣,唱得情投意合时,便互相抛绣球或互赠信物,从而建立恋爱关系。壮族历来有歌唱习俗,所以歌圩很多。许多节日,如春节、三月三、中元节、中秋节等,都是较大的歌圩日,也有些歌圩是临时组织的。

壮族的三月三歌圩(左、右图)

类似歌圩的节日,在中国其他一些民族中也有流行。如贵州布依族的"查白歌节",白族的"石宝山歌会",侗族的"赶歌会",甘肃、青海等地的"花儿会"等,都是比较著名的歌唱节日。

四、新米节

新米节,又叫"尝新节"或"吃新节",是中国少数民族中流行的庆祝丰收的节日。日期各民族有所不同,大都在稻谷成熟时举行。"新米节"源于古老的农业祭祀,这一习俗一直流传至今。云南景颇族在过"新米节"的前一天,主人家要背着插满鲜花的篮子,在稻田中收一捆成熟的糯谷,放在鬼门后边,然后通知各家各户,邀请他们第二天来做客。节日当天,主人除准备丰盛的食品外，老人们还要追述谷子的来历，总结生产经验，传授给下一代。阿昌族的"新米节"，在每年的农历八月十五日举行，届时要举行隆重的祭献仪式。主人先将屋子打扫干净，再到地里拔一棵结籽结得最好的芋头，砍一棵结了双穗的苞谷，将芋头和苞谷捆在一根木棍上，靠在堂屋的左角（或右角），然后献上新米饭等供品。祭献时，主人家要念颂词，祈祷神灵保佑。傈僳族在"新米节"来临时，家家户户要到田里收稻谷，做新米饭。做好的饭人不能先吃，必须先给狗吃了之后，人们才能享受。这时，一家人围坐在火塘边，喝着米酒，谈笑歌唱。之后，所有男女老少又都聚集到寨子中的广场上，手拉手，脚合脚，通宵达旦，进行"跳嘎"活动。"吃新"也是苗族的隆重节日，文化色彩更加浓重。吃新米，苗语叫"努格西"。节日前，各寨要互相访问，发出邀请。节日当天，被邀请的客人穿着节日盛装，提着鸡、鸭、酒等礼品，扛着芦笙，牵着准备格斗的牛，来到主人村寨。吃新节的第二天，到田中祭祀祖先，然后再在家中设宴畅饮。吃新节期间，主客寨之间，要举行大型芦笙会和斗牛会。晚上，青年男女在芦笙堂翩翩起舞，对唱情歌。这样的节日成了村寨之间加强联系、青年男女社交择偶的最好时机。中国少数民族中过吃新节是普遍风俗。藏族、侗族、布依族、壮族、瑶族、仡佬族、仫佬族中都曾流行这一节日，但具体程序和内容却有所不同。"吃新节"的突出特点是敬狗，这和这些民族古老的《谷种起源》神话有关。据说，原来地上没有粮食，是狗从天上取来谷种，所以每年新米收获后的第一碗饭要先敬狗，这种习俗相沿至今。

五、火把节

火的发明，标志着人类文明的一大进步。民间信仰习俗中，火总是占有十分重要的地位。人类的饮食起居不能离开火。其实人类建造住宅的目的，一是御寒和防止野兽的侵袭；二是保护火种。由火而延伸出的文化事象，在各民族中丰富多彩。南方民族的起居、饮食、社会交往都是以火塘为中心进行的。哈尼族苦聪人"无床褥，环火而眠"，保存着古老的习俗。普米族的火塘是全家人活动的中心。傣族火塘中的火终年不熄，煮饭烹茶，主客谈心，环火而坐，别有情趣。佤族的住房一般隔为两间，分主房和客房，房内设三个火塘：主火塘、客火塘和鬼火塘。主火塘在主房，是家人活动的中心，火塘后是家长的睡处，未经主人同意，客人不得坐卧。客火塘和鬼火塘在客房，前者煮牲畜饲料，后者做祭鬼用。人死后棺木也停在此处。所有这些，都说明火在人们日常生活中的重要地位和作用。所以，民间对火神的信仰和崇拜相当普遍。

火既给人们带来温暖和幸福，又给人们带来灾难和不幸。由敬奉和畏惧构成了人们对火的复杂心理，也使火文化表现出明显的特征。在有些地区和民族中，甚至演变成以火为中心的大型节日——火把节。

火把节的最初形成和农业巫术有关。举火照田，以占卜年事丰歉的记载，说明火的巫术功能，后来才渐渐变为农业文化节日。火把节遍及中国西南地区的许多民族，白族、纳西族、傈僳族、苗族、彝族、壮族、布依族、景颇族等民族都过火把节，时间大都在农历六七月份。白族的火把节，时间在农历六月二十五日。这时稻子正拔节抽穗，白族民众通过火把照田，占卜农业的丰收与否。节日这天，每个白族村庄的广场上，都要竖起一个或几个大火把。火把选用三四尺高的松树做杆，外面捆上竹片、麦秆、松明子；用彩绳系着的火把梨、乳扇，缀在火把周围；火把上还要插上各色三角旗之类的装饰品；火把的半腰斜插上类似升斗的三角大旗。除此之外，各家还要准备许多小火把，几乎人手一个。夜幕降临时，大小火把一起点燃，蔚为壮观。当大火把上的火把梨纷纷坠落时，人们争抢以图吉利。之后，人们便举着火把在田间游行，祈求农业丰收。关于白族火把节的来历，民间有许多优美的传说，最有名的是《柏节夫人》（又名《火烧松明楼》）。它在民间几乎家喻户晓。

彝族的火把节在农历六月二十四日，和白族的火把节仅差一天。关于这一节日的起源，不同地区的彝族有不同的传说。有些用民间传承的神话做解释，有些与农民起义的事迹相联系。大凉山地区的彝族，每到彝历虎月（阳历7月）过火把节，节期一般为三天。头一天，杀牛吃坨坨肉；第二天和第三天是活动高潮，人们聚集在一起，开展斗牛、摔跤、赛马、唱歌、跳舞等活动。结束时，将火把灰送走。

火把节虽以占农为特色，但经过民间长期的流传和演变，实际上已成为展示民族文化传统的节日。

六、藏族的雪顿节

"雪顿节"是藏族传统的戏剧节。在藏语中,"雪"是酸奶子的意思,"顿"是宴会的意思。"雪顿节"意即"吃酸奶子的节日"。雪顿,原是一种宗教活动。按照佛教的戒律,每年夏天有几十天佛寺禁止僧人出门。到了开禁的日子,僧人们出寺下山,世俗百姓用酸奶子向僧人们施舍,并尽情地玩耍。这样,形成了最初的"雪顿节"。17世纪中期以后,宗教活动与文娱活动相结合,演出活动也有了规律性的安排。在每年的藏历六月二十九日,各地的藏剧团到布达拉宫报到,并到罗布林卡(公园)做仪式表演。三十日是哲蚌寺"雪顿节"。七月一日,各藏戏团在罗布林卡联合会演。七月二日至五日演广场戏。节日期间,拉萨市民穿上节日盛装,带上吃喝用品,前往罗布林卡看戏。1959年以后,"雪顿节"除演藏戏之外,还有其他文艺演出和物资交易,这丰富了"雪顿节"的活动内容。

拉萨雪顿节开幕

藏戏演出

中国少数民族的文娱节日,千姿百态,不胜枚举。比较著名的节日有景颇族的"目恼节",哈尼族的"十月年",苗族的"踩花山""爬坡节""芦笙节",侗族的"花炮节""斗牛节"等。辛勤劳动了一年的各民族民众,通过自己的聪明才智,不断丰富节日的内容。他们在尽情的欢乐中,得到精神上的满足和享受。

第四节 节日传统——审美的艺术表现

节日习俗是各民族民众共同创造的精神财富，也是各民族文化的总汇。没有哪一类民俗事象，像节日习俗那样，包含着如此众多的文化因素。节日传统就其实质而言，无疑是各民族审美意识的艺术体现。节日习俗不是平面地展示一个民族的文化传统，而是将各民族的民俗文化加以历史的和立体的表现。节日传统本身是各民族民众对生活感受、对物质创造和美学价值的肯定。节日中的一切活动，包括每一样道具，都体现了美的创造原则。比如中国许多民族都有过"端午节"的习俗。这一习俗的起源很久。在古代，因"午"与"五"同音，所以"端午"又叫"端五""重五"或"重午"。"端午节"，民间又叫"浴兰节"、"地腊节"（道教）、"中天节"（唐宋时）、"五月节"或"女儿节"（北京地区）等。关于这一节日的起源，众说纷纭。夏至说、图腾说、屈原说、恶日说等，莫衷一是。这些暂不去考究。单从"端午节"的内容来看，就具有多种功能。其中之一是为了除恶辟邪。特别是蛇蝎五毒，更是不可不辟。为此，过节这天，一是饮雄黄酒，戴五色缕，悬挂菖蒲、艾草，以辟瘟疫。二是吃粽子。粽子性凉，五月吃它，实际上是一种节令食品。三是龙舟竞渡，开展体育比赛。四是文化娱乐，走访亲友。不过，传统习俗中，往往将"端午节"习俗与屈原的事迹联系起来，增加了端午节的文化色彩。"端午节"就其实质而言，具有民间卫生节、体育节的意义。同时表现出人们对美的无限追求。苗族"端午节"期间，用来竞渡的龙舟就是审美的艺术体现。贵州清水江一带的苗族，采用高大的杉木和桐木做龙舟。龙舟共有三只，中间的一只长七尺，视为"母船"；两边各一只，长五尺，称为"子船"。龙舟下水前，三船相并，称为"母子船"。船头饰以五彩龙头，龙头上安一对水牛角，船尾用一捆茅草插入水中，称为"凤尾"。联系苗族生活中的接龙仪式不难看出，龙舟的巧饰与苗族的崇龙习俗有关。龙在苗族人的心目中，是吉祥的象征。所以每当丰收或求子添福时，都要举行接龙仪式。这种敬龙的崇高感情，使苗族在"端午节"的龙舟竞渡中，特别注重龙舟的装饰美。

作为一种文化创造，节日习俗处处体现着民众对生活美的追求和享受。节日服饰，节日饮食，节日期间的艺术表演和体育竞技，节日的道德、仪礼等，无不将人们置于美的文化氛围之中。

第六章
人生的历程

第一节 诞生礼——美好的祝愿

每个人都有幸福的童年，童年给每个人留下最美好的回忆。但是这些回忆大都是从父母或长辈的口中得知的。

小时候是什么样呢？天真烂漫的孩子，常常向母亲提出这样的问题。于是慈祥的母亲讲起孩子诞生的故事。

当一个孩子呱呱坠地时，新的生命诞生了。一家大小欢天喜地，于是一系列的为孩子祝福的仪礼开始了。

人生的第一个仪礼是"三朝"礼。"三朝"又名"洗三"，是孩子诞生后第三天所举行的仪礼。"洗三"是一种古老的育儿习俗，它在各民族民间的传承历史悠久。满族举行这一仪礼时，要请一位儿女双全和德高望重的老太太主持仪式。届时，舅舅家和亲友前来祝贺。仪式开始，主持仪式的老太太盘腿坐在炕上，面前放一个大铜盆，铜盆里放些槐树枝、艾蒿，将热水倒入盆里，趁着水冒热气时，前来祝贺的亲朋好友将铜钱、花生、鸡蛋放入水中，这叫"添盆"。然后，老太太一手托着孩子，一手给孩子洗身体，嘴里还念着喜歌：

洗洗头，做王侯；

洗洗腰，一辈倒比一辈高；

洗洗蛋，做知县；

洗腚沟，做知州。

洗完之后，用姜片、艾蒿擦孩子的脑门和主要关节。据说，这样可使孩子体格健壮。此外，还要用新布蘸茶水擦孩子的牙床，如孩子放声大哭，表示吉利，这叫"响盆"。最后用一根大葱在孩子身上打三下，边打边说："一打聪明，二打伶俐……"打完将大葱交给孩子的父亲扔上房顶，仪式就算完成。

婴儿满月时要举行"满月礼"，亲友们赠送"长命锁"。

周岁时举行"抓周礼"。在桌子上放些纸、墨、笔、砚，算盘和纸做的生产工具、生活用具等，让小孩自由抓取，然后根据小孩抓取的什物，预测孩子未来的志向。如抓取了纸、笔等，预示着孩子将来喜欢读书；抓取了算盘等，预示着经商；抓取了生产工具，预示着耕田种地。"抓周"习俗在中国许多民族中都有流传。这种仪礼的目的，一方面是预测孩子未来的志向，另一方面也寄托着家长美好的感情，希望儿女长大成才。

诞生礼，在中国少数民族中各有特色。哈萨克族的习俗，是在孩子诞生后的第三天晚上，举行热闹的晚会。请有威望的妇女给孩子剪脐带，庆祝孩子的降生。第七天举行命名礼，第40天给孩子洗澡。男孩在五至七岁这段时间内，要施行割礼。湖南湘西土家族中，婴儿出生时，流行"踩生"习俗。即婴儿降生后，谁先到产妇家来，就被认为这婴儿是他踩生的。对踩生者要设宴招待，让他高兴，这样孩子才会变得聪明。婴儿满月时，母亲要背着孩子去看外婆。出门时带一碗熟团馓和红鸡蛋，请路途中遇到的第一个人吃掉。另外，还要用一条布绳点着火带在身上，孩子的摇窝上放一把剪刀或其他铁器，并将孩子用尿裤子盖上。这些都是为了辟邪而采取的手段。为了孩子好养活，土家族地区还流行给孩子"认干亲"的习俗。有的人家将孩子寄拜给树木、岩石、水井或猪、狗、鸡等，并以此命名。所以在土家族地区叫树保、岩保、水保、猪保、狗保、岩妹、水妹、狗妹的孩子很多。据说这样可以消除灾星，取个贱命，孩子好养活。

中国各民族民众历来对婴儿的诞生礼十分重视，习俗多种多样。现在民间讲究计划生育，优生优育。以往的民间风俗在育儿习俗上，同样注意优生原则。婚姻的选择、求子、孕期禁忌、胎教、饮食、保健等无不追求健康标准。在父权社会，父母双亲对子女的感情总是在不断升级。由于受子嗣观念的支配，在父母看来，孩子的生命就是他们生命的延续，后代的成功就是他们的成功。所以，诞生仪礼的传承总是在一系列的仪式中，寄托着美好的祝愿。

第二节　成丁礼——理智和道德的完善

　　诞生仪礼是人生的第一大礼，也是开端之礼。人生仪礼，在民俗学研究中有一个独特的称谓，叫"通过仪礼"。即在人的生命的某些环节上，施行一定的仪礼，借以完成人生向下一阶段的过渡。当全部仪礼完成时，人的一生也就算真正地结束了。一个人从诞生仪礼开始，在以后的不同年龄阶段上，实行不同的仪礼。这些仪礼像人生路途中的驿站，接替生命的延续和发展。

　　成丁礼，又叫"成年礼"或"冠礼"。它是一种极其古老的习俗传承。一个人当他通过诞生仪礼进入社会直到十七八岁，中间是一个过渡阶段。这一时期，除每年必过的生日外，无其他仪礼。此时，他完全属于父母和家庭，并在父母和家庭的监护、教养下成长。他对家庭和社会基本上不承担多大的责任。等到这一过渡阶段的后期，随着生理发育的成熟、社会阅历的增加，人生开始进入青年的觉醒期，社会意识逐渐加强，理智和道德观念开始激励和约束自己。生理学的研究表明，这时是人生的典型的不稳定期，其行为近似儿童和成人之间。此时，家庭和社会对他们严加规范，强制他们按照成人社会的道德行事，强化他们的社会意识和责任心，是完全必要的。

　　获得生理和心理成熟的人被社会接纳为正式成员，要举行一定的仪式——成丁礼。只有通过这种仪礼，才标志着理智和道德上的完善。

　　在古老的原始部落社会，接纳青年男女进入本氏族社会的成丁礼十分隆重。为了培养男子具有成人的素质，要强迫他们接受一系列的考验。如让他们暂时脱离家庭和部落,将他们放逐森林荒野,经历艰苦生活的磨难,做体力和智力的准备。经历考验后,他们才真正取得社会成员的资格。

古老的"成丁礼"作为一种精神文化,一直被传承下来。但它在各民族中的表现形式却不尽相同。在汉族中,古代男子或女子成年时,要举行"冠、笄之礼"。"冠"是男子的成年礼。举行冠礼的年龄,《礼记·曲礼》中说,男子二十而冠。《礼记·士冠礼》中说,男子十九而冠。后代此礼虽废,但民间对成年或未成年的男子,仍流行着"已冠""未冠""弱冠"等说法。中国朝鲜族中,当一个男子成年时,曾施行过"三加礼",这是古代"冠礼"的典型形式。所谓"三加礼",分初加、二加、三加。初加时,给受礼的男子盘发髻,加网巾,加冠;二加指几天后,择取吉日,将初加的冠巾取下,换上纱帽;三加时,再加幞头。主持者念颂词,受礼者向长辈行礼。"笄礼"是女子的成年礼,比较简单。随着社会的发展,冠、笄之礼在中国许多民族中已被废除。《中华人民共和国宪法》规定,男女青年到18岁算是成年,同时获得选举权和被选举权。这同样具有标志青年人理智和道德完善的意义。

在中国少数民族中,也有些民族的古老的"成丁礼"还保存得比较完整,形式上多种多样。

一、基诺族的"捕捉仪礼"

古老的部落社会中,接纳一个经历考验的男子入社,完全出于客观现实生活的需要。若不如此,不足以战胜自然界的和社会上的敌人。后来,随着社会生产力的发展,人们战胜自然的能力不断提高,原来严峻的放逐森林、荒野的考验,显得完全没有必要。这时,古老的成丁仪礼便以象征的意义,被保留在一系列的"成丁礼"中。中国云南的基诺族在举行"成丁礼"时,对受礼者施行突然的袭击性捕捉,然后将受礼者押进群情鼎沸的会场,强迫他就范。在举行仪式的时候,家族中的长者要带领大家演唱本民族的创世史诗,宣传本民族的习惯和法规,同时还教给青年人生产经验以及爱情和家庭生活知识。捕捉仪式所造成的恐怖气氛,实际上是对受礼者的考验。

二、瑶族的"度戒"仪式

度戒,是瑶族成年礼的一种,主要流行于云南富宁一带的瑶族中。度戒,分大度和小度两种。仪式由戒师(巫师)主持。度戒期间,受戒的男子必须脱离家庭,在戒师家吃、住。不许出门,不可见人,走路时戴帽低头。除戒师外,他人不得与之讲话。不得吃带荤的食物。夜晚,由戒师传授宗教仪礼等科目,背诵宗教经典和本民族、本家族的历史。这一切仪礼完成后,在村寨附近的草坪上搭起"戒台",由戒师念经请神。神至,戒师引导受戒者对天盟誓,内容包括:不杀人放火、不偷盗抢劫、不奸女拐妇、不虐待父母、不陷害好人、不做官欺人等。誓毕,戒师掷火于碗内,表示如违背誓言,命运将同火入水碗一样。然后,戒师喊一声"度下!"受戒男子随即全身蜷曲,两手交叉紧扣膝盖,置头于两膝之中,从戒台上翻滚而下。最后,戒师宣读法纪,加盖手印,由受戒者保存至死。在瑶族中,凡经度戒的男子被认为是得到了神的保护,受到社会的尊重。由此可见,瑶族的度戒仪式是十分古老的。在仪式的每一个环节上,戒师的作用强化受戒者的人生意识,使其理智和道德进一步得到完善。

三、穿裤子、换裙子仪式

在现代高度文明的社会里,识别一个人是否成年,并没有独特的标志。这无疑给社会交往带来许多不便。但在中国的许多少数民族中,至今还保留着根据服饰的样式,辨识青年男女成年与否。云南滇西永宁纳西族男女在进入成年后,要分别举行穿裤子、换裙子的仪式。在这一地区的纳西族中,儿童在少年时期,男女所穿的衣服都一样,即穿一件麻布衣衫,不穿裤子。到了成年时,必须更换服装。仪式一般在春节举行。除夕之夜,凡年满13岁的少年,按性别集中在一起,吃酒喝茶,载歌载舞。大年初一,雄鸡报晓后,各自回到自己的母系氏族参加成丁礼。仪式在公共住宅里举行。如果是少女换裙子,换裙位置在火塘的右前方,仪式由母亲主持。少女的双脚踩在猪膘和

田野民俗采风录

纳西族摩梭人的换裙子仪式

粮食口袋上，脱下长衫，换上成年妇女的裙子，扎上腰带，佩戴耳环、手镯。然后向祖先、灶神叩头，宴请宾客。客人送的礼物由姑娘挑几样保存，作为终身纪念。少年男子的换裤位置在火塘左前方，仪式由舅舅主持。受礼者也是脚踩猪膘和粮食口袋，右手拿银圆，左手执尖刀，脱去长衫，上身穿短袄，下身穿长裤，扎腰带，穿长靴，最后向客人叩头、敬酒。

四川凉山彝族少女在15—17岁时，举行换裙子仪式。换裙之前的少女，梳单辫，穿浅色两接裙，裙边镶有一粗一细两条黑布边。姑娘到了成年时，要杀猪宰羊，大宴宾客，这种仪式不许男子在场。仪式开始时，妇女们说些逗弄少女的风流话和祝愿词，然后请一位漂亮、能干、和姑娘相好的妇女为换裙的姑娘梳头，将单辫梳成双辫，戴上头帕、耳坠，换上红、蓝、黑三色相连接的"百褶裙"。有的地方要请巫师（毕摩）念经；有的地方要请一位成年女子坐在果树下，杀一头猪，将死猪在少女头上转几圈，以驱除不祥；也有些地方的彝族设一物为夫方，背着少女转三圈，表示已和此物结婚。

四、文身、染齿（凿齿）仪礼

文身、凿齿是一种古老的习俗。它最初产生于氏族或部落社会，表现原始的图腾和巫术观念。在中国少数民族中，黎族、高山族、傣族、基诺族、独龙族、德昂族、布朗族等民族，都曾盛行文身习俗。文身的年龄，各民族并无定制，以男子居多。在傣族民间，男子文身被认为是成年的标志。不文身的男子会被妇女讥笑为不勇敢，因此很难得到女子的喜爱。

染齿是女子成年的标志，傣族女子15岁左右染齿。方法是先将栗木用火熏，然后将黑烟灰在铁片上烘烤，用手指蘸烟灰，将牙齿染黑，以此表示女子成人，可以恋爱结婚。

　　成丁礼是给成年男女加以标志的仪式。这种仪式等于向社会宣布，凡参加受礼的人身心均已成熟，他们开始享有和其他成人一样的权利，可以承担一定的社会责任。从婚姻习俗看，参加成年礼之后，受礼者开始有了公开社交和恋爱结婚的权利，也开始走向人生中最美好的阶段。

第三节　婚礼——人生价值的表现

　　婚礼是人生中的一大仪礼，它的形式最为完备。婚礼的每一个环节，寄托着个人、家庭和社会的最美好的理想。在日常生活中，人们很重视成人仪礼，之所以如此，是出于十分重要的功利目的，即与婚姻相联系。人类要繁衍、家庭要发展，最终由男女双方的婚姻关系所决定。成年礼就是通过社会的认可，赋予成年男女以婚媾的权利。没有这一环节，婚媾则认为是不合法、不道德的。

　　婚姻制度的发生、演变是和社会制度的发生、演变紧密相关的。不同的社会制度决定不同的婚姻制度。与原始社会、奴隶社会、封建社会相适应的婚姻制度分别是群婚、对偶婚、专偶婚（一夫一妻制），各种婚姻制度又有与之相适应的婚姻习俗。因此，婚俗是人类精神文化的又一积淀。它和许多精神文化一样，具有相对的独立性和稳定性。当一种婚姻形态随着经济的发展和社会制度的变革而消失之后，与之相关的习俗却仍然在民间传承，或以某种变形的形式保存下来，由此构成了各民族丰富多彩的婚姻习俗。

一、抢婚

　　抢婚，又叫"掠夺婚"，最原始的方式是通过抢劫妇女缔结婚姻关系。抢婚是由原始时代的氏族部落外婚引起的。在现代一夫一妻制婚姻形态中，抢婚已失去原来的形态和意义，变为一种模拟性、象征性的婚礼仪式。

生活在云南的傈僳族，未婚青年男女背着父母私订终身。到了结婚时，男方将女方偷偷地领到高山密林中藏起来。女方父母得知后，到处搜寻。如果三天之内找到了女儿，则认为男方愚蠢无能，抢婚者不但得不到媳妇，还要用一大笔钱财赔偿女方家；如果三天之内找不到，这一婚姻便得到社会的认可。这时，抢婚的男子领女方回到自己的村寨，然后正式向女方家求婚定聘，履行婚姻手续。

云南红河一带的苗族，未婚青年男女婚前社交自由。到了结婚年龄的青年人大都在芦笙场上，通过对歌寻找伴侣。一旦双方相爱，男方就邀请伙伴们一起到女方家，明目张胆地将姑娘抢走，或偷偷地趁姑娘在屋外干活时把她抢走。无论明抢或暗抢，姑娘总是事先得到消息，男女双方约好了时间和地点。抢亲后的第二天，男方才聘媒说亲。女方父母收了聘礼，亲事就算定了。像这种带有喜剧色彩的抢婚、偷婚习俗，在中国南方的彝族、哈尼族、瑶族、侗族、普米族、景颇族、布依族、高山族等民族中都有保留。景颇族认为，"拉婚"可以惊退附在姑娘身上的鬼魂，保证以后生活平安无恙。贵州扁担山一带的布依族，当姑娘出嫁时，寨子里的人佯装追赶，谓之"追打嫁女"。这些均是抢婚习俗的余韵。它为婚礼增加了许多欢乐色彩。

抢婚在更多的情况下，是以变相的形式保存的。如许多婚礼习俗中的"闭门拒亲"，就具有抢婚特色。这种婚俗表现为，当男方家娶亲队伍到达女方家时，女方家将大门关起来，拒娶亲队伍于门外。有些民族（如彝族等）当娶亲队伍来到时，不但拒之门外，还要给娶亲者泼水（有的是脏水），或施以棍棒之礼。蒙古族婚俗中，当娶亲的新郎和祝颂人来到新娘家刚要进门时，一条飞来的彩带将他们拦在门外。这时，女方的伴娘和男方家来的祝颂人，互相诘难，要进行好几个时辰的闭门对唱，然后才放新郎进屋。这种对唱无疑是智慧和辩才的较量。

二、以歌择偶

在一夫一妻制婚姻中，配偶之间是独占的同居。成年男女的配偶选择，意味着他们与被选为配偶的人，将结为终身伴侣。所以每个成年男女对配偶的选择十分关心、十分慎重，对选择配偶的方式也十分关注。过去在封建家长制和买卖婚姻形态下，儿女的婚姻大事由家长做主，子女处于无权地位。"父母之命，媒妁之言"成为男女婚姻的唯一模式。

但是，在少数民族中，除包办婚姻形式外，在选择配偶方面，还保存和传承着另外一些择偶形式。许多民族，凡已达到成婚年龄的青年男女，婚前享有公开的社交和选择配偶的自由。他们创造了许多形式和场所。除公房外，民间节日集会、婚姻丧葬仪礼，均为青年男女提供了谈情说爱、选择配偶的机会。壮族的"歌圩"，仫佬族的"走坡"，苗族的"芦笙会""跳花场"，白族的"石宝山歌会"，布依族的"查白歌节"，中国西北地区的"花儿会"等，都是大型的节日集会。在这种场合，青年男女可以通过对歌选择配偶。此外，还有许多日常的社交活动，如苗族的"游方"、布依族的"赶表"、侗族的"行歌坐月"、傣族的"串姑娘"等。无论哪种形式，以歌为媒，以歌求偶，是少数民族青年男女表达爱情的独特方式。

在各民族以歌求偶的习俗中，青年男女欢聚的形式和所唱情歌本身，就表达着各民族民众对美的追求和愿望，因而使这种习俗历久不衰。

（一）仫佬族的走坡

走坡是仫佬族男女青年婚前的一种社交活动，一般在春节和农闲季节进行。届时，男女青年穿上节日盛装，相邀约伴，三五成群，去赶热闹的集市。在集市上物色好唱歌的对象后，便到风景秀丽的坡地和浓荫树下对唱山歌。由此结下同年，交为知己，并托言于媒，结为夫妻。另外，在赶集的路上，男青年如果想请女青年唱歌，便打一声口哨，拿出手巾向女青年挥动；如果姑娘们愿意唱歌，也以挥动手巾的方式表示同意。这时，小伙子唱起《邀请歌》：

田中白鸭谁家鸭？
塘里白鹅谁家鹅？
白巾包头谁家妹？
我想邀你唱支歌。

田野民俗采风录

> 月到十五月正圆，
> 妹不唱歌到哪年？
> 再过两年人老了，
> 日落西山空望天。

《邀请歌》是试探性的歌，姑娘们一般不会马上作答。这样男方就要反复唱许多歌，赞美、鼓励或故意用激将的方式挑逗对方，姑娘们才会以歌作答。这时，男方用歌声要求姑娘走近一些：

> 妹英台，
> 我妹真心就过来。
> 妹在那边是大路，
> 我想邀妹这里来。

这就是走坡。当双方靠近时，开始唱《相逢歌》：

> 男：妹在一村我一村，
> 　　有幸得遇妹英台。
> 　　好似梦里遇着妹，
> 　　疑是天仙下凡来。

> 女：我是半天云里风，
> 　　哥是江湖深处龙。
> 　　风在半天龙在海，
> 　　谁知今日得相逢。

通过《相逢歌》对唱，双方情投意合，接着唱《结双歌》，表示双方已成为情人。《结双歌》往往流露着女方复杂的心情：

女：初结双，
　　初结同年心里慌。
　　初结同年难定得，
　　结久自然得成双。

男：高山起屋望风凉，
　　平地栽花望花香。
　　后园种桃望结果，
　　哥来连妹望成双。

女：结就结，
　　路边草子结由由，
　　路边草子由由结，
　　我们接交到白头。

男：月亮出来云遮盖，
　　阴不阴来明不明。
　　今日同妹初相结，
　　问妹结口是结心。

女：我讲一句是一句，
　　我讲一心是一心。
　　我今好比芭蕉树，
　　从头到尾一条心。

男：一园竹子造一根，
　　一带村庄造一人。
　　正月红花到处有，
　　难得这朵合我心。

如果第一次对歌很和谐、融洽，双方于是约定第二次走坡的时间和地点。这种约定同样以歌代言。

第二次相见时，双方唱《守等歌》《重逢歌》《双思歌》，情意缠绵。这次，男方将事先准备好的手巾、镜子、布等送给女方；女方将一双亲手制作的鞋子回赠男方。互赠信物后，就要视同知己。最后分别时，唱《分离歌》：

男：眼看日头要落山，
　　我俩根由说不完。
　　妹拿钥匙我拿锁，
　　锁住日头在高山。

女：树上归鸟叫连连，
　　和哥分离在眼前。
　　三年还有一年闰，
　　如何不闰黄昏天？

男：分离了，
　　路在面前不愿行。
　　日头落了有月亮，
　　我愿伴妹到天明。

女：分离了，
　　妹在一乡哥一乡。
　　三寸小刀吞下肚，
　　不断心肝也断肠。

仫佬族青年经过多次走坡，对唱情歌结下友情，最后征得父母同意，请媒人求婚，结为夫妻。这种以歌求偶的习俗，在许多保留歌唱习俗的民族中，是很普遍的。

（二）侗族的"行歌坐月"

侗族的"行歌坐月"，是在姑娘家中进行的。这也是侗族未婚青年男女婚前社交的方式之一。有些侗寨的寨中央建一座吊脚木楼，白天供妇女们绩麻、打草鞋、做针线活或纺纱织布，晚上青年男女在这里聚会，对唱情歌，谈情说爱。侗族管这种木楼叫"月堂"。有些侗族地区还流行"走寨"和"坐妹"习俗。晚饭后，同一寨子的青年们打着风雨灯，弹着琵琶，唱着情歌，到另一个寨子去"行歌坐月"。到了要去的寨子，凡有女青年的家中，就会亮起灯来，小伙子们就找借口到这家去坐一会儿。到了门口，男青年要唱《敲门歌》：

> 开门哟，快开门，
> 让我们来这里歇歇脚。
> 外面已经刮风下雨了，
> 我们身上的衣裳太单薄。
> 莫把我们关在门外呀，
> 冷风吹来，叫人打哆嗦。

如果姑娘们不开门也不搭腔，小伙子们就用歌声相催：

> 开门哟，快开门，
> 让我们进入月堂来同坐。
> 以后你们有了丈夫，
> 我们不敢再来找你们唱夜歌。
> 怕被你们丈夫知道了，
> 会把脑壳都打破。

听到这种连激带挖苦的歌声，姑娘们也用歌声来回答：

哪座青山没有树？
哪个撒坡没有藤？
哪条山溪没有水？
哪个表哥没情人？
你们后生都已有妻子，
为何还来敲月堂门？
只有我们命运苦，
从来就是打单身。
不怕苦命撞着你，
尖嘴哥咒请进门。

  小伙子们走进月堂之后，就与姑娘们对唱情歌。如果女方看中某一个青年，就借口留下来。其他人以及女方的父母统统回避。这时，女方慢慢向男方靠近，两人同坐在火塘边，一边吟唱情歌，一边叙谈，三更过后，两人约定下次相会的时间和地点。经过这样一段时间的了解，双方互赠礼物，提亲说媒，结为夫妻。在侗族地区，对"行歌坐月"女方的父母并不阻拦，小伙子找自己的女儿唱歌，反而觉得脸上光彩。如果女儿成年了还没有小伙子上门来找，会被人认为没出息。

（三）傣族的"串姑娘"

  傣族的"串姑娘"和侗族的"行歌坐月"极为相似。每当月夜来临时，外寨的青年男子常常吹着"傣毖"，拉着"傣玎"，来到姑娘居住的寨子，徘徊于竹楼之下。这时做父母的早就回避了。如果姑娘同意，便会寻声前往，和小伙子到竹林中对歌，谈情说爱。西双版纳的傣族，在过春节时，还流行一种"丢包"的习俗，类似汉族的"抛绣球"。节日当天，姑娘们打扮得花枝招展，各自带着精心绣织的花包来到丢包场上，男女青年分列两边，相距10多米相向而立。丢包开始时，你抛我接，并无一定目标。不久，花包似乎也有了情意，固定在一对青年男女之间飞舞。等到花包中带有礼物抛去时，这对青年便悄悄地离开丢包场，到僻静的地方谈情说爱。如果双方情投意合，男方送给女方手镯、戒指、耳环等物，女方送给男方背包、包头巾，表示互许终身。

三、丰富多彩的定亲礼

中国许多少数民族，未婚青年男女婚前社交和恋爱享有充分的自由。社会也为他们创造了各种条件和场合。比起汉族来，少数民族的婚前恋爱带有更多的浪漫色彩。民族地区的许多大型歌节往往吸引成千上万的歌手，他们在对歌中展露才华，选择配偶。出色的歌手又往往成为人们仰慕、追逐的目标。在流行歌唱习俗的民族中，不会唱歌或不善唱歌的青年男女，是很难找到称心如意的配偶的。

伴随择偶而至的，是各民族丰富多彩的定亲（订婚）习俗。定亲，民间有许多称谓，如订婚、送定、过定、放小定、送小礼、定聘、小聘、送酒等。在婚礼中，定亲是一项重要的仪礼。只有经过这一仪礼，男女的婚约才算成立。在中国少数民族中，定亲的方式多种多样，有些还保留着古老而朴素的风格。云南的佤族从恋爱到订婚，要经历三个不同的阶段，分别称为"飞玉"（串姑娘）、"地亚"（杀鸡卜卦）、"都帕"（送订婚礼）。"飞玉"是指婚前的串姑娘习俗。在佤族中，男子到了成年，就可以串门，每天晚上可串一家或数家。串门时男女在家闲谈，父母并不干涉。在佤族中，还流行一种姑娘为小伙子梳头的习俗。小伙子进门时往往要唱一首《梳头调》：

> 阿妹，
> 拿出你的斧子劈房梁，
> 拿出你的梳子来梳头。

也有的姑娘不等小伙子请，自己搬一把凳子在门外屋檐下坐着，等着屋里闲谈的小伙子轮流来梳头，谁先来给谁梳，梳完了再到屋里闲谈；有的小伙子还请姑娘装烟、点烟。佤族青年男女正是通过这种串姑娘的形式，彼此了解相爱。这时小伙子便托人送去求婚的礼物，姑娘如果收下礼物，就表示同意这门亲事。然后小伙子找相好的做伴，带上茶叶、酒到女方家向女方父母提亲。如经父母同意，亲事就算定下来。从此男女有了约束，不可再串姑娘。"地亚"也是一种婚礼仪式，意为抢姑娘杀鸡看卦。地亚仪式一般在晚上举行。小伙子约上相好的伙伴到姑娘家，把姑娘抢走。然后杀鸡祭神，求神广开恩德，让婚姻顺利成功。"都帕"是送定亲礼的仪式，一般要做三次，每次都有严格的标准。第一次送"百来惹"（氏族酒），要送六瓶酒，另外送六束芭蕉、一包茶叶、一包香烟。这六瓶酒是给女方氏族的男掌家人吃的。只要吃了这种酒，就意味着同意自己氏族的姑娘嫁给外氏族。第二次送"百来孟"（邻居酒），也是六瓶酒。邻居吃了这种酒，自然成了这门亲事的见证人。第三次送"百来报西歪"（开门酒），这种酒只有一瓶，专给女方母亲享用。母亲吃这瓶酒时，为女儿的婚事祈祷。佤族的"飞玉""地亚"和"都帕"出现在婚前仪礼中，是一个连续的过程，每一个仪式都寄托着美好的愿望。

居住在广西都安、巴马的瑶族，定亲时要请著名的歌手吟诵《说亲词》。女方请的歌手叫"赫巴"，男方请的歌手叫"布商"。在男方家前来娶亲的日子，女方家早就在大门口摆一张八仙桌，桌上放一小坛酒、酒杯和一个装有筷子的竹筒。女方"赫巴"站在桌旁，恭候男方"布商"的到来。竹筒里的筷子不是用来夹肉和夹菜的，而是在双方吟诵《说亲词》时计数用的。两位歌手见面施礼后，赫巴回到桌旁，捧起竹筒，一边摇动，一边口诵《说亲词》，诵完一段，抽出一根筷子放在布商面前。布商接着诵答，诵完一段，将桌上的筷子拾起来握在手中。这样一直到赫巴竹筒里的筷子全部转到布商的手中，双方才端起酒杯，互相敬酒，定亲仪式就算完成。布商和赫巴对诵的《说亲词》，完全是自由体诗，不押韵，但讲究排比、对偶和反复。语言简朴，借喻丰富。无论是对女方的赞美，还是讲述男女双方的亲戚关系，生动感人。

纳西族定亲要送两次酒。第一次称为"小酒"。这种酒一般为四色酒，即酒一罐，茶两筒，糖四盒或六盒，米二升。有的地区除此之外还要送盐。纳西族认为盐代表海誓，糖代表山盟，海誓山盟，寓意十分深刻。送过小酒半年或一年后，再送大酒。送过大酒后，婚约就算完全确立，不可反悔或赖婚。纳西族群众比喻吃大酒是"吃毒药酒"，意思正是说送过大酒后，就不应对亲事产生疑虑。男方家送的大酒，除四色酒外，再加布一匹、衣服两件、银手镯一对、猪肉20斤，由媒人或男方亲友披红挂彩，送往女家。女方家要回赠四礼，一般是将男方家送来的酒罐装满清水，再送一些粑粑、果品之类。第二天，男方家的至亲到女方家会亲，由此开始双方作为亲友相互来往。

定亲是一个确定婚约的过程。为了取得女方家的同意，男方总采取主动，不仅要送去许多礼物，而且所送礼物要带有吉祥的象征意义。女方家也可借此提出各种要求，但只要接收聘礼，婚约就算确立。

四、欢乐愉快的婚礼

婚礼是人生的一大仪礼，它所包含的内容极其复杂。自古以来，包括婚礼在内的婚姻都是一种法律制度。最初它是由社会道德规范的习惯法，后来渐渐产生了用法律条文规定的婚姻法。婚姻发展史告诉我们，人类社会在其发展的初期，男女之间虽然有两性媾和这种媾和实际上是为了人种的繁衍，是一种自然的生物现象。这种媾和不能算作是婚姻关系。只是到了后来，由于社会的发展，男女之间的媾和抛弃杂乱的性交和群婚习俗，逐渐形成某种规范，并在此基础上形成了婚姻制度和特定的婚俗。这种制度比之野蛮时代的杂乱性交，更符合人类的优生原则和文明道德，所以被作为美的形式传承下来。也就是说，文明社会的婚姻，男女结合是以得到社会的承认为特征的，同时这种婚姻还得到法律的保护。

无论是古代还是现代，婚礼既是一种庆贺仪礼，也被认为是实现人生价值的方式之一。因为婚姻本身在现代文明社会里，都是和子嗣观念联系在一起的。家族的繁衍、财产的继承和权力的分配都与婚姻有关。这就是婚姻所含有的社会价值。这种价值观也只有通过婚礼的形式才能实现。所以婚礼除祝贺的意义外，还在于通过举行仪礼的方式，向族人和社会宣布婚姻的成立，以便得到社会的承认和监督。

中国各民族的婚礼仪式多种多样。有些婚礼保持了原始古朴的特色，可明显地看出古老文化的痕迹。如许多民族的婚礼上，至今仍然保留着"从妻居"的习俗。在婚姻发展史上，"从妻居"是一种古俗。婚后男方到女方家居住，这样婚礼的重心必然移至女方家，男方家的仪式则从简。居住在西双版纳的傣族曾实行"从妻居"。在这种婚姻制度中，男方家的婚礼仪式比较简单。结婚当天,男方家杀猪宰鸡,宴请宾客。到了晚上,新郎便穿上新娘亲手缝制的衣服,包上漂亮的头巾,背上"筒帕"(背包),带上砍刀,由媒人、亲戚和年轻伙伴陪同,到女方家成亲。一路上鸣枪示意,驱除邪魔。而女方家的婚礼比较热闹。首先,当女方家得知新郎来到时,便在寨门口、院门口设置一道道关卡,泼水、讨喜钱,阻止新郎进入竹楼。其次,将新娘隐蔽起来,男方要花钱敬酒,才可请出新娘。再次,婚礼上要为新郎和新娘举行拴线仪式。拴线仪式的具体过程是:在火塘前放一张圆桌,桌上放糯米饭团和两只宰好的鸡,还有酒、蜡条、芭蕉、线团等,先由主婚人或请一位老人唱《祝福歌》,向一对新人祝福。然后用一条线从新郎的左肩绕到新娘的右肩。接着由其他的亲戚和长者为新人拴线。一般是男方的亲戚先新娘而后新郎,女方的亲戚则是先新郎而后新娘。一条条银线将新郎和新娘拴在一起,象征着两人心心相连,白头到老。拴线仪式结束后,婚宴正式开始,这时"赞哈"(歌手)要唱《婚礼歌》:

> 啊,千好万好在今天,
> 按照祖先的金门银杆,
> 按照桑木底缔制的规矩,
> 宝石般的小伙子啊,
> 配给金子一般的姑娘。
> 全勐人人称赞,
> 全寨人人夸奖,
> 说你们俩是天生的一对。
> 男的像月亮,女的像星星,
> 男的是田,女的是谷,
> 男的是水,女的是鱼,
> 男的是树,女的是藤,
> 坚贞的爱情把两家连成一家,
> 姻缘今天把你们结合在一起。
> ……

新奇的民族民俗世界

赞哈用生活中最美好的事物作比，赞美新郎新娘美满的婚姻和幸福的爱情，祝他们"相亲相爱，抚儿养女，共创家业，美名传千载"。

生活在西双版纳地区的哈尼族，青年人结婚时，举行一种"扎米协"（领婚）仪式。男方派出媒人和本族的弟妹等人，在选择好的吉日，去女方家领新娘。但新娘的伙伴将新娘藏起来，于是迎亲者分做两部分，一部分人与女方亲友周旋，另一部分人查访新娘的行踪，或早已达成默契，将新娘领走。

新娘被领到男方家，但不可立即进门，要由婆母在门外给新娘穿上白裙子，然后才能进入男方家。关于新娘穿白裙子的习俗，据说从前有一位叫作加德亚米德斯的女子，曾先后嫁过77个男子，最后死在父母家里，当时穿着白裙子。她生前所拄的木棍，变成遮天蔽日的大树。这则故事告诉我们，新娘穿白裙子的习俗，含有十分重要的文化史意义。故事中的新娘，最后死在父母家中，这说明母权制婚俗的特征，因为在这种婚姻状态下，女子属于母系氏族成员。按照民俗文化中经常出现的"拟死再生"现象，我们得知在古老的成年礼中，特别强调"死亡"与"复活"（再生）的主题。当已经成年的男子举行成丁礼时，将全身涂成白色，象征作为孩子的他已经死去，而在举行完成丁礼之后，他又成为一个新人，表现出新生。婚礼中穿白裙子的仪式同样表明作为少女的新娘已经死去，而结婚又意味着新生。

哈尼族婚礼中，新娘到达男方家门前的另一个仪式，是由男方已婚的姐妹剪去新娘的三绺头发，并为新娘洗头洗脚。进入室内后，男方家长要为新郎新娘杀一只公鸡，这只公鸡新郎新娘要在男女卧室的交界处吃掉。同时男方家还要杀一头公猪，先煮熟猪的前腿，送给新郎新娘吃。新郎新娘也将煮好的七根猪肋骨送给媒人、妹夫、姐夫等。酒宴上，歌手们祝福新娘第一胎生女孩，第二胎生男孩，劝告夫妻爱情要持久。他们告诉新郎新娘，男子就是娶十个妻子也是第一个妻子好；女子就是嫁十家也是第一家好。婚礼以强迫本寨年岁最大的未婚男子吃猪尾巴而告结束。这可能是对这位未婚男子的惩罚。哈尼族婚礼的每一个环节，均保留着一种古朴而纯真的美。

和南方民族的婚礼相比，北方民族则是另外一种风格，粗犷而热烈。新疆的塔吉克族在举行婚礼的前两天，男女双方家中的主要亲戚骑马四处奔走，邀请亲朋好友。他们在婚礼的第一天，请村里曾发生不幸的家庭的人做客，给予热情款待,并将婚礼时用的手鼓放在他们面前,请他们在婚礼喜庆的日子,擦干悲痛的眼泪,为青年人祝福。客人在手鼓上鼓几下,表示婚前的娱乐活动可以开始。这种借婚礼分担邻居亲友悲痛的举动,表现出塔吉克族美好而善良的心灵。

塔吉克族婚礼的前一天晚上,来参加婚礼的人各带一点面粉撒在主人家的墙壁上,表示祝贺,然后在手鼓和鹰笛声中翩翩起舞。第二天的上午,客人载歌载舞,骑手们进行叼羊和赛马比赛。下午,新郎穿戴一新,在伴郎和证婚人的带领下,骑马到新娘家接亲。一路上,鹰笛手鼓,欢歌笑语。按照塔吉克族习俗,在新郎途中经过的地方,女人们都要端出一碗酥油拌奶子给新郎喝,祝他幸福。同时将一些面粉撒在伴郎和证婚人的肩上,表示祝贺。新郎到达女方家时,一位女亲戚照样端一碗酥油拌奶子,让新郎喝完。伴郎和证婚人将带来的礼物一件一件用大盘子托着,请新娘的父母验收。如果表示满意,新郎便可下马进入毡房。

新郎进入毡房后,新娘便由伴娘陪同,站在新郎身边,阿訇按照伊斯兰教习惯,为新婚夫妇祈祷。这时证婚人端过一碗盐水,给新郎新娘各喝一口,接着夫妻二人交换戒指,撒糖果,女方家的婚礼就算完毕。第二天,新娘告别父母,和新郎共乘一匹马离开娘家。到婆家后,按照塔吉克族的风俗,新娘三天不能揭掉面纱。到第三天下午,新娘的亲戚和证婚人送来丰富的饭菜后,由证婚人揭去面纱,从此新娘就成了家庭主妇。

婚礼和家庭从来都是一种复杂的文化整体。它所包含的内容极其丰富。婚姻发展史表明,各民族的婚姻形态最终都是由各民族经济、社会的发展决定的。婚姻最直接的功利目的,是将男女的结合合法化,使结婚的男女承担起家庭和社会义务(包括生育子女)。这被认为是实现人生价值的方式之一。正因为如此,所以青年男女一旦成人,恋爱、婚姻就被提上日程,并创造了形式多样的婚礼仪式。这些仪式既有物质的又有精神的,最终构成了一种多方位的文化。

第四节　丧礼——人生悲壮的结局

在人生的历程中，丧葬是最后一项"通过仪礼"。诞生仪礼是接纳一个人进入社会的仪礼，作为人生的起点，对一个人的未来充满了希望和美好的祝愿。而丧葬仪礼则表示一个人脱离社会，走向人生的终点。

"人生百岁，终有一死"，这是不可抗拒的自然规律，谁也不能幸免。但是，这种观点是现代人对生命运动的哲理认识，而对于原始人来说，对待生死的观念与现代人却有着很大的差异。原始人认为，人的死亡是超自然的力量带给人类的不幸。于是，他们对人为什么要死的问题，编织了许多奇妙的神话。对死者的处理采取了种种灵活的方式。在原始人看来，世界上的一切事物都是有灵魂的，灵魂是不死的。人死后，他的灵魂升华到另一个世界。这个世界与人类生活的空间和方式有许多相似之处。他们期望死者的灵魂在另一个世界里，能像在人间一样幸福美满。死亡毕竟是十分可怕的事。在传统的观念中，人们总认为那些死去的人的灵魂，虽然有自己的住所，但他们还是和人间有着千丝万缕的联系。死者的灵魂会嫉妒、报复、恐吓、伤害活着的人。这种观念自始至终体现在葬俗之中，这就使民间的丧葬习俗带有防范死者灵魂的性质。

丧葬习俗是一种复杂的社会文化现象，所涉及的内容十分广泛。图腾崇拜、祖先崇拜、宗教信仰、巫术禁忌、饮食起居、繁衍生育等民俗文化，无不包容其中。但是，无论各民族的葬俗多么奇特，程序多么复杂，这一仪式的主题却大致相同。第一，无论哪种葬俗，都表现出生者对死者的哀悼之情，怀念死者生前的功德；第二，丧葬仪式的主要程序，是超度亡灵，使死者的灵魂得到安息；第三，通过丧葬仪式安慰死者，同时消除生者对死者的恐惧心理；第四，寄托生者对死者的美好祝愿。在民间观念中，死对于活着的人是悲痛的，但对于死者却意味着与尘世解脱。所以在丧事的举办上，人们认为越热闹越好。基于这种思想，民间常将婚礼与丧礼并举，称为"红白喜事"。婚礼是人生中最欢乐、最喜庆的事,办得热热闹闹,有歌有舞,是很好理解的。丧礼则是人间最悲哀、最伤心的事,为什么也叫喜事?就不好理解了。这涉及生死观的问题。生与死是矛盾的对立统一,民间对丧葬仪礼的安排,充分体现了这一辩证思想。它将生与死最终协调起来。丧葬仪礼中的欢乐歌舞一方面使死者的灵魂得到欢娱,另一方面则体现了民间丧葬仪礼的美学意义,为人生安排一个悲壮的结局。

丧葬仪礼的悲壮美是多方面的。首先,丧葬仪礼的主题十分严肃。中国许多民族的葬俗中,都强调死者灵魂的归宗问题。即一个人死后,他的灵魂要回到祖先那里去。活着的人要通过某种仪式,完成这种归宗的过程。如云南永宁地区的纳西族,年长者死后,在出殡时,要请喇嘛念经超度亡灵。达巴(巫师)唱诵《送魂经》。《送魂经》指给死者到达祖先居所的路线,并要杀一只鸡为死者带路。和这种送魂仪式相关的是"洗马"仪式,即在出殡的前一天,死者的已婚子女或已分家的兄弟相好,凡是有马的家庭,都要在达巴指定的地点,由达巴主持参加洗马仪式。达巴在河边或湖边一边洗马,一边念《洗马经》。只见他用木碗盛水,先用三碗水洗马头,再用三碗水洗马身。洗完马,将木碗打碎,唱诵道:"为你送葬,举行洗马仪式,马身马脚都洗干净了,马跑起来步伐轻快,你骑它飞奔,能顺利地返回故乡。"这故乡就是祖先居住的地方。这种仪式在许多有着迁徙历史的民族中普遍存在,表达"落叶归根"和对祖先怀念的感情。

也有的民族将丧葬仪式同民族血缘的继承、子孙的繁衍联系起来。云南元江的哈尼族,在老人即将断气时,他的长子迅速用自己的衣角蒙住老人的嘴,然后嘴对嘴吸三口气,其他男性后人依次吸气,企图想借用巫术的力量,使老人(祖先)的灵魂进入自己的身体,壮大自己的力量。云南白族中流行着一种与哈尼族葬俗相似的风俗。在老人弥留之际,要当着老人的面收拾寿房(棺材),并为老人穿戴整齐。儿孙们盘坐在床上,轮流将老人抱在怀里,让他安心死去。他们这样做,一方面是为了尽孝心,另一方面也是为了"接气"。这同样是一种巫术行为。丧葬习俗的欢乐气氛,通常表现在丧葬宴席上,人们可以借吊唁死者的机会大饱口福,又使丧葬仪式变成青年男女公开社交、谈情说爱的场所。这也是中国许多民族丧葬仪式的特点。云南哈尼族的"莫搓搓"葬礼，非常具有代表性。"莫搓搓"是哈尼族语，"莫"指老者，"搓"为跳，"莫搓搓"意即"为死亡的老者唱歌跳舞"。凡要举行"莫搓搓"葬礼的人家，在老人尚未去世前就已经商量好了。一旦老人去世，鸣炮三声，通知四邻，宣布葬礼开始。这种葬礼中，灵柩要在家中停三五个月，每12天要举行一次名为"莫伤"的守灵仪式，邻居和亲戚到丧家饮酒吃肉，吟唱守灵古歌。夜幕降临时，本村和外村众多的青年男女聚集在丧家的房前屋后，吹拉弹唱，跳"莫伤"舞，借此选择对象，谈情说爱，彻夜作乐不止。这种热闹欢聚的场面，看似和庄重的丧葬活动不协调，但从死亡与增殖的角度看，却是统一的，生与死应是相互衔接的。

丧葬仪式的变异同样表现出一个民族的文化创造精神。比如安葬方式，由于各民族所处的自然环境不同，社会发展和信仰观念的不一，变化多端，方式各异。中国各民族中，从古至今，活人对于死者的料理，各自形成了固定的习俗。从尸体的处理看，有仰卧直肢、伏身、交手、侧身、屈肢等；从安葬方式看，有水葬、火葬、土葬、岩葬、高架葬、塔葬、悬棺葬、瓮葬、食葬等。其中有些原始古老的葬式，如悬棺葬、食葬等已经消失，其他葬式还不同程度地传承着。

一、火葬

火葬是一种古老的葬式。最原始的方法是"纵火焚尸，弃之不管"。有人认为这种葬式最早是通过佛教的传播，由印度传入的。其实不然。《荀子·大略》中有"氐羌之虏也，不忧其系垒也，而忧其不焚也"，是说中国古代的氐、羌民族，早就实行火葬。《吕氏春秋》中也有"忧其死而不焚"的记载。其他典籍中也记载了中国古代少数民族的火葬习俗。如《北史·突厥传》中说，突厥民族的葬俗是："死者停尸于帐，子孙及亲属男女各杀羊、马，陈于帐前祭之，绕帐走马七匝，诣帐门，以刀剺面且哭，血泪俱流，如此者七度乃止。择日，取亡者所乘马及经服用之物，并尸俱焚之，收其余灰，待时而葬。春夏死者，候草木黄落，秋冬死者，候华茂，然后坎而瘗之。葬日，亲属设祭及走马、剺面如初死之仪"。

田野民俗采风录

火葬在中国许多民族中均有传承。特别是信仰佛教的民族，僧侣阶层的死者多用火葬。如傣族信仰小乘佛教，每当大佛爷死后，首先举行盛大的"拉尸"典礼。即在火葬之前，将大佛爷的尸体用薄棺盛殓，放在一个三四尺高的木架上，木架的四周装上木轮，架上系着数丈长的粗麻绳，附近村寨的男女聚集在广场，死者寺院所在地的村寨寨民，握绳引柩而行。走不多远，其他村寨的寨民一拥而上，握住另一条麻绳，向相反的方向拉。于是双方展开激烈的夺柩战。如果本寨获胜，火葬顺利进行；如果邻寨获胜，死者的寨子则要备酒果，到邻寨求和，然后将棺木拉回，举行火葬。骨灰藏于瓦坛中，葬于寺后。中国西藏的藏族，活佛及达官贵人死后，举尸而焚，焚尸完毕捡起骨头灰烬，带到高山之巅顺风播撒，或者撒入大江大河之中，随水流飘走。

中国西藏的僜人和夏尔巴人中也流行火葬。夏尔巴人死后，殓入木箱，抬到火葬场火化，捡少许骨灰撒入江河。僜人死后，将尸体放入专门围成的灵棚中，放两三天，举家哀号，然后点燃爆竹或鸣枪呼唤灵魂苏醒，并抬出火化。甘肃的裕固族，人死后，在尚未僵硬之前要收尸，屈肢成蹲踞状（胎儿状），叫圆寂。然后用带子或绳子将尸体捆起来，殓入白布袋中停放。出殡时间在下午，选好葬地，根据风向挖一地炉，架好木柴，置尸体于柴上火化。第二天，捡出骨灰，盛入布袋中埋入坟地。坟上镶白石以示吉祥。其他民族的火葬，只施行于那些非正常死亡的人，如淹死、吊死、被人打死的人和出外死去者。这些死者不许入祖坟，而是直接送到葬地实行火化。这种葬式往往出自某种信仰，认为火化会将死者的灵魂同时烧死，免得它作祟，危及活人的安全。如羌族对非正常死亡的人，在火化前，先请端公（巫师）诵咒经。焚化之后，骨灰埋在地下或封入岩穴中。有些村寨一姓设一火坟，用木板搭成房屋形状，约五尺见方，旁留一小门，火化后的骨灰由小门掷入火坟即可。

火葬是中国各民族最古老的葬式，是一种良好的风俗。后来由于受汉族葬俗的影响，许多民族改火葬为土葬，而将火葬变为一种特殊的形式，专门对那些非正常死亡者实行。

二、土葬

土葬是中国各地区、各民族中普遍流行的一种葬俗。这种葬俗的起源很早。从原始社会一直流传到今天。施行火葬的地区和民族认为，火葬可以使死者的灵魂升天，也可以使死者的肉体和灵魂同时化为灰烬。而施行土葬的地区和民族，则认为人死后灵魂与肉体分离，通过营造墓穴的方式，将死者埋入地下，等于为死者安排了合适的住所。从此死者的灵魂便来往于这个住所和人间。为了安慰死者的灵魂，不致使它作祟、报复活着的人，死者的亲属总是千方百计地为死者选择好墓地，安排好丧葬仪式，并定期予以祭奠。

三、塔葬及其他

中国少数民族的葬式，除常见的火葬、土葬外，还有塔葬、水葬、悬棺葬、岩洞葬等等。其中，塔葬常见于僧侣阶层。有名望的活佛、喇嘛死后，将尸体用药物处理，风干，然后置于灵塔之内。西藏布达拉宫内，达赖喇嘛的灵塔即采用这种葬式。悬棺葬是古老的葬式。考古资料表明，古代采用这一葬式的主要是百越民族，地域分布包括台湾、福建、江西、湖南、广东、广西、四川、陕西南部及云贵高原在内的广大地区。在这些地区，均发现古代的悬棺葬遗址。时间从春秋战国时代直至明、清。岩洞葬多见于西南少数民族地区，人死后，将棺木置于岩洞之中。

伴随各种葬式而流行的丧葬仪礼丰富多彩。葬礼的每一程序（停尸、招魂、报丧、吊唁、入殓、出殡、安葬等）都充满了神秘和悲壮色彩。

停尸是人死后的第一个仪式。在实行直肢仰卧葬的民族中，是将死者仰卧，伸直双脚捆扎好。在死者嘴里放一枚铜钱或银圆，名为"含银"。然后将死者的尸体移至尸床上，点起长明灯，为死者照路。如果是屈肢葬，停尸的方式又不同。云南普米族人死后，家人立即爬上房顶，掀开一处木瓦，为死者的灵魂打开通天之路。然后鸣锣、放枪，吹牛角号，向亲友报告死讯。如果死者是男性，使其右手握长刀，左手执油灯；如果死者是女性，使其右手握镰刀，左手执油灯。接着用酥油盐巴涂抹尸体，外裹麻布，成蹲踞状，放在一只泥糊的大竹筒里，择日安葬。

招魂仪式是民间信仰和迷信观念的反映。持有这种观念的人认为，人死后灵魂与肉体脱离，到另外一个处所。所以，当死者咽气后，马上揭去屋瓦，留一天窗，供死者的灵魂出入；有人认为，人死后，灵魂脱离尸体，四处徘徊，所以要招魂，使死者的灵魂归来，附于尸体之上。招魂的方法是拿死者的衣物在房顶上呼唤死者的名字。这样，死者的灵魂就会归来。

报丧有两种形式。一是在人死后的当天报丧，放炮、鸣枪、吹号、敲铜鼓、敲铜锣，通知邻里亲友；二是等丧事安排已定，死者的晚辈或请邻居到亲友家叩头报丧。

吊唁是治丧活动的主要内容。为了表示对死者的哀悼，前来吊唁的亲友和主人穿不同的孝服。不洗脸，不施粉脂，粗茶淡饭，以示悲痛。许多民族还将丧事与祭祖活动联系起来。在丧葬仪式上，请巫师念经，请歌手演唱本民族的《创世纪》，借此教育后代子孙，或唱丧葬歌，对死者生前的功德加以赞扬。

入殓是亲人向死者告别的仪式。铺棺时，将死者生前所爱、所用之物随棺入葬。鄂伦春族在死者入殓时，将其生前的饮具、食具、烟具陪葬，男性死者要陪葬弓箭刀具，女性死者要陪葬熟皮子的工具和针线盒。湘西土家族在死者入殓时，要从邻居家取火灰撒在棺材内，铺上皮纸，等亲人与遗体告别时再封棺。封棺时，旁边的人大呼"躲钉子"，亲人放声痛哭。

送葬是葬礼的最后一道程序。包括墓地的选择和棺木选择、埋葬等程序。一些少数民族中，至今还流行着用占卜方式选择墓地和棺木的习俗。如苦聪人在选择墓地和棺木时，用鸡蛋占卜。将一个鸡蛋向地上丢去，蛋破，墓地就选定了；将一个鸡蛋向一棵大树丢去，如果蛋破，这棵大树就被选来做棺木。此外，许多村落中，同一氏族有一个公共墓地，人死后必须葬在公共墓地里。

丧葬仪礼从来都带有悲壮和热烈的气氛。造成这种气氛的是人们的心理因素，如对祖先的追忆、对死者的怀念和安慰等。宗教信仰观念和婚姻求子心理交织在一起，使丧葬仪式具有多种文化功能，使人生悲壮的结局中包含着生的希望和情趣，在丧葬仪礼中表现出独特的美学价值。

第七章
充满信仰的世界

第一节 巫术——一种不可知的力量

在现代科学技术高度发展的今天，探讨原始巫术及其意义，似乎是十分愚蠢落后的举动，但有时也不尽然。因为巫术作为一种古老信仰，至今仍出现在人们的现实生活之中，有时还相当普遍。今天当我们探讨一个事物的因果关系时，逻辑思维的结论建立在自然科学经验的基础之上，但是在流行巫术信仰的民族和人群之中，原因和结果就不仅仅和客观世界相联系，有时还和超自然的想象联系在一起。信仰巫术的人认为，超自然的力量也是一种客观存在。现实生活中，人们不能解释一件事物的原因和结果之间的关系时，往往借助和利用超自然的力量，这就是巫术——一种不可知的力量。

巫术信仰遍及中国各民族之中，形成了庞杂的文化系统。北方民族的萨满信仰和南方民族的傩事活动，表现出不同地区、不同民族的巫文化特征。巫术是原始人类企图利用和战胜超自然力的一种技术和愿望，本身就含有美学意义，也是一种美的创造。巫术的声誉在现代社会并不高，有时甚至和迷信观念交织在一起，受到鄙视。但巫术在其产生之初，和原始人的生产和生活紧密相连，当时的巫术活动是生产和生活的重要组成部分。在原始人看来，可施行巫术的范围是很广的，巫术的力量是无限的。久旱不雨或暴雨成灾，是巫术在起作用；狩猎打不到猎物，捕鱼渔情不好，牲畜病死，家宅不安，也是巫术在起作用。总之，自然界和社会中所发生的一切不祥和不幸，都可以用巫术观念去解释。执行巫术的人是巫师。只有巫师才懂得巫术的奥秘，他们是超自然力和人之间的神秘使者，可以沟通神与人之间的感情和联系。在民间，巫师的这种作用常被无限放大。

在其产生之初，巫术是一种集体的信仰和传承。它利用强制手段，把歪曲了的人与自然的因果关系，通过一定的仪式贯彻到人们的生活行为之中，形成了不同的种类，如比拟巫术、驱赶巫术、灵符巫术、禁忌巫术等。

一、比拟巫术

巫术的目的是祈求和影响自然力，希望得到自然力的保护。如古代的狩猎民族在一些神秘的祭祀场所——洞穴和岩壁之上，刻画动物图像。相信将狩猎的对象——各种动物画出来，用弓箭射杀，会产生某种魔力，使狩猎获得成功。这种比拟和模仿的方式，完全出于善意和期望的目的。但它却促使精美绝世的艺术作品产生。中国的考古工作者曾在内蒙古阴山山脉狼山地区，云南沧源佤族地区，天山南北麓、贺兰山等少数民族地区，发现了大量的古老岩画。这些岩画在写实与想象手法的运用上，令人惊叹不已。如果没有古老的狩猎巫术，这些精美的艺术品是不会产生的。原始的比拟巫术相沿至今，还是舞蹈艺术的源头。中国一些少数民族中，在狩猎开始或狩猎成功后，模仿野兽跳舞、举行祭猎神的仪式，也是为了达到神人感应的目的。

农业民族中的比拟巫术更是多姿多彩。其中有些发展成为后来的节日习俗，如白族的火把节，最初是由古老的祈求、比拟巫术演变而来。起初是用火把占卜农业的丰歉，具有巫术意义。后来由象征意义演变为娱乐活动，进而又发展成为文化节日。比拟巫术有时又和求子习俗相结合，通过石祖崇拜这一巫术活动，祈求子孙繁衍。云南永宁纳西族妇女中流行着祭祀男性生殖器的习俗。这和每年一度的朝拜狮子山（女山）的习俗，形成有趣的民俗现象。纳西族中被称为"久木鲁"（意为生孩子的石头）的石祖，实际上是石灰岩洞中的石钟乳。它的尖端形成一凹坑，坑内积满了水。婚后未孕的妇女，在巫师、丈夫和结婚时伴娘的陪同下，举行一定的仪式，然后求子的妇女用竹管吸饮"久木鲁"中的积水。据说这样就可以使妇女怀孕。这种举动完全是在巫术观念的支使下进行的。

二、驱赶巫术

这一巫术是通过一定的媒介达到巫术的目的。比如一个人生病，被认为是魔鬼作祟。巫师便借助一定的媒介将魔鬼驱走。海南省的黎族遇有疾病或其他不幸事件时，便认为是鬼魅作祟，要请道公、娘母作法，杀牲送鬼。西双版纳的傣族，如有人生病，巫师在病人身边放一竹席，席上放一盛有泥人的芭蕉叶做成的盒子。泥人代表害人生病的鬼，巫师持刀佯装在病人身上乱砍，借以驱鬼，然后将芭蕉叶盒里的泥人封牢，认为这样病魔就可脱身。

三、灵符巫术

灵符是语言崇拜达到极端之后的产物，这种巫术有两种。一是咒语，它是在口头语言的基础上形成的。在实行咒语的人看来，咒语有无比的威力，多次重复可产生神奇的效果。如有些民族在播种季节，为了求得一年的好收成，要请巫师打卦占卜，念诵咒语。咒语念得好，可使作物丰收。所以巫师都要先学会各种场合下使用的咒语。另一类是人们以似懂非懂的文字书写的符号，叫作"灵符"。这是对书面语言崇拜所致。它同样起着保护、辟邪的作用。

四、占卜

占卜是一种古老的巫术活动，至今在中国各民族中流行仍很普遍，有时还成为日常生活的准则。中国少数民族用于占卜的方式和卜物多种多样。除使用各种兽骨占卜外，还有草卜、鸡蛋卜、鸡骨卜、鸡卜、牛肝卜、石卜、竹卜、手卜、刀卜等。不论用什么方式，均以卜物所显示的征象做判断吉凶的标准。如景颇族在丢失东西后,怀疑而又无法判明盗窃者时,失主便暗中偷取被怀疑人家房顶上的一根茅草,请山官头人作证,并请来诸怀疑者,由董萨(巫师)念鬼,将各家的茅草放一小段在碗里,再倒入蛋清搅乱,蛋清先糊在哪家的茅草上,就判定谁是盗窃者。这种方式难免造成冤假错案。

傈僳族的占卜方式分竹签卦、刀卦、鸡骨卦、贝壳卦、猪肝卦数种。出门远行或出猎前占卜吉凶时,唱《占卜祭歌》。凉山地区的彝族,占卜常用牛或羊的肩胛骨,程序分祷骨、灼骨、释兆三个步骤。将肩胛骨划分成上下左右四方,灼骨后,如果在左方、下方出现直且长的纹为吉,否则为凶。

占卜习俗,在中国少数民族地区,特别是农业民族中流行极广。作为巫文化,其中有些是生产经验和生活经验的总结,但也有不少唯心和迷信的东西。对占卜在内的巫文化的研究,至今还是薄弱环节。巫术,在它的传承者看来,是一种不可知的力量,巫师在实行巫术的过程中,又创造了神秘奇异的世界。各民族民众从神话世界中得到了美的享受。各民族传承至今的《创世纪》,展现了原始旖旎的幻想。神话美学大多是巫师创造的。巫师的知识是民众智慧的积淀。彝族的毕摩(巫师)大都熟知彝文,通晓彝族的历史典故,精通占卜、治病、祛灾技术。许多毕摩身兼巫、医、史、法(习惯法)等多种职能。他们在创造和保护彝族民间文化方面起了重要的作用,得到彝族民众的尊敬。巫术也有消极的方面,如某些封建迷信活动,也是由巫师主持进行的,应该被抛弃。

第二节 信仰——超前的精神寄托

无论在任何时代,信仰都是一种超前的精神寄托和行为,它所涉及的范围和领域同样十分广阔。从广义上讲,信仰包括了巫术、宗教、禁忌等。信仰习俗的产生有着十分久远的历史,最初的信仰习俗带有全民性质。在原始社会,信仰习俗的产生取决于人们共同的思想认识基础——"万物有灵"。万物有灵是原始人类的世界观。当他们用这一世界观观察事物时,认为世界上的一切,无论是人、动物,有生物或无生物,都是具有灵魂的。正如恩格斯所说:"在远古时代,人们还完全不知道自己身体的构造,并且受梦中景象的影响，于是就产生了一种观念：他们的思维和感觉不是他们身体的活动，而是一种独特的、寓于这个身体之中而在人死亡时就离开身体的灵魂的活动，从这个时候起，人们不得不思考这种灵魂对外部世界的关系。既然灵魂在人死亡时离开肉体而继续活着，那么就没有任何理由去设想他本身还会死亡；这样就产生了灵魂不死的观念。"[1]这种观念出自原始人类的感悟和体验。当他们用这种灵魂不死的观念去观察自然界和社会生活中的许多事物和现象时，对某些事物和现象产生了畏惧、敬仰和崇拜心理，并由此而形成各种仪式和信仰习俗。

信仰是一种崇高的心理活动，正常的信仰活动会形成一种强大的凝聚力。信仰在现代社会形成某种"主义"，并规定和制约人们的行为。民间信仰是一种无形的力量，它同样将人们的行为规范在某一模式之内。

一、自然崇拜和信仰

中国是多民族国家，由于各民族所处的自然环境和所传承的生产方式和生活方式的不同，自然崇拜和信仰习俗的内容表现得多种多样。最常见的是关于日月星辰、风雨雷电、山林树木、江河湖海、奇崖巨石、动物植物等的崇拜和信仰。

日月崇拜是世界各民族的普遍信仰。这在许多原始部落和文明民族的信仰习俗中，不难找到充足的例证。中国许多典籍中，记载了古人崇拜日月和举行祭祀仪式的丰富资料。而在少数民族中，日月崇拜习俗更加普遍。在少数民族的神话作品中，关于日月形象的描述是很多的。许多创世纪神话大都辟有专章讲述日月星辰的形成。神话本身是一个民族信仰和审美心理的产物，它用一种不自觉的艺术加工形式，将人们的幻想和现实统一起来，使心理达到平衡、生活变得和谐。

关于巨人、巨兽垂死化身而，生成日月星辰的神话，几乎是中国各民族神话的共同主题。盘古神话是中国南方民族的神话，它最早是三国时期的吴国

---

[1] 中共中央马克思、恩格斯、列宁、斯大林著作编译局编《马克思恩格斯选集》第4卷，人民出版社，1972年，第219—220页。

人徐整从民间搜集记录的。其中讲到"天地浑沌如鸡子,盘古生其中",是说盘古是卵生的。"卵生说"是民间创作中关于人类起源的普遍解释。梁代任昉在《述异记》中,搜集了各地关于盘古的传说异文,将盘古与自然万物的形成联系起来,提出"垂死化身"之说:

> 昔盘古氏之死也,头为四岳,目为日月,脂膏为江海,毛发为草木。秦汉间俗说:盘古氏头为东岳,腹为中岳,左臂为南岳,右臂为北岳,足为西岳。先儒说:盘古氏泣为江河,气为风,声为雷,目瞳为电。古说:盘古氏喜为晴,怒为阴。吴楚间说:盘古氏夫妻,阴阳之始也。今南海有盘古氏墓,亘三百余里,俗云后人追葬盘古之魂也。桂林有盘古氏庙,今人祀祀。

从任昉的记录看,盘古神话在中国南方民族中的传播是很广的。就是在今天,盘古神话也还以变形的形式在中国西南各民族中流传。其中有些内容已进入各民族的《创世纪》中,那里的日月神话十分感人。

日月崇拜来自民间信仰,神话的解释则千姿百态。如关于日月的性别、数目及他们之间的关系,台湾高山族神话说,太阳和月亮是一对亲兄弟;海南省黎族神话说,太阳和月亮是一对亲姐妹;壮族、布朗族神话说,太阳和月亮是夫妻;永宁纳西族神话则认为,太阳是女子,月亮是男子,他们和人一样,男女间过着"阿注"(走访婚)生活。民间传说中,还出现一群太阳访问一群月亮或一个太阳访问一个月亮的神话,表现出人类社会由群婚制向对偶婚过渡的情状。

与太阳崇拜相联系的,是民间对火与火神的信仰。人类学家指出,一切火的信仰来源于太阳崇拜。在原始部落社会,人们常常举行祭祀仪式,目的在于用巫术的方式增强太阳的力量。北方部落,每当冬天到来时,被想象为太阳正在疲倦,要点燃火堆加以鼓舞。火作为太阳的使者留住人间,是人们最初的信仰意识,后来渐渐变为一种生活信仰。主要表现形式是各民族对火神(灶神)的膜拜。民间的火神有善恶之别。善火帮助人们炊事、取暖、刀耕火种；恶火则给人们带来灾难。景颇族在遇到火灾时，要在被烧毁的房基地上，举行赶恶火的仪式。届时，村寨的每一个家庭，都要带一根燃着的木柴到祭祀的地方，在水槽边将火熄灭。然后经占卜选出一人，由他手擎木柴，另一人手执刀矛做追赶状。全寨的人呐喊助威，将火送到村外的深沟或水塘之中。赶走恶火之后，再举行取新火的仪式。用竹片摩擦取火，新火作为火种供大家点燃。布朗族村寨发生火灾后，要在竹箩里放上茅草、树皮、草灰，请巫师念经。然后将竹箩放入水中，点燃其中的茅草，让其顺水漂走，希望火神不再危害人间。灶神被视为一家之主，自然是善神，一年四季享受祭祀。永宁地区的纳西族在新房落成后，要举行"生火"仪式，主室（公共住处）右侧的墙上供奉灶神，其下设灶。火塘是极神圣的地方，对它不能有任何亵渎行为。

民间的日月崇拜是天空信仰的最高形式。而对山石、树木的崇拜，则是大地信仰的最高形式。作为大地化身的是"社神"，即土地神。《礼记·郊特牲》中说："社，所以神地之道也。地载万物，天垂象，取材于地，取法于天，是以尊天而亲地也。"尊天亲地，是民间信仰的一大特色。古代祭祀社神，以一定的时令而定。所谓的"春祈秋报"，春耕前祈祷土地神保佑，秋天收获之后，感谢土地神的恩情。这种"春祈秋报"活动，形成了民间信仰组织——"社"和一系列的社日、社事活动。中国云南的哈尼族，农业祭祀首先是祭"地母"（土地神为女神），而象征地母的是神树或龙树。广西壮族敬奉土地公，认为土地公是一方之主，水、旱、灾害均由他主管。所以各地村落的路边均设土地庙。集体的祭祀活动是一年一小祭，三年一大祭，开春做"春祈"，秋天还愿，酬谢土地公。侗族的土地神分桥头土地、寨头土地、山坳土地数种，皆因供奉的地点不同而得名。

山神、林神、巨石崇拜，是土地崇拜的一种特殊形式。彝族认为高山是神灵的居所，也是人间通往那里的路径。山还是撑天的柱子。山和山神是一体的，诸神之中，山神的力量最大。所以彝族把山神作为地方保护神。壮族围山打猎必祭山神，猎获野兽时以猎物之头祭山神。四川羌族崇拜白石神，将白石视为天神的象征，供奉于山间、地头、屋顶和室内。

自然崇拜都有具体的偶像，这种偶像均由自然物本身充当，这些自然物一旦充任崇拜对象，它们就变得神圣和崇高起来。

二、图腾崇拜和信仰

图腾既是一种原始信仰,也是原始信仰的标志物。它比自然崇拜具有更强烈的心理和审美因素。图腾原是北美阿尔冈金部落奥吉瓦人的方言,意思是"他的亲族"。被视为图腾的动植物,在崇拜者看来,均与本氏族有着一种亲族血缘关系,这是图腾崇拜的实质。

社会在不断发展,作为原始的图腾意识在现代社会中已渐渐淡漠或消失。而在中国少数民族中,无论古代或现代,民间的图腾信仰习俗仍十分普遍。"天命玄鸟,降而生商"(《诗经》),玄鸟被认为是古代商族的图腾。据史书记载,古代匈奴民族的图腾是"苍狼"。瑶族以盘瓠(龙犬)为图腾的习俗,一直延续到现代。苗族的图腾是枫树,在苗族神话中,认为枫木能生人。苗族民间传承的《枫木歌》,反映了苗族崇拜枫树的缘由。在云南省的怒族中,各氏族多以某种动物命名,并认为这种动物和自己的氏族有亲缘关系。怒族神话中的茂英充,是各氏族共同的祖先。她是一位女始祖,是蜂与蛇的后代,长大后,又与虎、蜂、蛇、鹿相配,繁衍成今天的虎氏族、蜂氏族、蛇氏族。傈僳族是少数民族中保存图腾神话最多的民族之一。民间流传着许多氏族起源的神话,如《虎氏族的来历》《熊氏族的来历》《恒玛塔》《七姐妹割草》《阿宝与蜜蜂》等。云南滇西白族勒墨人中,也保存着许多图腾神话,《氏族来源的传说》讲述了熊氏族、虎氏族、蛇氏族、鼠氏族、毛虫氏族的来历。

图腾祭既是一种标志,也是一种信仰体系和制度。它曾促进了民间文化的美的创造。无论原始民族或现代民族,图腾意识都没有完全消失,它被完全融化在一个民族的各种艺术形式之中,如建筑、绘画、雕刻、音乐、舞蹈、文学作品中,就经常表现图腾形象。

三、祖先崇拜和信仰

祖先崇拜是普遍流行的社会文化现象。当人类社会处于图腾崇拜时期时,在信仰习俗中,就已包含了祖先崇拜的因素,只不过那时作为祖先偶像的不是人，而是某种动物或植物。后来随着社会的发展，人类逐渐认识到自身的价值。在同自然和社会的斗争中，人们把氏族或部落的酋长视为真正的英雄，并认为这些英雄活着的时候保护了部落的安全，他们死后被奉为部落的保护神。

祖先崇拜最早的表现形式是对女祖先的崇拜。这和人类社会发展中母系社会先于父系社会的历史有关。瑶族的女始祖密洛陀、基诺族的尧白、布朗族的代娃麻、壮族的姆六甲、怒族的茂英充、侗族的祖母信仰等，都是女始祖崇拜。到了父系社会，男性祖先代替女性祖先。崇拜的对象和范围逐渐缩小，即由全民的祖先崇拜发展到氏族或家庭祖先崇拜。祖先便成了家庭保护神。人们对祖先的敬奉十分虔诚，家庭中长者去世要举行慰灵仪式，将它的灵魂送往祖先居住的地方。家中遇有不幸，祈祷祖先、呼唤祖先的名字求得保佑。

民间供奉祖先的方式多种多样。家庙、宗祠供奉氏族共同的祖先，家谱记载着氏族共同的谱系。有些民族还供奉祖先的偶像。如赫哲族供奉的祖先是两个木刻的偶像，一男一女，男祖先平头，女祖先尖头，均以熊皮为衣。鄂伦春族的祖先神像，多数画在布上，挂在"仙人柱"内。所有祖先的画像均有配偶，两旁还立有小童和听差。每个神灵的嘴上涂上兽血，表示享受过子孙的供献。

民间信仰的范围十分广泛，除自然崇拜、图腾崇拜、祖先崇拜外，各种神灵信仰、鬼魂信仰、灵物信仰也都很有特色。民间信仰往往具有自发性、功利性和神秘性特征，它对人们的思想和行为起着规范作用。信仰永远是一种超前的精神寄托，是人们在现实生活的基础上，所要表达的一种强烈的、美好的愿望。

第三节　禁忌——圣洁和卑贱的统一

禁忌，严格说来属于信仰的范畴。不过作为一种民俗文化现象，它有自己独特的含义。

禁忌，在民俗学研究中常称为"塔布"。这一术语，借用南太平洋的一个原始部落的语言。在这一部落的日常生活中，有许多奇特的现象，比如，某些东西只允许特定的人物（僧侣、国王、酋长）动用或使用，而绝不许一般人动用或使用；有些东西，只能有某种特定的用途，不准用于一般的目的；有些活动只许某些人参加，而不许另一些人（如妇女）参加。这就是"塔布"现象——禁止和忌讳。

禁忌是一种特殊的民俗现象。就其对象而言，分"神圣、圣洁"和"卑贱、不洁"两类。禁忌行为将"圣洁"与"卑贱"统一起来。圣洁的东西之所以圣洁，是因为避免了亵渎行为，而对卑贱、不洁的事物不去接触，其行为也是圣洁的。这种对某种危险事物的禁止和抑制，成为人们日常行为的准则，因此，禁忌常被视为一种准宗教现象。

禁忌涉及的范围很广。宗教、生产、生活中常遇到禁忌现象。宗教性禁忌分原始宗教和人为宗教两种。原始宗教禁忌与古老的图腾崇拜、自然崇拜有关。凡是原始宗教中与图腾崇拜有关的事物，都被视为神圣和不可侵犯的。如对图腾物禁止伤害，对被敬为林神的大树不能随意砍伐等。中国东北的鄂伦春族崇拜熊神。在猎熊时，有着一整套仪式。他们将熊的头和五脏用桦树皮或干草包好，挂在树上实行风葬，并且还要敬烟、叩头、装哭。据说头和五脏是熊的灵魂居住之所。对火的有关禁忌在各民族中均有流传，只不过形式不同罢了。鄂伦春族认为火焰是火神的化身。所以禁止玩火，禁止用利器捅火、用脚踩火，更禁止往火上吐痰、便溺、倒脏东西。普米族禁止从火塘和神龛前跨过，不能用手摸火塘中的三脚架。这些举动都是为了维护火的圣洁。中国信奉伊斯兰教的民族禁食猪肉，在他们看来，猪是不洁的，也不食自死的牛、羊，这也是不洁的。就是平时所食牛羊肉，也必须是由阿訇念经后屠宰才行。

生产性禁忌大多是来自生产经验的总结。鄂伦春族是牧业民族。他们认为有一种叫"白那恰"的山神，专司狩猎之事。他无论白天或黑夜均在山林里走动，管理各种动物和狩猎的人。猎人进山时不能大声喧哗，不然就会惊吓了山神，狩猎自然不能获得成功。猎人们在山岭路旁的大树上，见到刻画有"白那恰"的神像时，要叩拜，敬烟献肉，在神像嘴上抹一点兽血，供其享受。在一些农业民族中，生产性禁忌被当作十分重要的事。许多民族在丰收前的农闲季节里，常举行大规模的节日活动，对歌、谈情说爱，以"求婚生殖"的方式祈祷农业丰收。西双版纳的傣族，在每年的"关门节"过后，进入农事大忙季节时，禁止青年谈情说爱，举办婚事；只有在"开门节"之后，男女之间才恢复正常的社交。这都是古老的生产性禁忌的遗留。渔业民族和牧业民族也有独特的生产性禁忌。广西的京族以渔业为主，渔网晒在海滩上，忌讳人从上面跨过；新造的船只下水前，禁止人坐在上面；船上不许将碗倒扣；等等。

  语言禁忌也大量出现在人们的日常生活之中，咒语和委婉语言的使用在沟通人际关系中起着重要作用。咒语不是常用语言，只在特殊情况下使用。禁忌现象在日常生活中随处可见。居住、服饰、饮食、交通、道德、仪礼诸民俗中，禁忌现象的出现十分频繁。湖南湘西的土家族，日常生活中有许多禁忌：不准把山上、野外死去的鸟雀拿回家中；见了死鸟不可告诉别人；见到蛇交配的情景，不可对人言；禁止肩扛锄头和挑空水桶进屋；禁止在家吹口哨；孕妇家中，不能随意动土、钉钉子、拆窗户；不准外人与自家闺女坐在一条板凳上；吃饭时不许端着饭碗站在别人后面；七月间蛇、蛙进屋不许打死；等等。每一种禁忌都有特定的解释。

  生活禁忌有一定的功利目的和特殊含义，也有些禁忌失去原来的意义，但还是一代一代传承下来，照行不误。

  禁忌作为特殊的民俗事象，最能表现一个民族的独特风情和审美情趣。人们常说"入境问俗""入乡随俗"，问俗与随俗就含有遵守某种禁忌的意思。到某一民族家中做客，落座与居处都有一定的规矩，违犯规矩，就是违犯了禁忌。有些民族客人进屋以脱帽为礼貌，有些民族则忌讳脱帽。塔吉克族忌讳在谈话时脱帽，一旦脱帽相谈，就认为问题相当严重了。凡此种种都表现出一个民族独特的心理和性格特征。

田野民俗采风录

第四节　宗教——神圣的殿堂

　　谈到宗教，人们自然想到世界范围内广为流行的佛教、基督教、伊斯兰教，还有中国土生土长的道教，它们通常被称为世界四大宗教。这四大宗教都是人为宗教或现代宗教。它们有着独特的传承方式。如这些宗教都有自己的宗教创始人；有严格的宗教教义、教规和经典；有供宗教活动的专门场所和严格的组织。尽管现代宗教的信奉者是广大的民众，但宗教权力却始终掌握在宗教职业者和上层集团手中。由此，现代宗教的发展极大地受到人为因素的左右。现代宗教十分强调自我修养和完善。行善、积德、来世、天堂、转生、彼岸等，被认为是现代宗教的最高功德。

　　现代宗教的产生、发展和消亡规律，本是宗教学研究的范畴。但必须看到，现代宗教在民间传承的结果，极大地影响了人们的生产和生活、思想和心理，并形成了许多独特的民族风情。比如伊斯兰教在中国的回族、维吾尔族、哈萨克族、柯尔克孜族、东乡族、撒拉族等民族中，是一种全民族信仰。在这些民族中，几乎每一个新生儿，自然都是穆斯林。他们在居住、饮食、人生仪礼、喜庆节日、宗教信仰方面都遵守伊斯兰教教义。云南西双版纳的傣族信奉小乘佛教，傣族民众的生活自然受到佛教的影响和熏陶。他们的许多节日充满了宗教色彩。如泼水节，傣语称"摆爽南"，在每年傣历六月十二日（清明节后七天）举行，这正是佛教的"浴佛节"。仪式开始，先到净房里用净水浇佛三次，求神灵保佑，然后按年龄、辈分有礼貌地用树枝或花蘸水洒泼对方，相互祝福，消除病魔。"摆干垛"是另一个大的群众性节日，时间是傣历九月十五日。届时，老人们进佛寺拜佛。按惯例，缅寺（佛寺）设"摆"（集会）举行"晃露盛会"。集会上"舞象"是活动的中心内容。象，象征着和平和忠诚。这种"晃露盛会"由各缅寺轮流主持。三个月后的傣历十二月十六日，为欢迎佛祖重返人间，"摆干垛"节日盛会正式开始。整个节日充满宗教和欢乐气氛。藏族信奉大乘佛教，许多节日活动又与傣族不同。如藏族的"传召节",在藏历正月十五举行。据说这是藏传佛教格鲁派创始人宗喀巴在15世纪发起的祈祷大会,至今已有500多年的历史。传召期间,拉萨三大寺及外地寺庙的喇嘛云集拉萨,集体诵经。广大信教藏民带上酥油、肉食到寺庙放布施,积德行善。藏族的"望果节"是祈祷丰收的节日,在具体仪式中保留了许多藏族原始宗教——本教的因素。

宗教民俗是一个复杂的领域。在民俗学研究中,国内外许多学者对此耗费了不少精力,总希望对宗教的产生、发展、演变、消亡及其与社会民俗事象的关系给以合理的解释,但很少如愿以偿。宗教,包括原始宗教与现代宗教,都是民众用自己的智慧创造出的神圣殿堂,它的奥秘永远隐藏在人们的心里。在众多的信仰之中,各种宗教仪式只不过是其外在的表现形式而已。随着时代的前进,民俗宗教从内容到形式也会起变化,以此达到理想与现实的新的平衡与和谐。

第八章
自发的表演

第一节　民间文艺——自发的表演

在少数民族众多的民俗事象中，人们常发现一种特殊的民俗现象，即民间文艺的自发表演。民间文艺包括的范围很广，如民间文学、民间音乐、民间舞蹈、民间美术、民间戏剧、民间工艺等。凡是人群聚会之所，这种自发的表演便随处可见。在维吾尔族被称为"麦西热甫"的联欢会上，维吾尔族姑娘随着热瓦甫琴声和手鼓的节奏，翩翩起舞，或唱歌、联句、讲故事、说笑话，即兴吟诵，相映成趣。在哈萨克族婚宴上，可听到小伙子们所唱的"加尔"歌声，看到手持鞭杆为新娘揭面纱的谐谑之情：

我手拿小鞭子，
不会因唱不了揭面纱歌而慌张；
可爱的新娘子，
我要唱着这歌揭开你的面纱。

你要让公公喜欢你，
你应早起看管好牲畜；

你要让婆婆喜欢你,
你应早起生火烧奶茶;
你要让丈夫喜欢你,
不应自己躺着而喊丈夫早起。

《揭面纱歌》使用文学语言,对婚礼场面和新娘婚后将要面临的新生活做了形象化的讲述,给人留下美好的印象。在一些庄严的宗教祭祀和丧葬仪式上,巫师和歌手吟唱本民族的《创世纪》,叙述世界开辟、人类起源和本民族的文化发展历史,娓娓动听。所有这些吟唱和演唱均没有固定的模式,全凭巫师、歌手和民间艺术家们根据自己的才能、现场气氛、观众和听众的情绪,即兴创作和表演,直到尽兴为止。而广大的参加者则从中得到精神上的享受和满足。

民间文艺是民俗活动中最活跃、最敏感的内容之一。它在不同的时间、场合,采用不同的方式,出现在表演舞台之上。参与这些活动的那些无名的艺术家——歌手、故事讲述家、民间艺人,备受人们的爱戴,被看作集体智慧的化身。

在藏族民间,能歌善舞被看作一件荣耀的事。藏族的谚语说:"没有歌声的人就像一头牦牛,不会跳舞的人就像一根木头。"据藏族历史名著《贤者喜宴》记载,藏王赤松德赞时期,为庆祝寺庙的落成,曾举行过为时一年之久的歌舞游宴。这虽是夸张之词,但它却说明藏族素有歌舞传统。流行于日喀则市的"鼓舞"(俗称"司马章堆舞"),传说是由著名大喇嘛罗本大师发明的。表演时演员的脚上拴上串铃,随手鼓的节奏起舞,表演野鹿奔驰和雄鹰飞翔的动作。流行于四川甘孜藏区的巴塘弦子舞,舞姿洒脱,音乐轻柔,民间艺人即兴编唱的歌词形象生动。锅庄舞,又称卓舞,普遍流行于藏族地区。舞时,许多人围成一圈,向左向右,四步一顿,且唱且舞;节奏先慢而后快,时而两臂撒开,如雄鹰展翅;时而双手合十,如喇嘛祈祷;没有乐器伴奏,专靠歌声协调,舞姿矫健稳重。此外如热巴舞、折嘎舞、杂曲舞、弓箭舞、杜鹃舞、牦牛舞、鹿舞、狮子舞等,都在不同的藏区流传。

在草原牧区和穷乡僻壤,民间艺人的自发表演更占有举足轻重的位置。他们几乎占领了一切空间，使民间文艺在民众生活中有了不可取代的作用。各种专业的艺术团体和具有现代管理手段的演出公司，也无法取代民间文艺的创作和传承。民间文艺是民族文化的基础，只有在这个基础上建造的文化大厦才是牢固的。

第二节　民间音乐、舞蹈——美的节奏和旋律

民间音乐舞蹈的产生和发展，有着十分悠久的历史。《吕氏春秋·古乐》说："昔葛天氏之乐，三人操牛尾，投足以歌八阕。"《尚书·尧典》中有"击石拊石，百兽率舞"的记载。这说明音乐、舞蹈并不是现代社会的专利，而是古老艺术的发展和延续。至今我们还能在少数民族中找到这种原始艺术的痕迹。

民间音乐的最初产生与生产实践和宗教祭祀有关，这种功利目的促进了艺术形式的形成。比如劳动节奏的协调、作业负担的减轻和效率的提高，都离不开音乐的调节。由简单的呼喊到配词的歌唱，使音乐和文艺密不可分。在少数民族音乐传承中，至今还保持着音乐与歌唱结为一体的现象。

如果说音乐的基础是节奏和和声，那么许多少数民族的民歌在其表现形式上，可以说充分表现了这一特征。如侗族的"大歌"，是一种多声部的合唱，主要流行于侗族南部方言区，侗语称为"嘎劳"。大歌的演唱地，多在侗族的鼓楼广场上，并以歌队的形式表演。每个歌队少则四人，多则十几人甚至更多的人。声部最少是两个，有的多至四个。不用乐器伴奏便形成自然美妙的和声。

每一种民间音乐曲调的形成，都要经历漫长的历史过程，其中必然融合着创造者的审美情趣。侗族大歌的和声美，是在侗族民间歌唱习俗中逐步形成的。发展到今天已相当完美。它从内容上分为抒情大歌、叙事大歌、谐声大歌、童声大歌等，演唱内容则表达着侗族民众充沛的思想感情。这种多声部的民间歌唱，在广西壮族和贵州苗族中也很流行。

新奇的民族民俗世界

音乐从来都是表达感情的，而这种感情来自生产和生活实践。中国少数民族民歌丰富多彩，每一个民族都形成自己的民歌曲调、独特的旋律和音乐形象。这使人们可以从不同的音乐曲调中，去认识它所归属的民族。回族的"花儿"、苗族的"飞歌"、瑶族的"呼伊歌"、白族的"白族调"、朝鲜族的"阿里郎"、蒙古族的"好力宝"、哈萨克族的"阿肯弹唱"、赫哲族的"伊玛堪"、维吾尔族的"十二木卡姆"、侗族的"琵琶歌"、藏族的"果谐"等，都是少数民族音乐中，不同曲调和风格的代表。

除声乐外，中国少数民族的器乐也很有特色。这种特色取决于乐器的不同构造和演奏方法。中国少数民族的乐器分管乐器、弦乐器和打击乐器三类。其中有些乐器早已成为中国民族乐队的重要组成部分，如胡琴、琵琶、唢呐等。更多的乐器仍保存在民间，成为本民族音乐的象征。如维吾尔族的手鼓、热瓦甫、都它尔，藏族的六弦琴，侗族的牛腿琴，壮族的马骨胡，白族的三弦，苗族的芦笙，哈尼族的巴乌，怒族的达变，彝族的闷笛，塔吉克族的鹰笛，土家族的咚咚喹，傣族的象脚鼓和芒锣，蒙古族的马头琴，满族的八角鼓等。《中国少数民族乐器志》一书所列少数民族乐器有几百种，真可谓蔚为大观。许多民族从吹木叶这一简单的音响开始，到种类齐全的乐器制作，体现了美的创造历程。

能歌善舞是中国少数民族的优良传统。各民族舞蹈形式的多姿多彩，可以说达到了美不胜收的境地。音乐与舞蹈是孪生艺术，人的情态、思想、性格不仅表现在音乐里，而且表现在协调的有节奏的动作中，听觉艺术（音乐）与视觉艺术（舞蹈）的完美结合，是大多数民族所一贯追求的美学标准。

舞蹈与音乐一样，最初的产生来自某种需要和功利目的。原始狩猎民族中，当猎物丰收时，人们情感无可名状，不禁会手舞足蹈起来，或为了某种巫术的目的而需要装扮成野兽跳舞。澳大利亚土著的袋鼠舞，非洲原始部落的鳄鱼舞，北美印第安人的熊舞、犬舞、野牛舞，爱斯基摩人的海豹舞等，都与他们原始的生产方式有关。在中国少数民族中，也不乏带有原始色彩的舞蹈。如怒族世代居住在怒江峡谷，过着狩猎和农耕生活。民间舞蹈带有原始古朴的风格，许多舞蹈没有脱离对动物动作和生产过程的模仿。这从许多舞蹈的名称上可以看出来，模仿动物的舞蹈，如猴子分苞谷舞、乌鸦喝水舞、

田野民俗采风录

斗羊舞、母鸡生蛋舞、鸟王舞等；模仿狩猎和农事生产的舞，如狩猎舞、收仙米舞、采野菜舞、种玉米舞等；模仿生活景象的舞，如洗衣舞、摇篮舞、唤狗舞等。所有舞蹈动作和道具都十分简单，伴奏也只有笛子等乐器。

佤族是中国又一个古老民族，每当猎获大的野兽，人们都要聚众欢庆，跳狩猎舞。舞前，村民们将野兽抬到村外剥下兽皮，蒙在支架上，由几名精壮男子抬着，其他人紧随其后，在牛角号、芒锣、铜鼓、象脚鼓的伴奏下，边走边跳，绕寨一周。当舞队路经各家门前时，寨民们向猎物投鸡蛋，给舞者献米，表示祝贺。然后回到寨子中心，男女分站两排，男子扮猎手，女子扮猎物，模仿虎、豹的动作，相互对唱。实际上是用猎物作道具，重现狩猎活动，表达获得猎物时的喜悦心情。另一类是原始的祭祀舞蹈"拉木鼓舞"。木鼓在佤族中是父权制的象征，又被视为"通神之器"。这种神器，平时是不许触动的，只有在祭祀活动时才可敲打。所谓"拉木鼓"，是指将选好做木鼓的树干，从山上抬回寨子中的仪式。全寨男女老幼都得参加。老人们身挎长刀，上山开路，妇女和小孩送水送饭，青壮年男子列队拉木鼓。整个活动带有舞蹈韵味。一人手挥树枝，且唱且舞，众声相随并配合整齐的步伐，曲调高亢，情绪十分热烈。

原始舞蹈艺术中的创作和表演是融为一体的。每一个创作者都是表演者，表演者也都是创作者。所以这种舞蹈最能直接表现创作者的情绪，也最能和日常的民俗活动相一致。只是到了后来，随着舞蹈艺术的发展和人们审美意识的不断提高，舞蹈的创作和表演才渐渐分离。今天在各民族中看到的各种民间舞蹈，大都已经脱离了原始的模仿状态，有了固定的程式和独特的舞蹈语汇，并表现出自己的个性。蒙古族的盅碗舞，维吾尔族的赛乃姆，藏族的踢踏舞，傣族的孔雀舞，朝鲜族的长鼓舞，彝族的跳左脚，满族的莽式舞，苗族、侗族等民族的芦笙舞等，都有着鲜明的民族特色。民间舞蹈的形成和发展，不是孤立的文化现象，除受本民族的生产方式、生活方式影响外，还受到本民族特殊风尚和审美趣味的制约。

第三节　民间戏剧——综合的艺术

民间戏剧是由民众创造和传承的综合性的艺术表演，这种表演是由演员在观众面前所展示的剧情和塑造的人物形象来实现的。民间戏剧的综合性是指民间戏剧在实现自己的艺术价值时，融合了音乐、诗歌、舞蹈、美术等多种艺术技巧成分。民间戏剧的综合性还表现在艺术形式创作和流传上的集体性，是集体智慧的结晶。

中国的民间戏剧产生很早。汉代的"百戏"已吸收了杂技、戏法、歌舞技巧。"角抵戏"（蚩尤戏）取材于中国古代少数民族神话——黄帝战蚩尤的故事。讲到蚩尤，相传他是中国南方部落的首领。唐代的"参军戏"是由优伶创造的。元代在唐宋歌舞戏与民间技艺基础上创造的杂剧，是由说唱艺术到戏剧艺术的过渡。明代胡应麟认为北杂剧是"金人词说之变化也"。古代文献中记载了许多元曲（杂剧与散曲）吸收少数民族音乐、舞蹈、民歌的事实。大约从东晋到隋唐，由于军事、通商、宗教等关系，西域各民族的音乐大量输入中原汉族地区，在当时汉族音乐逐渐衰落的情况下，少数民族音乐曲调以其清新悦耳之势，流入汉族民间或进入宫廷，从而对词曲的产生发生了积极的影响。《隋书·音乐志》记载，隋炀帝定九部乐，除清乐外，有西凉、龟兹、天竺、康国、疏勒、安国、高丽、礼毕八部，并说"今曲项琵琶，竖头箜篌之徒，并出自西域，非华夏旧器。《杨泽新声》《神白马》之类，生于胡戎。胡戎歌非汉、魏遗曲"。又说，龟兹乐"至隋有《西国龟兹》《齐朝龟兹》《土龟兹》等，凡三部"。《旧唐书·音乐志》说："自开元以来，歌者杂用胡夷、里巷之曲。"这些令人耳目一新的少数民族音乐、歌词，影响了汉族诗歌的发展，也为民族民间戏剧的产生创造了条件。

元代杂剧更是吸收了少数民族民间艺术的养料。王骥德《曲律》卷一云："以辞而论，则宋胡翰所谓：晋之东，其辞变为南、北，南音多艳曲，北俗杂胡戎。以地而论，则吴莱氏所谓：晋、宋六代以降，南朝之乐，多用吴音,北国之乐,仅袭夷虏。"又说:"入元而益漫衍其制,栉调比声,北曲遂擅盛一代;顾未免滞于弦索,且多染胡语。"

陶宗仪《辍耕录》录元曲中的少数民族曲调多种,如哈巴尔图、马黑某当当、清泉当当等。《太和正音谱》《朝鲜新声太平乐谱》《词林择艳》等书,也都录有少数民族曲调。元杂剧的发展和元代统治阶级的喜爱、推广分不开。元代管理乐人的教坊司,置于正三品高位。元代皇帝每年元旦,节令朝会结束后,都要让伎人唱《新水令》《沽美酒》《太平令》一套曲子。这些曲调均是元杂剧中常见的。由此可见,元代统治者作为少数民族入主中原的君主,对元杂剧的形成起了很大的推动作用。

少数民族戏剧和汉族戏剧相比,发展是缓慢的。大部分民族至今还没有自己的戏剧形式,有些仅保存了某些戏剧的雏形。这和民族地区的经济发展,特别是城市经济的发展不无关系,也和少数民族居住的自然环境、生产方式和生活方式的影响有关。尽管如此,今天还是可以从少数民族中,看到许多民间戏剧的独特表演。这种独特的表演首推藏戏。藏戏,藏语称"阿吉拉姆"(意为"仙女大姐")。关于藏戏的起源,有这么一则民间传说:15世纪,藏传佛教噶举派僧人唐东吉布,立志在西藏各地江河上修建桥梁,为筹集建桥资金,他招来生来俊俏、能歌善舞的七姐妹,组成戏班子到各地演出。因此,唐东吉布被认为是藏戏的鼻祖,他的偶像被供奉在藏戏班子里。这只是一则传说,不必追究它的可信成分。

藏戏是在民间歌舞的基础上形成的,是广场戏的一种,主要演出场所在农村和牧区。藏戏演出时,化装非常简单,除戴假面具外,其他用粉面和红脂,没有脸谱。乐器伴奏只有一鼓一钹,演出时,有一人用快板形式介绍剧情,剧中人物的说白很少,主要是吟唱和舞蹈。每当说完一段后,在鼓钹伴奏下跳一段舞。演出时间可长可短,几小时、一两天、几天不等。演出程序分三大部分,序幕由一名叫"温巴顿"的人物出场,他头戴特制的面具,着猎人装,手持彩箭,高歌祝福;其次是"太子降福";最后是"仙女歌舞",表现神与人共享欢乐。接着正戏开演,最后是告别祝福仪式。藏戏的剧目很多,主要是"八大藏戏",剧目有《文成公主》《朗萨雯波》《苏吉尼玛》《卓娃桑姆》《白玛文巴》《顿月顿珠》《赤美更登》《诺桑王子》等。藏戏以歌舞为主,表演虽然比较松散，但已形成了比较固定的程式和出现了演出团体——藏戏班子。剧目大都是反映现实生活的，有时也表现宗教和神话剧。

中国西南一些少数民族民间还流行着一种和巫文化密切结合的"傩堂戏"，这被戏剧界称为"戏剧的活化石"。傩戏是一种戴面具的戏剧表演，在中国的分布很广，湖北、湖南、广西、贵州、云南、四川等汉族和少数民族地区均有流传。苗傩、侗傩、彝傩、土家傩、壮傩、布依傩虽各有不同的表现形式，但都是一种戴面具的表演。

傩戏作为民间戏剧表演形式，起源很早。据文献记载，大约商周时期，在中原地区，上至宫廷，下至民间，每年腊月除夕，都举行大规模的驱鬼逐疫仪式，名曰"驱傩"。具体仪式，由一位戴着面具的巫师——方相氏，率领十二兽（或称十二神）和侲子（多由男童扮演）数十人，在宫廷的各个角落驱鬼、送鬼。这种驱傩仪式一直延续到宋代。宋代的驱傩队伍中开始出现优伶，并由他们扮演神话传说人物、演出历史故事，这样就完成了由原始宗教仪式向民间戏剧的过渡。宋代以后，驱傩仪式和傩戏表演在中原地区渐渐消失，但在汉族农村和边远山区的少数民族中仍在流传，而且保持了古老的传统样式。从目前发掘、搜集的情况看，在贵州地区保存着丰富的傩文化，学者们认为那里存在着规模巨大的傩戏群，或可认定为一个"傩文化圈"。贵州威宁彝族地区流行的"撮衬姐"（彝语，意为变人戏），据许多专家考证，认为是傩戏中较古老的一种。它通过戴假面具的表演，反映人类起源、民族迁徙、农耕生产和生活，带有浓厚的巫术特色。贵州东北部铜仁市的土家族中，普遍流行傩戏。它的表演糅进许多道教和民间巫术成分，在傩戏正式开演之前，由土老师（巫师）设坛请神，然后开演正戏。戏剧中的人物一律戴假面具。剧目多根据现实生活，由土老师编唱传授。也有的剧目来自本民族的神话、传说、故事或移植的汉族戏剧故事。演出时只有锣鼓伴奏，融合音乐、舞蹈和民歌等形式，轻松自然。傩戏剧目分正戏和插戏两种，插戏多以现实生活为题材，语言幽默风趣，演员和场外观众可以对话、沟通感情，娱乐性极强。

傩戏是一种面具戏，戴面具的表演完全将演员的性格掩盖起来，使观众只看到剧中人物的表演和性格，增强了艺术效果，给人以古朴的艺术享受。

除古老的傩戏传承外，中国少数民族中还有白剧、侗剧、壮剧、彝剧、藏戏、傣戏、布依戏等。但这些剧种大都是在本民族民间戏剧形式的基础上，吸收汉族戏剧艺术的内容和形式逐渐发展起来的。有些已脱离它的原始形态，具有了现代戏剧艺术的特点，是少数民族戏剧发展到较高层次的表现。

第九章
童话般的世界

第一节 民间文学——特殊的民俗现象

民间文学又叫"人民口头创作""口头传承""口碑文学"。它是千百年来民众自己创作、传承、享受的精神产品,对社会的生产、生活以及人们的思想品质和性格的养成具有十分重要的作用。但是人们在平时,一提到民间文学,又都认为它是劳动者的"粗俗"之作,不能登"大雅"之堂,这其实是一种误解。

实际上,民间文学既是一种集体的审美和创造,又是一种特殊的民俗现象。中国民间文学的形成和发展源远流长,它是中国文学的源头。

所谓民间文学,从来都是和作家文学相对而言的,是一种特殊的文学。和作家文学相比,民间文学在其创作、流传、保存、表现形式以及作品所反映的内容方面,都存在着许多差异。创作上,作家创作是个人行为,民间文学却具有集体性的特征;语言运用上,作家使用书面文学语言,民间文学则使用口头文学语言;流传上,作家文学通过文字符号的印刷,民间文学则是口传心授;版权上,作家的作品有版权限制,任何人不能随意改动,民间文学在流传的各个环节上,均有人参与修改、加工,因此它的变异性很大;表现形式上,作家经常使用与口语有着相当距离的书面语言,创作诗歌、散文、

田野民俗采风录

小说、戏剧等形式的作品，民间文学则以民歌、故事、叙事诗等形式流传；创作题材的选择上，作家选材广泛自由，民间文学大都取材于创作者身边发生的事，表达创作者直接的感情。这都是民间文学不同的个性。

民间文学最大的特征还在于它的创作、流传本身，它是一种特殊的民俗现象，称为"口承语言民俗"。这是因为民间文学从创作到流传，自始至终是一种民俗活动。这个道理十分明白。比如，《诗经》是中国第一部诗歌总集，其中《国风》部分的诗，直接采自民间。如果没有当时流行的表达民众心志的歌唱风俗（这种风俗目前在中国少数民族中仍很盛行），如果没有当时文人对这一歌唱风俗的重视和采录，就不会有这部影响中国文学几千年的诗歌总集。汉魏六朝时期，在周代采诗的基础上，政府设立了乐府机构，专门采集民间诗歌。后来许多文人继承了向民间采诗的传统。宋代郭茂倩所辑《乐府诗集》，收入先秦歌谣、汉代及唐五代民歌。明代的杨慎辑有《古今风谣》《古今谚》，冯梦龙辑有《山歌》，清代李调元辑有《粤风》，杜文澜辑有《古谣谚》，范寅辑有《越谚》。这些都是历代集民歌之大成的著作，保存了中国各民族民间文学的精华。

在散体故事方面，《山海经》《淮南子》以及三国时期魏国人邯郸淳的《笑林》、晋代干宝的《搜神记》、南朝梁代任昉的《述异记》、唐代段成式的《酉阳杂俎》等，保存了许多神话、传说、故事名篇。

今天，民歌演唱和故事讲述仍然是中国各民族重要的民俗活动之一。有些民族还形成了独特的歌唱节日。广西的壮族、瑶族，贵州的苗族、侗族、布依族，云南的白族、纳西族、傈僳族，西北地区的回族、东乡族、撒拉族、土族、汉族等民族和地区，在传统的节日里，均有聚众对歌的习俗。其中，著名的歌节有壮族的"歌圩"、白族的"石宝山歌会"、布依族的"查白歌节"和西北地区甘肃、青海的各种"花儿会"等。更多的民族在生产、生活的各个领域，都离不开歌唱习俗。这表明民间文学的创作和流传本身，实际上是一种特殊的民俗活动。这种民俗活动从一个方面体现了民族性格和审美情趣。藏族、蒙古族、土族、苗族、瑶族等民族的《婚礼歌》，伴随着各民族婚礼习俗的进程，以套曲的形式贯穿始终，表现婚礼仪式上各类人物复杂的心理活动。宗教仪式上所唱的祭祀歌谣，寄托了人们美好、善良的愿望。

民间文学作为口承语言民俗,紧密地伴随着人们的日常生活,涉及人们生活的各个领域。在人的一生中,更是离不开它。当一个人还在孩提时代时,民间流行的《摇篮曲》和各种民间故事讲述活动伴随他长大,启发他幼小的心灵;成年后,步入社会,特别是青春恋爱时期,优美的情歌将未婚青年男女之间的心志,通过歌唱表达给对方;婚礼过程中,从说媒、定亲到成婚,更离不开歌唱,各类《说亲词》《定亲词》《哭嫁歌》《婚礼歌》《祝贺词》等,更是包含着许多人生哲理、生活体验和美好的祝颂;丧葬仪礼是人生旅途的终结,巫师要念诵《丧葬祭词》以及启发后人民族观念的本民族的《创世纪》,使丧葬活动进行得悲壮而又有教育意义。日常生活和生产知识的传授,同样离不开歌唱。由此可见,语言民俗的社会价值是多方面的。民间文学的创作者们最了解其中的奥秘,并用一种形象化的手法,赋予各类民俗活动以生命活力。要想了解各民族各类民俗事象的来历和特征,就要请教村落社会传承民间故事、民间传说的讲述家们,他们会向我们打开民间童话宝库的大门,让我们到他们创造的神奇殿堂里漫游。哈尼族的《正月年的来历》和白族、彝族、纳西族、拉祜族的《火把节的故事》,对各民族独特的岁时节日习俗做了生动的解释。布依族的《房子的传说》、景颇族的《竹楼是怎样盖起来的》、《苗家火塘的三脚架》、《基诺族服饰的由来》、《黎族遮羞布的来历》、纳西族的《七星披肩的来历》、《傣家为什么喜吃青苔》、《苦聪人的求婚礼品》、满族的《成亲坐帐的由来》等,对各民族的居住、服饰、饮食、人生仪礼做了详细解释。这些数不尽的传说,正是民族观念、乡土观念、民俗心理的表现。

第二节 每个习俗都有自己的故事

民间风俗是一种综合性的社会文化现象,各类民俗事象都有其产生、发展、演变、消亡规律。当一种新的民俗兴起时,人们对它的产生原因并不十分注意,但这种民俗的美学价值(如历史作用、认识作用、娱乐作用、教育作用等）却决定了这一民俗必然要长期流传下来。只有这时，人们才回忆起它的初衷，并试图对流传既久的民俗来历加以重新认识，于是，有关的民俗传说形成并成了启蒙、教育下一代的绝妙神奇的教材。

每一种民俗都有自己的故事，各类民俗故事构成了少数民族民俗的童话般的世界，它给每一个民俗活动的参加者以理性的认识、美的享受和乐趣。

中国各民族的民俗传说丰富多彩，目前已有专门辑录此类传说的故事集出版，如云南人民出版社出版的《中国民间风俗传说》、中国民间文艺出版社出版的《中国地方风物传说》、贵州人民出版社出版的《节日风情与传说》、湖南人民出版社出版的《节日的传说》等。传说展现的是一个想象的天地，传说的创作大都有一定的附着物（具体民俗），具有可信性、历史性特征。但它的故事情节完全是假想和虚构的。民俗传说的立意，是要将民俗的来历升华到一个美的、悲壮的艺术境界，以满足人们的好奇心和对美的追求。因此，我们不能将传说作为信史对待。民间风俗创造者的初衷似乎也不在这里。

风俗传说产生于民俗文化的深厚土壤之中，它形象地描绘了风俗文化的特征，因此往往给人以强烈的印象。下面几则传说从居住、服饰、饮食、节日、婚姻等方面，展示少数民族民俗传说之一斑。展阅之余，人们必会得到一定的启示。

竹楼是怎样盖起来的
（景颇族）

传说最古的时候，景颇人没有房子。后来，为什么景颇族世世代代要盖竹楼，而且要唱《盖新房歌》呢？传说是这样的。

那时，出了两个人，一个叫阿真尼里拉，一个叫勒然兹满。他俩决心学会盖房子，便一同去游山。在山上，他们看见竹鼠吃竹根，根断竹子倒，他们得到启示，知道盖房可以用竹子，并学会了砍竹子。竹料是有了，可是怎样才能盖成房子，他们不知道。

他俩不灰心，又一同去游山。在山上，看见一条蛇横架在树枝上，他们又得到启示，从此学会了架梁子。于是，他们急忙下山，用大竹架梁子。梁子架好了，可是怎么把它竖起来，他们不知道。

阿真尼里拉和勒然兹满不灰心，又一起去游山。在山上，看见丛丛芭蕉林，树干排对排，树丫枝连枝，他们得到启示，从此学会立柱子。于是，两人去砍树，砍来"根萨"树立中柱，砍来"勒然"树立边柱。中柱是立起来了，边柱是立起来了，竹梁架上去，只是个空架，还是不像房子。

他俩还是不灰心，又一同去游山。在山上，看见斑鸠在做窝，小树枝压着大树枝，于是他们得到启示，从此学会放楼楞。他们两人下山来，用小竹子放楼楞。楼楞会摆了，可是楼楞中间空隙多，盖房子的方法没学完。

阿真尼里拉和勒然兹满不灰心，又一同去游山。爬到高山顶，从大岩石边往下望，看见山脚的迈立开江和恩梅开江，江水明明亮亮，流得平平展展，他们又得到启示，从此学会铺竹板。他们高高兴兴回家来，学着铺竹板。竹板铺平了，像间竹楼了，可是不牢靠，麂子过路一闯就歪了，野猫爪子一扒就斜了，豹子打滚一打就倒了，盖房子的方法没学完。

他们不灰心，又一同去游山。在山上，看见藤子绕在树身上，他们得到了启示，从此学会了用藤条来捆大梁。大梁捆牢了，楼楞捆牢了，竹板捆牢了，竹楼立起来了，可房子没有顶，风雨遮不住，还是住不成。

阿真尼里拉和勒然兹满仍然不灰心，又一同去游山。在山上，看见有一头野牛走过来，他们得到启示，房子可以盖得像野牛那样。野牛的四条腿，就像楼柱子；野牛的身子，就像座竹楼。细细看野牛，牛肋巴骨像架着的椽子，他俩学会架椽子；细细看野牛，牛筋像榄片一样，他俩学会了架榄片；细细看野牛，牛皮像铺好的草一样，他俩学会铺茅草。他俩高高兴兴回家，准备盖新房。可是，烧荒种粮食，茅草烧光了，哪里有茅草，他们不知道。

阿真尼里拉说："没有茅草怎么办？"

勒然兹满说："等到了旱节，樱桃花开了，雀蜜花香了，我们就织布，织布铺房顶。"

这时，走来一个能干人，叫石鲁木占，是木干真伦的儿子。他对阿真尼里拉和勒然兹满说："房子应该用茅草铺。"

能干人的话能不听吗？于是，他们决心找茅草，又一同去游山。翻过一山又一山，长长的茅草找到了，他俩割了一捆又一捆，扛着下山来，准备铺房顶。可是，茅草铺到房顶上，一阵风吹来，茅草吹散落下来，茅草要怎么铺才铺得牢？他们不知道。

他们仍然不灰心，又一同去游山。翻过一山又一山，看见了野猪窝，窝里茅草横一层，竖一层，还有树枝、藤条上下穿。他们得到了启示，学会了铺茅草。茅草铺好了，房子好住了。竹楼终于盖成了。

为了牢记阿真尼里拉和勒然兹满的功绩，感谢他俩教会景颇人盖房子，景颇人世世代代都照他们留下的样子盖竹楼居住，而且要唱《盖新房歌》，歌颂两位盖竹楼的祖先。这个风俗一直流传到现在。

搜集整理：桑仁

基诺族服饰的由来

基诺族妇女，头上为什么要戴一项白底、黑色条纹的三角尖顶帽？衣裙上为什么要镶红、黑条纹花边？男子服饰背部为什么要绣太阳光纹？裤腰为什么要开两个大口子？这些都有优美的传说。

据说，还没有开天辟地之前，世界上只有水、天、太阳，根本还没有地、草木和人烟。

不知是何年何月的哪一天，从水中浮出一个戴白色尖顶帽、身穿素白衣裙的女人。她就是基诺族的第一个女祖先，名字叫阿嬷尧白。她浮出水面后，飘上蓝天，空荡荡的蓝天使她找不到落脚处。于是，女祖先首先想到要造个地方来落脚。但是，她一时想不出办法来，急得直搓手，却无形中将手汗搓成了圆团。阿嬷尧白将圆团抛出去，圆团变成了今天的大地。阿嬷尧白飘落在地，孤零一人，她又想造些人做伴。于是，她来到一个水塘边，用泥土造出了基诺族。基诺族人为了感谢女祖先，便仿照阿嬷尧白的穿戴，缝制了洁白的三角尖顶帽和洁白的衣裙。

妇女衣裙条纹的由来

基诺族妇女的衣裙洁白素雅,后来为什么镶上红色和黑色的条纹花边?这里有一个生动的故事。

相传,在很早以前,基诺族居住的地方有一对巴里(恋人),男的叫车白,是个勤劳忠厚的小伙子,女的叫布鲁蕾,是个心灵手巧、容貌超群的姑娘。这姑娘从小就喜爱一种名叫"妞阿博"的太阳花,长成大姑娘啦,她还是对太阳花爱不释手。因此,车白每天都要采摘一朵太阳花送给她。不知从什么时候起,他们在心里互相爱上了,但谁也没有向对方求爱。知情的阿莫、阿布(母亲、父亲)都祝愿他们早日结婚、幸福,其他青年小伙子也从来不在他们之间插上一脚。

附近有一个村子,住着一个大富户。富户家有个花花公子,名叫泽木拉,他早就垂涎布鲁蕾的美色。在一个夜里,他带领一班人把布鲁蕾抢回家,逼她三天内与他成亲,并从烈火中拿出一根火柴头来,凶狠地说:"你敢逃跑,我抓回来就用这根火柴头打死你!"说着,用火柴头在布鲁蕾的三角帽上划了一下,洁白的帽子上留下几道黑色印子,中间的粗,边上的细。这就是基诺族妇女帽子上黑条纹的由来。

在抢回布鲁蕾时,泽木拉用藤条捆住她的双手。布鲁蕾拼命反抗,藤条磨破了她的手腕和脚腕,血肉模糊,鲜血把洁白的袖口和裙边染上了一道道鲜红的印子。为了怀念布鲁蕾对爱情的忠贞,基诺族妇女的衣裙就镶上了红黑条纹的花边。

男子裤腰上开口的由来

布鲁蕾被抢走的当天,车白从地里回来了,按照习惯,他采摘了一朵太阳花,准备送给心上人。回到家里,他知道布鲁蕾被抢走,心急火燎地跑到泽木拉家察看动静,想伺机抢回布鲁蕾。夜深了,泽木拉家的兵丁们在打瞌睡。车白把太阳花举到亮处,与布鲁蕾取得了联系。他潜入室内,割断藤绳,背起布鲁蕾,逃出泽木拉家。这时,泽木拉带领兵丁追赶上来,一箭射去,正中车白的大腿,车白摔倒在地,布鲁蕾也被摔昏。泽木拉得意忘形,准备抢走布鲁蕾。这时,只见车南尼(天神)变成一位老太婆,来到车白和布鲁蕾身边,并在泽木拉面前下起倾盆大雨,将他们隔开。天神还顺手薅了一把草药，放在手中揉烂，拔出车白大腿上的箭，把裤腰撕开两个大口子，将草药敷在伤口上，这就是基诺族男子裤腰上开两个口子的由来。

男子背上的太阳花纹的由来

车白、布鲁蕾从昏迷中醒来一看，不见了老太婆，只见泽木拉正过河追来。车白忍痛背起布鲁蕾，向牛毛者（大青树）艰难地爬去，准备上树躲避。车白一只手搂住布鲁蕾，一只手爬树，怎么也爬不上去。眼看着泽木拉就要追上来了，布鲁蕾急忙将手中的太阳花插在车白的背上，双手搂住车白的肩膀。车白用双手爬树，很快就爬上去了。这时，泽木拉一伙追到树下，突然变成了一群山羊，站在树下眼巴巴地望着大青树。望着望着，眼睛变得痴呆呆的了。从此，山羊的眼睛就成这个样子了。

车白爬上大青树，树梢上出现了一道彩虹，布鲁蕾沿着彩虹上天去了。车白上不了天，只好看着心上人越走越远。他苦苦地思念着布鲁蕾，正想着，忽然觉得背上动了一下，顺手摸去，原来是一朵太阳花。思念布鲁蕾的车白，便把太阳花绣在衣背上。从此，多情的基诺族男子，人人都穿上了绣有太阳花纹的衣裳。

搜集整理：标利 赵洪宝

酒的故事

（拉祜族）

古时候，有个寡妇带着孤儿过日子。儿子渐渐长大，一天，他和别人一起到厄莎（天神）那里去献供，家里没有什么东西可拿，他就上山砍了一串熟透了的芭蕉果，准备作为供品。当他把芭蕉果扛回家来时，满屋都散发着诱人的香味。

这时，他母亲正卧病在床，闻到香味，对儿子说："把芭蕉给妈吃一个吧！"儿子回答："这芭蕉是给厄莎献供的礼物，母亲不能吃。"说着，便抬着芭蕉给厄莎献供去了。孤儿走到厄莎那里，厄莎说："小伙子，你是来献供的吗？告诉你，我是众人的厄莎，我不缺少你的这份供果。你母亲把你养成这么大,她如今病倒在床上,快把芭蕉果带回去给她吃吧!"

厄莎没有接受孤儿的供品,儿子并没有把芭蕉果拿回去给母亲。他把芭蕉扛到半路,放进路边一个大树洞里,然后回家了。

本来,芭蕉是厄莎吩咐给孤儿的母亲吃的,可是儿子没有给母亲吃,这样厄莎就降下罪来:不管谁吃了这芭蕉,就要让他头昏脑涨,似病非病。不久,芭蕉在树洞里全部化成了水。这芭蕉水的香味引来了树上的小鸟,小鸟喝了芭蕉水,醉得东倒西歪,飞不起来。有个看牛人喝了芭蕉水,也醉得不省人事。后来,人们才知道这是厄莎的惩罚,都说这东西不能喝,并用篱笆把这棵大树围了起来。

又过了不久,有个挑米的人路过这里,因为不知道其中的缘故,闻见香味,就撕开篱笆,喝了这水,结果醉倒在地,口袋里的米全浸在水里了。

挑米人醒来,把米挑回家,熬成米汤,给老人喝了一碗,老人觉得特别舒服;全家人一喝,也解除了一天的疲劳。此后,他把剩下的米又当成酒王(酒药)。有了酒药,慢慢便烤出了酒,所以,拉祜人非常喜爱喝酒。但是拉祜人也说,酒不能多喝,喝多了就会神魂颠倒。

搜集整理:扎约

火神的来历

(鄂温克族)

从前,索伦牧民家里,不管是穷是富,每到农历十二月二十三日,家家户户都来祭祀火神。这种习俗是怎么来的呢?有个传说。

不知什么年月,山里有个穷猎手。一天,他到林子里打猎,空跑一整天也没有打着一只野兽。他连爬几架山,又困又乏,心想,哪怕在天黑前打着一只黄羊,能留在晚上吃也行。可是,这点愿望也没能实现。当太阳压山的时候,猎手正往前走呢,忽见从山石底下钻出一条花皮草蛇,随后哧溜一下又钻进一个大石洞里去了。那猎手突然闻到一种香味,用舌头舔舔蛇爬过的青石,发现一种从来没有尝过的甜味。于是,猎手就走进石洞，只见洞里盘踞着许许多多的蛇。这天晚上，猎手进洞后，再也没有出来，在里面住了很久。

　　过了几天，也许几年，猎手才从石洞里走出来。到洞口一看，自己搁在洞口的枪，把子已经烂了，枪筒上也上满了黄锈。他看看四周，连个人影也没有，可是不知怎的，就听好多人正在唠嗑儿，你一言，我一语，有说有笑。再仔细一听，才发现都不是他说的人间话语，可是他都能听懂。那些都是仙人，他们打了好多好多的野兽，正在庆功祝酒呢。那个猎手竭力回想，自己到底是什么时候上的山，什么时候进的洞，在洞里做了些什么，就是什么都记不起来。他好生奇怪，本来都是刚刚发生的事，怎么一下子像隔着几千几百年似的。

　　猎手离开洞口，不管东西南北，就信马由缰地一个人摸着往前走。他看身边的树长得又高又密，山道也比往常都宽，天空的飞鸟成群结队。他觉得，凡眼前能看到的都变了样。猎手走不大工夫，见一道青青的山冈上，有两座毡房，看样子，一座毡房门前摆着几辆勒勒车，是家富裕人家；另一家，门口只有破破烂烂的马鞍。猎手看了看自己的穿着打扮，也挺寒酸的，就迈步走进那家穷人家的毡房。

　　进了屋，猎手问毡房的主人："你是索伦人吗？"

　　主人是个穷牧民，回答了一声"是的"，就取出奶茶招待他。猎手刚想喝茶，就听毡房顶上有人在和主人谈话："穷兄弟，你家不是连背鞍子的马都没有吗？我看那倒是幸福。你看，我家饲养的羊群挤满了木头栅栏，可一只都不归我所有。"

　　猎手心里奇怪，望望毡房上的人，装作什么也没听见，只顾喝茶。这时，毡房顶上的人又说开了："我们几世几代都忍受过来了，可是，如今再也不能像待宰的呆羊那样闷声不响，非连夜把那贪得无厌的主人的牲口弄死不可。"

　　听来听去，猎手才听出那说话的声音，原来是从火神的口里发出来的。那穷苦的牧民连半句都听不懂。火神说完，从毡房上飞走了。当时，草地的牧民还不知道怎样使火。这个猎手向毡房的主人请求，当晚就住了下来。第二天，草地上起了暴风，真像要把毡房拔起来刮跑似的。猎手到外面一看，穷牧民赶着家畜躲闪着风暴，聚拢到毡房后边，又暖又避风。再看那富人家的毡房，门前的大车、羊群，早被刮到半天云里，七零八落。有的掉进盐湖，有的摔进沼泽，有的吹进河里。猎手看了，知道一定是火神的圣灵降到草地上来了，于是把这件事一一向穷牧民们说了。可是穷牧民们都半信半疑。后来，草地上连年生出丰盛肥美的水草，穷牧民们饲养起自己的家畜。他们不仅有了羊群，而且毡房门口也拴上了马匹。从此，索伦人才开始崇敬火神。吃饭、饮酒以前，都要先敬火神，并定下每年12月23日为"火神节"。在这天，大家都要杀一头肥羊，把羊胸口最好的一块肉和羊头放在火上烤，敬献给保佑牧民的火神。

搜集整理：马铭超

阿注婚的由来

（纳西族摩梭支系）

在四川盐源与云南宁蒗交界的泸沽湖，湖的西北面，耸立着狮子山，它是摩梭人心目中崇高圣洁的女神山。

很久以前，有个掌管狮子的女神，名叫狮格干姆。一天，她骑着狮子出巡，来到楼头赕（今永宁），见到宽阔的泸沽湖明亮得像一面镜子，湖畔鸟语花香，不觉迷上了这一景色，下来不走了。她的坐骑顿时化为雄伟的狮子山，她就做了狮子山的女神。

狮格干姆原是珊碧湖旺龙神山的三女儿，她美丽动人，像一朵初开的红杜鹃，任性而又淘气。她的大姐、二姐都安分守己，一步也不敢离开家里，一长大就照父母的旨意嫁人了。唯独狮格干姆要强好胜，不要父母替她操心，她要自由自在地生活，自由结交阿注（朋友）。她一到楼头赕，周围数百里地甲牧山、果罗山、折子山、左所山、前所大白山等男山神，都纷纷前来拜访，向她求婚。狮格干姆对他们说："年轻汉子们，我愿同你们交往，你们可以定期前来和我相会，只是我不能属于你们当中的某一个，我是这里的主宰。"

原来，男山神一个个都要争着把她娶去。一听这番话，知道她自有主张,不能强求,就做了她的临时阿注,友爱相处。

丽江玉龙山神长得英俊非凡,他听说狮格干姆美丽无比,也老远地赶来向她求爱。在夜色朦胧的夜晚,他俩在泸沽湖边对起歌来:

尊贵的干姆戴什么帽子?
编织白云做帽子。

美丽的干姆穿什么鞋子?
编织百花做鞋子。

多情的干姆什么当坐骑?
勇猛的狮子当坐骑。

…………

玉龙山神问了几百道题,狮格干姆都对答如流。随后,狮格干姆又反问玉龙山神,玉龙山神也对得滴水不漏:

尊敬的玉龙戴什么帽子?
圣洁的白雪当银盔。

英俊的玉龙穿什么鞋子?
水晶般的玉湖当鞋子。

能干的玉龙什么当坐骑?
玉角金鹿当坐骑。

…………

他们唱到三更半夜,越唱越欢喜,情投意合,结成了亲密的伴侣。玉龙山神想方设法要把她娶走，请求她到丽江去住，都被狮格干姆婉言谢绝了。狮格干姆说："我是自由自在的女子，不愿做一个男子的妻子。你可以做我的阿注，时常来同我相会，但你不能成为我的丈夫，因为我是主人。"玉龙山神没有办法，只好恋恋不舍地告辞了。他临行前，前所大白山山神生怕玉龙山神把狮格干姆拐走，悄悄用一根大银链把狮格干姆拦腰挽住。后来，狮子山腰有一圈白崖子，就是这根大银链变的。

就这样，狮格干姆女神不嫁人，不出走，世世代代住在楼头赕，护佑着四面八方的生灵，把繁荣和安详赐给湖边的摩梭人。摩梭子孙不但崇敬她、爱戴她，而且都照着她的样子来建立家庭、婚姻。这就是延续至今的阿注婚姻的由来。

搜集整理：杨世光

绣脸的传说
（黎族）

相传在很久很久以前，有一户贫苦人家，生下一个非常漂亮的小女孩，名字叫乌娜。乌娜不满九个月的时候，父亲便死去了，母女相依为命，过着孤苦的日子。乌娜很聪明，六岁就会绣花，八岁就会帮着母亲下田种地。乌娜唱的歌，天上的云彩也会停下来倾听；水里的鱼儿听了，也欢喜地待在水面上，不愿离去。村里的人都说乌娜是个好姑娘，姑娘们特别喜欢和乌娜在一起种地、唱歌。乌娜到了十三岁，长得像天仙一样美丽，不少年轻小伙子都来向她求婚。每天傍晚，乌娜的家门口都是热热闹闹的。可是，乌娜早已看上了邻居家的劳可哥哥。劳可的家也像乌娜家一样穷苦，家里有年老的父母，已经不能干活了，全靠劳可一人上山打柴和狩猎度日。十五岁的劳可，已长得很威武、健壮，一肩能挑五百斤，两拳能打死一只山豹，村里的人都说劳可是个勇敢、勤劳的好青年，和乌娜是天生的一对。

有一年，皇帝在民间挑选美女，乌娜姑娘被皇帝看中了，并限七天之内送进宫里。乌娜和她的母亲痛哭流涕，不知道怎么办才好。劳可知道了，拿起弓箭要和皇帝拼命，村里的人都为他们担忧。

五天过去了，进宫的期限快到了，老人们对乌娜的母亲说："由我们来做主，让乌娜和劳可结婚吧！"乌娜的母亲同意，事情就这样决定了。不料第六天晚上，正当人们热热闹闹庆贺乌娜和劳可成亲的时候，皇帝派人来抢亲。皇帝人多势众，难以抵挡，村里人都劝乌娜和劳可连夜逃走。

第二天天亮，乌娜和劳可逃到了海边，前面的去路被大海阻挡，后面的追兵正在赶来，乌娜紧紧地依偎着劳可，伤心地哭起来。劳可说："妹啊！莫伤心，我们是活着成双对，死了不分离。"乌娜揩干了眼泪，也说："哥啊！ 我们至死也不分开。"正说着，后面的追兵赶上来了。劳可和乌娜手拉着手走到海边，决意跳下海去。

正在危急的时候，忽然间，昏天黑地，狂风怒吼，海面上漂来一根大木头，劳可和乌娜赶忙跳下去，抓住木头，随着海浪漂流而去。

劳可和乌娜在海上漂呀漂呀，漂了三天三夜，到了一个孤岛上。这个岛便是今天的海南岛。他们怕皇帝再来追赶，就到山上去居住。用草和树枝盖成像船一样的房子，表示他们是从别处漂流过来的。劳可和乌娜在山上安下了家，靠着狩猎度日子。有一天，乌娜对劳可说："如果有种子、瓜子和各种种子就好了，我们可以在这里种地。"话音刚落，忽然有一只斑鸠飞来，停在树上叫着说："咕咕咕！ 你说的我都有。"他们感到奇怪，劳可马上拿起弓箭，把斑鸠射了下来，果然不错，斑鸠肚子里各种种子都有。于是，劳可和乌娜便在山上烧山种山栏了，他们的生活过得很好。

隔了一年，不幸的事情又发生了。乌娜的下落被皇帝打听到了。皇帝带了许多兵丁，亲自渡海来抢乌娜。兵丁把乌娜和劳可团团围住，劳可极力反抗，射死了许多兵丁，可是，兵丁越来越多，劳可被打伤了。他忙叫乌娜往深山里跑。乌娜越过高山，爬过峻岭，穿过茂密的森林，衣服全被荆棘划破了，手上、腿上和全身都布满了伤痕。后来，她跑得精疲力竭，再也没有力气往前跑了。她心急如焚，就伸手从树上拔下一根尖利的荆棘，往自己的脸上猛刺，刺得斑斑点点，血迹满面。后来乌娜还是被兵丁抓住了，但皇帝一看乌娜的脸面变成那副模样，连忙吼道："你们这些浑蛋，这样的女人要她来做什么？"乌娜被放掉了。

后来，劳可找到了乌娜，一起到更荒凉的地方居住。他们还是种山栏、狩猎，日子过得很和美。不久，他们生了孩子，为了不再遭皇帝的害，乌娜要女儿也在脸上刺上一道道的疤痕。这样，妇女绣脸的风俗，就一代代传下来。

流传地区：海南岛保亭
讲述：王文
搜集整理：饶游龙

文身的故事

（高山族）

居住在台东长宾东面海边一带的人，靠下海捕鱼为生。

传说，那年海里出现了一种鲛龙，常来侵袭人们，把他们咬伤和吃掉。但是大家为了生活，不得不冒险下海去捕鱼。

麻都阿斯（老大爷）看到鲛龙把人咬死和咬伤，心中难过地说："鲛龙咬人，我们就不要下海捕鱼了，还是上山去打鹿和麂子吧。"但是，从海边到山上，路远难行，也捕不到鹿和麂子。

麻拉优娜艾（老太婆）叹息道："我们去挖芋芳吧，用芋芳做食物。可是，芋芳长在石头穴缝里，挖芋芳也不容易。"

有一个卡巴哈（青年人）决心要除掉鲛龙，好让乡亲们安全下海捕鱼。一天，他来到海边，拉开弓箭射鲛龙，可是一连射了好几箭，一箭也没射中。

这天，卡巴哈蹲在海边礁石上，观察鲛龙的行踪。忽然见几个葛拉斯（男孩）在海边游泳，他们脸上都画着黑色或红色的斑纹，像五色斑斓的水蛇一样，在海水中游来游去，他觉得很奇怪。最令人奇怪的是，有一条鲛龙在这群孩子中间游来穿去，就是不咬他们。卡巴哈在岸上看了好久，才回去。

后来孩子们上岸来，卡巴哈走过去问："孩子们！为什么鲛龙不咬你们呢？"

一个矮个子的孩子说："因为鲛龙是我们的朋友，我们常来海里游泳，所以它不咬我们。"

另一个高个子的孩子说："因为我们身上画了花纹，鲛龙身上也有花纹，鲛龙把我们看成同伴了。"

卡巴哈听了觉得奇怪。第二天，他也画了花纹，下海去，看鲛龙咬不咬他。这天，卡巴哈满身画着彩纹下海去了，果然，卡巴哈身上画上花纹后，海里的鲛龙就没有伤害他。卡巴哈高兴极了，终于为乡亲们找到了防鲛龙的办法。

卡巴哈回到村里，把这件事告诉了众乡亲。开始人们不相信，也都先在身上画上花纹，下海去实验，结果都很灵。

从此，人们采取了文身的办法来防止鲛龙，年长日久，代代相传，文身便成了习惯。

搜集整理：陈连生 黄叶

给羊子的来历

（普米族）

普米族在丧葬时，要举行"给羊子"的隆重仪式，师毕（巫师）要向死者交代归宗路线，并给一只绵羊为死者带路，让死者回到祖先的故地。在举行仪式时，死者家属让羊子喝酒，然后由师毕把羊子杀死，将羊心取出放在灵桌上，接着给死人念《引路经》。

为什么要举行这样的仪式呢？在普米族中流传着这样的传说。

古时候，普米人派了白楚之和若咪之两兄弟去西天取经。他们历尽千辛万苦，终于到了西天，取到了经。

两兄弟取经回来，路过一座大山谷，这山谷长着茂密的竹林，竹子比水桶还要粗。白天，在太阳的暴晒下，竹子自己会裂开，裂缝大得人都可以爬进去。太阳落山后，竹子又会慢慢合拢来。这个地方的蚊子和跳蚤也特别大，一只蚊子就有半斤重，跳蚤也有斑鸠那么大。

那天，两兄弟就在这山谷里过夜，弟弟怕晚上被蚊子、跳蚤咬伤，在日落前就躲进了一棵裂开的竹子中。他对哥哥说："哥哥，你也躲进竹子里吧！"

哥哥回答说："我有宝剑和弓箭，不怕蚊子和跳蚤！"

弟弟再三劝说，哥哥仍坚持不愿躲进竹子里。

天渐渐黑下来了，裂开的竹子也慢慢合拢了。到了半夜，弟弟听见哥哥用宝剑砍蚊子的声音，接着又听到哥哥的呼救声。弟弟心里非常着急，想出去救哥哥，可是竹子严严实实合拢了，出不去。

弟弟在竹子中焦急地熬了一夜。第二天，太阳出来了，竹子又慢慢裂开了。弟弟赶忙从竹子中爬出来找哥哥，哥哥已被蚊子、跳蚤咬死了，身上的肉全被吃光，只剩下一副骨架。弟弟伤心地痛哭了一场，把哥哥的骨头掩埋了。埋好了哥哥的骨头，他继续往前赶路。但走了半天，不知不觉回到原来的地方。他又继续往前走，走着走着，又回到原地。

弟弟感到很奇怪。他想，这一定是哥哥不愿留在这里，要随他一起回老家。于是，他把哥哥的骨头挖出来，一头挑着行李、经书，一头挑着哥哥的骨头，继续往前走。

若咪之挑着沉重的担子，一天又一天地往前走。有一天，他遇见一个放羊的老人，老人看见他很疲乏，还挑着沉重的担子赶路，就问他："小弟弟，你挑着这么重的担子往哪里去？"

若咪之把自己的遭遇告诉了老人。老人很同情他，就给了他一只羊，用来驮骨头。这只羊终于把他哥哥的骨头驮回家乡。从此以后，普米人死了，要举行给羊子的仪式，请羊子把死者送回祖先的故乡。

讲述：和耀祖 和耀先
整理：杨庆文

后 记

《神秘新奇的天地——民族民俗审美谈》,是一部介绍和论述中国少数民族民俗文化的读物。

中国自古以来就是一个多民族国家,民族民俗文化宝库辉煌灿烂。

民俗本来是和人们的生产实践和社会生活最为接近的事物,自有人类以来,民众便不断地创造它,享受它。正是受到这一文化的熏陶和影响,才形成了不同民族的心理与性格。但是,究竟为什么民俗文化会有如此巨大的威力,以至影响了一代又一代人的性格和生活,这是很值得认真思考的问题。民俗文化既是每个人亲身经历并熟视无睹的,又是一个神秘新奇的天地。日常生活中的许许多多民俗现象,人们总是在不知不觉中传承它,但却很少追究它的起源、发展和演变,也很少注意它的功能和作用,这就是民俗文化传承在其行为上的盲目性和意义上的模糊性。正是这种原因,使民俗文化永远变得神秘而新奇。

本书实为普及民俗知识而作,它的初衷是在道及民俗文化的形成、发展时,涉及民俗审美问题,给人们观察民族民俗时一个新的视角,但它毕竟不同于一般的美学著作。民俗文化的美学功能是自发的和潜在的,也是很不稳定的,美学中常讲的一些审美原则和标准,虽然在民俗中也体现出来,但它的具体含义却是千变万化的。给这本小册子的副标题取名为"民族民俗审美谈",旨在阐明民俗的产生和发展离不开民众的审美意识,民俗文化也是按照美的原则创造的,并不涉及美学的众多问题,这一点要请美学家们谅解。

改革开放以来,中国民俗学的发展正处在一个黄金时期。基础理论、专题研究和民俗志的考察与编写蓬勃发展,但当前最为迫切的任务是要尽快提高全民族的民俗文化意识,普及民俗学的知识和理论,以便把保存和弘扬民族优秀文化传统的工作提高到更加自觉的地步。

民俗文化从来都是一种大规模的、时空文化的连续体,它的创造和传承是一项系统工程。包括少数民族在内的中华民族民俗文化,是一个有机的整体,它体现着中华民族几千年的文明历史。如果我们能够在弘扬民族优秀文化传统的同时,吸收外来文化,做到"古为今用""洋为中用",这对促进社会主义物质文明和精神文明建设,提高民族自尊心和民族自信心,对增强世界各国、各民族之间的相互了解和友谊,都将具有深远的意义。正是出于这样的目的,不揣简陋,本人将这一拙作奉献给读者,希望得到大家的理解。书中所使用的资料,大部分是本人多年来深入少数民族地区的考察所得,也有部分资料参考和引用了友人提供的考察资料和近年来发表和出版的民俗志资料。由于本书体例的要求和避免烦琐的注文,未能一一注明出处,十分遗憾,望能谅解。不当之处,谨希指正。

陶立璠

1992 年 12 月

中国少数民族婚姻习俗

序 言

(日本) 樱井龙彦

请让我先来介绍一下这部大著的作者陶立璠先生及我邀请他来日本的缘由。那还是十五六年前的事。当时我正在陶先生的母校——北京师范大学留学，在一次会议上见到了陶先生。那时的先生是"文化大革命"结束后中国民俗学界朝气蓬勃的新锐，而当时的中国民俗学也正面临着各种求索和探知。年轻学子与他们的老师洋溢着无比的求知热情。

彼时，中国和海外的学术交流也悄然兴起。像我这样普普通通的一名留学生，也仅仅因为是个外国人，就得到了格外重视。带着一份感恩怀旧的心，我邀请陶先生作为访问学者来日本。

陶先生1938年出生于中国甘肃省兰州市。1965年从北师大毕业后，任教于中央民族学院（现中央民族大学）。现为中文系教授、民俗文化研究中心主任及中国民俗学会副理事长、中国少数民族文学学会副秘书长。1996年10月至1997年9月，作为名古屋大学国际开发研究科的客座研究员来日，从事宗教礼仪和民间信仰之中日比较方面的研究。

陶先生的研究领域是民俗学、宗教学和民间文学等，在这些领域先生著述颇丰。如1987年出版的《民俗学概论》（中央民族学院出版社出版），对当时中国民俗学的理论框架的构筑、今后的研究方向等都提供了构想。这部书在国内外都得到了很高的赞誉并多次再版。最近这部《民俗学概论》被译成日语，由日本勉诚社出版了。这部书是80年代中国民俗学初创时期（中国民俗学会成立于1983年）的代表作，能将其介绍到日本也是我的荣幸。

作为《开发·文化丛书》之一的本书，是一部多民族国家中介绍少数民族婚俗概略和特征的著作。正如陶先生在前言中提到的，婚姻习俗是一种"文化的综合现象"，在每种习俗背后都反映着社会组织、家庭制度、亲权、财产权诸多权利问题。它因为受到集团社会中的男女地位和性别关系等社会契约关系的制约，从而形成多样性的一种文化现象，又有着更加错综复杂的交集，进而影响到婚姻观念的形成和形态。婚俗可以说反映的是一个民族的世界观。因此在记述婚俗时，不仅要注重其各种文化要素间的关联，还要从一个民族的文化史上发现更多的问题要点。

这本书从体裁上讲，不完全是一本纯理论的学术著作。作者通过丰富的民俗志资料和独自的田野作业，从文化相对性的视点，描绘了传统与现代的变迁。不过从外国读者的视角来看，也许会稍许感觉到本书受到了摩尔根的《古代社会》（1877年）中所讲述的，从进化论的角度描述的亲族、婚姻体系的影响。但是我们有必要了解到作为古典马克思主义，摩尔根理论在当今中国学术界的地位。

如先生所言，写这样的概论面临着诸多困难，而且不是随便谁都可以写的。一位潜心研究的专家，要把他的知识和见解以随笔的形式写出来，介绍给非专业人士，这不仅需要渊博的学识，还要有深厚的笔力才能做到。所谓冰山一角，海面之下，其实有巨大的冰体支撑。优秀的概论，其作者必拥有博大的知识和理论。毋庸置疑，陶先生就是这样一位学者。

本书既然有这么高的价值，就应该出版日文译本。但是因为我作为编者存了一点私心，想把它作为我与陶先生在日本做客座研究员期间的共同研究成果的一部分来发表。再加上翻译成日文要花费不少时间，这样就错过了时机。不过，既然陶先生希望本书的日译本面世，我想一定会让其成为现实的。

另外说明一点，本书的《序言》日语译文，是由本人翻译的。

1997年6月

前　言

这是一本专门介绍中国少数民族婚姻习俗的书。它的酝酿和写作经历了很长时间。这倒不是因为自己的疏懒，而是因为在民俗的考察和民俗学研究中，有两个领域是非常困难的，这就是婚姻和宗教。一部婚姻发展史，一部宗教发展史，大概就是人类社会发展史的缩影。因此要全面准确地介绍中国少数民族的婚俗文化，是一件很难的事。

中国少数民族的婚俗文化是一个大千世界。它包含了丰富的文化内涵。自古以来，中国就是一个多民族国家，各民族地区的气候、自然、地理环境既决定了各民族独特的生产方式和生活方式，也决定了各民族婚俗文化的绚丽多姿。从古老的群婚、抢婚、对偶婚到现代的一夫一妻制婚姻，构成一个文化长廊，供人们流连和欣赏。

婚俗是一种综合性的文化现象，它涉及民俗学研究的许多领域。如居住、服饰、饮食、交通、家族、村落、人生仪礼、宗教、信仰、巫术、禁忌、民间文学、民间艺术等民俗文化，都通过婚姻习俗呈现出来。在这里人们所感受到的绝不是一种奇风异俗，而是一种美妙的精神文化创造。它会使人们明白中国的少数民族是怎样生活和思考的。

1965年，当我结束学生生涯时，即投入中央民族大学这个民族摇篮之中。长期的教学生涯使我养成了一种"民族"感情，这种感情既不是汉族的也不是少数民族的，似乎是一种境界。从那时起，只要有机会，我便深入民族地区，了解各民族的民俗文化。多年来，我几乎跑遍了全国的民族地区。每到一处，那里的早已相识的和初次相识的朋友们，都热情地向我讲述和提供有关少数民族的民俗资料，其中最多的是有关少数民族的婚俗资料。这些资料的确为本书增色不少。对朋友和同人的这种无私帮助，我只能怀着深深的谢意，并希望通过学术的努力去报答他们。

但是，要想全面介绍和叙述中国少数民族的婚姻习俗是非常困难的。尽管在写作过程中我怀着一种美好的愿望，想将中国大江南北的民族婚俗介绍给读者，但还是无能为力。本书介绍的少数民族婚俗仍是民族婚俗大千世界的一部分。如果读者读后，对中国少数民族的婚俗文化有所了解，达到互相尊重、增进友谊的目的，我已经心满意足了。

至于本书的完成定稿，我要深深地感谢名古屋大学大学院国际开发研究科和我的合作研究者樱井龙彦副教授。我在名古屋大学的一年研究生活，得到他无微不至的关心。特别是樱井先生看到这部书稿时，即肯定它的出版价值，并决定以汉文版的形式，作为名古屋大学大学院国际开发研究科的《开发·文化丛书》出版。而这时，我也有充裕的时间对书稿加以重新修改和润色。

本书在写作过程中还曾参考和引用了一些学者的考察资料。由于写作体例的关系，恕不一一注出，仅在书末附上参考书目，在此对原作者们谨表衷心的谢意。

本书是一种普及读物，普及读物是非常难写的。对长期从事理论教学和研究的人来说更是如此。怎样将知识性、科学性和趣味性有机地结合起来加以叙述，实在是一件难事。写作中虽做了一些尝试，仍觉力不从心。谨希方家的谅解和赐教。

陶立璠
1997年5月于名古屋大学

第一章

多民族和睦的大家庭

中国自古以来就是统一的多民族国家,是民族团结和睦的大家庭。

她历史悠久,土地广阔。在东起黑龙江和乌苏里江汇合处,西至帕米尔高原,北起漠河,南至南沙群岛的960多万平方公里的土地上,各民族以惊人的毅力和创造力开疆拓土,建设家园,共同缔造了中国版图。

她是一个有着56个民族的团结和睦的大家庭。据2010年全国人口普查[①],中国人口约为13.7亿。其中汉族人口约12.2亿人,占全国总人口的91.51%,少数民族人口约1.1亿,占全国总人口的8.49%。汉族人口众多,遍及全国,是中国的主体民族。

除汉族外,中国的55个少数民族中,人口在100万以上的民族有壮族(约1692万人)、满族(约1038万人)、回族(约1058万人)、苗族(约942万人)、维吾尔族(约1006万人)、彝族(约871万人)、土家族(约835万人)、蒙古族(约598万人)、藏族(约628万人)、布依族(约287万人)、侗族(约287万人)、瑶族(约279万人)、朝鲜族(约183万人)、白族(约193万人)、哈尼族(约166万人)、哈萨克族(约146万人)、黎族(约146万人)、傣族(约126万人)等18个民族。人口在10万人以上100万人以下的民族有畲族(约70万人)、傈僳族(约70万人)、仡佬族(约55万人)、拉祜族(约48万人)、东乡族(约62万人)、佤族(约42万人)、水族(约41万人)、纳西族

---

① 中华人民共和国成立后,曾进行过六次人口普查,本书修订时引用2010年普查数据。

（约 32 万人）、土族（约 28 万人）、羌族（约 30 万人）、锡伯族（约 19 万人）、仫佬族（约 21 万人）、柯尔克孜族（约 18 万人）、达斡尔族（约 13 万人）、景颇族（约 14 万人）、布朗族（约 11 万人）、撒拉族（约 13 万人）、毛南族（约 10 万人）等 18 个民族。人口在 1 万人以上 10 万人以下的民族有普米族、塔吉克族、怒族、乌孜别克族、俄罗斯族、鄂温克族、德昂族、保安族、裕固族、京族、基诺族等 11 个民族。人口不足 1 万人至 3 万人的民族有塔塔尔族、独龙族、鄂伦春族、赫哲族、高山族（不包括台湾地区）、阿昌族、门巴族、洛巴族等 8 个民族。

中国的少数民族人口虽然只占全国人口的 8.49%（2010 年数据），但居住的地域却十分辽阔，几乎占全国总面积的 50%—60%，而且大都分布在边疆地区。其中，内蒙古、新疆、西藏、广西、宁夏分别为蒙古族、维吾尔族、藏族、壮族、回族自治区。黑龙江、辽宁、吉林、甘肃、青海、四川、云南、广东、湖北、湖南、福建、海南、台湾等省是多民族省份。仅云南一省，所特有的民族就有 20 多个。这种由历史原因造成的客观环境和自然条件，形成了中国少数民族地区既辽阔富饶又地广人稀、各民族既聚居又杂居、民族地区大都位于边陲要冲等特征。这说明中国的少数民族，无论在开拓疆土还是在政治、经济、国防等方面都占有十分重要的地位。

除人口和居住环境外，中国少数民族的另一特点是：语言的使用很复杂。回族、满族通用汉语、汉文，其他民族均使用本民族语言。按照民族语言体系划分，属于汉藏语系的民族有 29 个，属于阿尔泰语系的民族有 17 个，属于南亚语系的民族有 3 个，属于印欧语系的民族有 2 个，属于南岛语系的民族有 1 个。还有 1 个民族（京族）的语言系属至今尚未确定。再从少数民族使用的文字体系看，象形表意文字、音节文字、字母文字等，在不同的民族中仍在使用。如云南纳西族的象形文字（图画文字），至今还以手抄本的形式在民间流传。1950 年代以前，中国少数民族中，只有少数的民族有自己的文字（其中包括使用汉文的回族、满族和畲族）。1950 年代，为了尊重少数民族使用本民族语言的风俗习惯，满足民族地区发展政治、经济和文化建设的需要，中央政府组织语言学家深入少数民族地区，经过充分的调查研究，为许多只有本民族语言而没有本民族文字的民族制定了新文字。这在以往是没有的。

中国自古以来就是一个多民族国家。直至1949年以前，历代统治阶级实行民族压迫和民族歧视政策，以及客观的自然环境差异，形成了中国少数民族社会发展的不平衡。一般说来，同汉族杂居或者与汉族聚居区接近的民族，由于受汉族文化的影响，社会发展较快，基本上是封建经济；而离汉族聚居区较远的民族，社会发展则比较缓慢。这样就使许多民族在生产方式和生活方式、经济文化发展以及社会形态方面与汉族有着很大差异。以社会形态而言，出现了封建制、奴隶制、农奴制、原始公社残余制等四种社会形态并存的局面。如藏族、傣族、哈尼族和蒙古族的一部分，曾实行农奴制或牧奴制；四川和大小凉山地区的彝族曾实行奴隶制；云南的独龙族、怒族、傈僳族、景颇族、佤族、布朗族等民族，还保存着浓厚的原始公社制残余。

社会形态发展的不平衡，加之各民族居住的自然环境不同，生产方式（渔猎经济、畜牧经济、农业经济、手工业经济等）和生活方式的不同，形成了丰富多彩的民族文化。许多具有文化史价值的古老风俗习惯被一代一代传承下来。

民俗是传统文化的积淀。社会的发展经常会引起民间风俗的急剧变化。随着新的经济基础的产生，传统民俗中有些不适应这种变化的习俗会渐渐消失。有些风俗为了适应新生活的变化，则改变原来的内容，旧瓶装新酒，以变化了的内容和以某种旧有的形式保存下来。有些民俗和新的经济基础相适应，进一步得到继承和发扬。中国少数民族婚姻习俗的发展正是如此。今天中国少数民族的婚姻习俗无疑还在发展中，而且渐渐采取了和汉族新的婚姻习俗同步前进的趋势。

婚姻习俗不仅仅是一种精神文化创造，同时它还是中国各民族延续、融和、发展的纽带，也是探讨各民族关系史的重要资料。

从历史的发展看，中华民族是一个多民族复合体。在漫长的历史岁月中，许多古老的民族、部落、部族渐渐消失了。这种消失，无论通过哪种方式（如战争、移民等），都是在融合中进行的。如通过各民族的相互联姻，促使民族发展，就是很好的手段。从某种意义上说，中国的汉族就是在融合各少数民族成分的基础上形成的。历史上除了民族间激烈的、大规模的战争外，中国各民族大都是和睦相处，友好交往。民族间的通婚是一种正常现象。

田野民俗采风录

在中国各民族关系史上,许多联姻故事常被传为佳话并赋予传奇色彩。汉武帝曾两次以宗室之女为公主,嫁于乌孙王。汉元帝时,匈奴呼韩邪单于入朝求婚,王昭君请嫁和亲。呼韩邪单于死后,前妻之子继位,汉成帝又命王昭君从胡俗,复为后单于王妃。东汉末年,蔡文姬嫁后匈奴左贤王,居匈奴12年,后被曹操以金璧赎归。唐太宗以宗室之女文成公主嫁吐蕃赞普松赞干布。唐中宗时,又以宗室之女金城公主嫁吐蕃赞普尺带珠丹。据历史记载,文成公主入藏时,曾带去汉族制造碾磨、陶器、纸张、酿酒等工艺技术及历算、医药等。金城公主入藏,带去杂艺百工、龟兹乐及《毛诗》《左传》《礼记》《文选》等汉族书籍。他们不仅致力于唐蕃和好,而且对汉族和藏族的经济、文化交流做出了重要贡献。王昭君、蔡文姬、文成公主、金城公主的故事,至今在民间有口皆碑,历代文人墨客更是将这些故事作为创作诗词、戏曲、小说、说唱文学的题材。

中国各民族间的通婚和友好交往,必然为婚俗文化的相互交流带来深刻影响。这是一种相互之间的影响。汉族婚俗影响了少数民族,少数民族婚俗同样影响了汉族。这就造成了中国各民族婚俗在形式和内容上的某些共同性。

我们还应当看到,直至1949年以前,中国各少数民族的社会发展并不平衡,因此表现在婚俗上,差异往往是很大的。1949年至今,民族地区的经济、政治、文化虽然得到突飞猛进的发展,但传统的婚姻习俗不会一下子改变。旧有的婚姻习俗,在中国大部分民族地区,仍不同程度地传承,或者以变形的形式被保存下来。由于社会发展和文化发展的不平衡,中国各民族保存至今的婚俗不仅丰富多彩,而且表现出明显的层次性。本书所摘要描述的正是这种异彩纷呈的文化事象的一部分。

历史总是波浪式地前进。社会每向前发展一步,风俗文化也随之前进。但作为意识形态的风俗文化一旦产生,又有它相对的稳定性。即在社会向前发展的某一时期内,旧有的风俗文化并非立即消失,相反它还要顽强地保留下来。婚俗的发展演变也是如此。当我们考察中国少数民族中现在仍在流行的种种婚俗时,一方面我们要看到随着现代社会的发展,旧风俗不断得到改变,新婚俗又在不断产生。这种变化无时无刻不在进行着,许多优良的风俗借此发扬光大。另一方面我们也应看到，和汉族（不是全部）及一些发达的民族相比，有些少数民族由于经济发展较落后，文化的发展相应也比较落后，有的地区和民族中至今还保留下来许多旧风俗甚至陋俗。所以对待中国少数民族的婚俗文化，我们一定要实事求是，具体分析。

  婚俗产生于特定的历史条件之下。它总是随着社会的发展不断产生变异。有些婚俗在今天看来是陋俗，如曾一度流行在各民族中的"抢婚"习俗、"不落夫家"习俗、"阿注婚"（走访婚）等。在这些婚俗产生的当时，和在其后的流传中，是与它产生流传时的社会制度、婚姻制度相适应的，因而是正常的。只是后来社会向前发展，而这些婚俗又并未消失，相反不同程度地保留下来，这就为我们今天研究婚姻发展史和社会发展史提供了宝贵的资料。

  中国各民族的婚姻习俗既丰富多彩又千差万别。今天的研究不是为了猎奇，而是实事求是地探讨各民族的婚俗文化现象及其发展历史。这一研究对尊重各民族的风俗习惯，加强各民族之间的互相了解，增强各民族之间的团结，有着积极的意义。

第二章
古老婚姻制度的渊源和遗迹

婚姻和家庭的起源、发展、演变问题，历来受到人类学家、民族学家和民俗学家的关心和重视。国内外的学者都力图用现代科学所达到的水平来阐述这一问题。然而，人类社会的历史毕竟太久远了。社会的发展不知淹没了多少珍贵的民俗文化现象。至于文献的记载，则更是寥寥无几。今天我们看到的，保存在一些原始部落和现代文明民族中的民俗事象，都是在经历了巨大的变异之后流传下来的。面对庞杂的婚俗文化，学者们的认识显得太局限了。所以至今对婚姻的起源、发展和演变问题，学者们仍是众说纷纭，莫衷一是。

人类社会发展和人类文化发展史告诉我们，婚姻和家庭是历史发展的产物。究竟人类最早的婚姻形态是什么？至今，民族学还没有足够的资料来回答它。而要回答这一问题，必然要借助人类学和考古学的资料。因为由动物到形成中的人，再由形成中的人到成熟中的人，中间经历了漫长的历史发展过程。

我们知道，人类的发展经历了"前人"（直立行走、使用石块、木棒和其他天然工具）—"能人"（能制造工具）—正在形成中的人（原始人，有思维和语言）—"新人"（智人、现代人）这样几个阶段。至于人类社会的发展，则至少经历了原始群—原始社会—奴隶社会—封建社会—资本主义社会和社会主义社会这样几个阶段。人类婚姻制度的演变是和社会的发展相一致的。在原始群阶段，人类对人的两性关系并没有形成太多的社会规范。那时杂乱性交不仅是普遍的，而且是合理的。

随着社会的发展，人类逐渐摆脱杂乱性交状态。从婚姻和家庭发展史来看，婚姻的发展经历了群婚—对偶婚——一夫一妻婚这样几个大的阶段。而每一个阶段，都有其独特的婚俗。下面就人生仪礼中的婚礼习俗，表述中国古老婚姻制度的渊源及其在现代各民族中的遗留和表现。

首先，是婚礼在人生仪礼中的定位问题。

婚礼是人生的一大仪礼，是每个成年男女都必须经历的。婚礼在各民族中的表现往往和婚姻制度联系在一起。事实证明，有什么样的婚姻制度就会有与之相适应的婚礼习俗。那么，什么是人生仪礼呢？人生仪礼与婚礼又是什么关系？婚礼如何反映一个民族的婚姻制度呢？

人生仪礼是指人的一生中，在不同的年龄阶段所举行的不同仪式和礼节。各种不同的仪礼标志着不同的含义。如一个人当他诞生时，父母要给他举行洗三、满月、百日、周岁等仪礼，这些仪礼是在婴儿脱离母体，进入社会时所举行的庆祝仪礼，具有接纳和庆祝的意义；而当一个男子或女子，随着年龄的增长和生理发育的成熟，家族或氏族要按照民族习惯，给他们举行成年仪式，通过这一仪礼将他们纳入成人社会，成为成人社会的正式成员。从此以后，这些成年的青年男女便获得了一定的社会地位，特别是取得了婚媾的权利。婚礼是在成年礼之后进行的一大仪礼，它表示社会承认一对男女所建立的配偶关系，这对夫妻也开始对家庭和社会担负起一定的义务。丧葬仪礼是人生的终结仪礼。它表示一个人走完了生命的全过程，当他去世时，活着的人通过丧礼让死者向社会和亲友告别。

诞生礼、成年礼、婚礼、丧礼是人生必须经历的四大仪礼。在这四大仪礼之间，还存在着一个或长或短的过渡期。人的一生就是由这些仪礼连接起来的。这样看来，一个人在他的生命活跃期所举行的种种仪礼，都具有实际意义。而当他死后，因死者本身不再发生社会行为，活动也就中止了。但是，在民间信仰中，特别是在过去生命与伦理观念的支配下，人们认为，人死后灵魂并没有死去，灵魂可以转世，生命可以循环等等。

我们知道，人类要延续，家族要发展，最终都是由男女双方的婚姻关系决定的。正是基于这种认识，所以在人生仪礼诸仪式中，人们对婚礼仪式给予特殊的关注，并由此形成了形形色色的婚礼仪式和习俗。

田野民俗采风录

前面已经说过，婚姻是人类历史发展的产物，古老的婚姻制度和婚俗是其物质的反映。据文献记载，中国婚姻的起源可追溯到上古传说时代。

> 昔太古尝无君，其民聚生群处，知母不知父，无亲戚、兄弟、夫妻、男女之别，无上下、长幼之道。
>
> ——《吕氏春秋·恃君》

> 人性婉而从，物不竞不争。柔心而弱骨，不骄不忌，长幼侪居，不君不臣，男女杂游，不媒不聘。
>
> ——《列子·汤问》

> 古之时，未有三纲六纪，民人但知其母，不知其父。
>
> ——《白虎通·三纲六纪》

从以上记载中我们可以推想，远古时代，人类的婚姻状态处于聚生群处、男女杂游的杂乱婚配之中，其直接的结果是"但知有母，不知有父"。人类社会的婚姻习俗从"不媒不聘"过渡到"请媒下聘"，经历了漫长的过程。但是婚礼究竟始于何时，至今还是未解之谜。从中国的古籍记载考察，相传伏羲氏发明了嫁娶之礼，变古代的掠夺婚姻为买卖婚姻。婚俗中以俪皮（成对的鹿皮，又是福禄吉祥、幸福的象征）作为彩礼，酬谢对方。

到了商周时期，嫁娶风俗已很盛行，对婚姻的限制也越来越多。其一，商代提倡早婚，规定男子"三十不娶便为之鳏"。周代则规定男子二十而冠，女子十五而笄，行过冠笄之礼之后，便取得成人资格，获得婚配的权利。当时的习俗规定，男子三十而娶，女子二十而嫁。可见周代和商代的不同，主张晚婚。这时，表示一个人成年的冠笄之礼已经形成。其二，商周时期的婚姻习俗还规定，男女嫁娶不可施于同姓。认为"气同则不继"，"男女同姓，其生不蕃"。这颇有点摆脱血缘近亲婚配，讲求优生优育的意味。其三，既然嫁娶不能施于同姓，统治阶级为了达到统治异姓的目的，通过婚姻关系联姻异姓，就显得十分重要。

春秋战国时期，社会剧变，国乱民贫。此时的婚礼自然不能沿袭周代的礼制，于是出现了婚姻制度中的废礼现象。《左传·隐公八年》载："郑公子忽如陈逆妇妫，辛亥，以妫妇归。甲寅，入于郑……先配而后祖。鍼子曰：'是不为夫妇，诬其祖矣，非礼也，何以能育？'"按照古礼，郑公子到陈国亲迎新娘，回来时应当先祭祖庙，向祖先报告迎娶之事，然后夫妻才可同居。而郑公子却反其道而行之，"先配而后祖"。因此被认为是一种非礼的行为。《左传·昭公十一年》和《左传·昭公十二年》记载，泉丘之女私奔唐僖子，鄾阳封人之女奔楚平王。"奔"，指私奔，本身就是一种非礼行为。所以说，娶女不以礼谓之"奔"。《左传·成公十一年》载："声伯之母不聘。穆姜曰：'吾不以妾为姒。'生声伯而出之，嫁于齐管于奚。生二子而寡，以归声伯。声伯以其外弟为大夫，而嫁其外妹于施孝叔。郤犨来聘，求妇于声伯。声伯夺施氏妇以与之。妇人曰：'鸟兽犹不失俪，子将若何？'曰：'吾不能死亡。'妇人遂行。"按照古礼，聘则为妻，不聘则为妾。声伯之母生下声伯即改嫁，又生二子而守寡，回到声伯身边。声伯将同父异母的妹妹（外妹）嫁给施孝叔。郤犨来聘，声伯又将施孝叔的妻子转嫁郤犨。这都是一些非礼的例子。《左传》中这样的例子还很多，可见当时社会的变礼和废礼之风是很严重的。

商周时期，在婚姻上实行纳彩、问名、纳吉、纳征、请期、亲迎等六礼制度。到了西汉时期，六礼俱废，婚礼中开始出现幕帏（后世所谓的盖头）习俗和撒帐习俗。当时虽盛行一夫多妻制，但结婚比较自由。所谓公侯之宫，美女数百；卿士之家，侍妾数十，即指这种多妻现象。而且当时不以女子私夫为讳。到了唐代，婚姻制度继承汉魏六朝之风，买卖婚盛行。当时通婚最重望族，耻与卑族为婚。婚礼中的纳彩和迎娶之礼开始变得十分烦琐。如婚礼中纳彩时所带的礼物，就有合欢、嘉禾、阿胶、九子蒲、朱苇、双石、棉絮、长命缕、干漆九种，而且各种实物都含有象征意义，如胶漆取其固，棉絮取其调柔，蒲苇取其心可屈可伸，嘉禾分福也，双石意在双固等等。

观历代风俗之演变，在几千年的封建社会中，婚姻形态总是随社会的发展产生变异。群婚制、对偶婚制、一夫多妻制、一妻多夫制、一夫一妻制婚姻都是这种发展和变异的结果。

谈到人类婚姻制度，人类学家、民族学家和民俗学家比较一致的意见是，人类婚姻制度发展的序列是：群婚、对偶婚、一夫一妻（专偶）婚。一百多年来，世界各国人类学家、民族学家和民俗学家获得的大量资料证明，这一序列是符合人类婚姻制度发展史的实际的。

中国除汉族外，共有 55 个少数民族。从各民族现行的婚姻制度来看，一夫一妻制占有主导地位。但在有些民族中，同时还保留着血缘婚、群婚和对偶婚的残余。直至 20 世纪 50 年代，一夫一妻制在一些少数民族中并未发展到十分完美的程度。就是在一些汉族地区，也还存在着买卖婚、入赘婚、抢夺婚、姑表婚、指腹婚、试验婚等多种形式。对中国少数民族婚姻制度和习俗做历史性描述，对了解中国少数民族婚俗的源流变化是有帮助的。

第一节　血缘婚和洪水神话

血缘婚是古老群婚习俗的一种。这种婚姻形态在人类婚姻发展史上是否存在过，学者们的意见并不一致。但是，流传在现实生活中的许多婚姻事象和保存在民间神话传说中的许多神秘故事，的确反映了血缘群婚习俗在历史上的存在。

血缘婚一般指近亲婚配。当人类社会处于血缘婚阶段时，凡同一血缘的同辈男女，都可以互为夫妻，只禁止不同辈分之间男女间的性关系。原始社会的"婚姻集团是按辈分来划分的。在家庭集团里的所有的祖父和祖母，都互为夫妻；他们的子女，即父亲和母亲，也是如此。同样，后者的子女，构成第三个夫妻圈子。这样，这个家庭形式中，仅仅排除祖孙之间、双亲和子女之间互为夫妻的权利和义务（用现代的说法）。同胞兄弟姐妹，从（表）兄弟姐妹、再从（表）兄弟姐妹和血统更远一些的从（表）兄弟姐妹，都互为兄弟姐妹。正因为如此，也一概互为夫妻。兄弟姐妹关系，在家庭的这一阶段上，也包括相互的性关系，并把这种关系看作自然而然的事"[①]。今天，血缘婚

[①] 中共中央马克思、恩格斯、列宁、斯大林著作编译局编《马克思恩格斯选集》第 4 卷，人民出版社，1972 年，第 31—32 页。

作为历史现象已经消失了。它只是以神话传说的形式，保存在民众的记忆之中。如果到中国西南少数民族地区采风，我们随时随处都可以听到古老传说中有关兄妹结婚的洪水故事。这种文学（民俗化的）现象，只有从婚姻发展史的角度去考察，才可了解它的本质。

洪水神话的主题是人类的再创造。但这一神话也曲折地反映了人类古老的婚姻习俗。洪水神话的情节是：洪水之后，世界上只剩下兄妹二人，由他们媾和繁衍了人类。这和现代文明民族的道德观完全背道而驰。其实，在此类神话产生的时代，兄妹结婚是很自然的事。我们在观察古老的婚姻制度时，不能站在今人道德观的基础上，而要有历史的观点。关于血缘婚习俗，在中国少数民族中，除见于神话传说和个别民族中尚残存着的特殊例证外，基本上已经绝迹。比较特殊的事项是，直到20世纪50年代初，有些民族中还保留着亚血缘婚和不等辈婚习俗。如有些地区和民族，同一家族内的男女，除亲兄弟姐妹外，其余叔伯兄弟姐妹，再从兄弟姐妹和年龄上相等的上下辈，均可婚配。尽管这种婚配是为了减少子女外嫁，并把它当作家族的财产或劳动力保留在家族内部，但就其实质看，显然是由早期的族内血缘群婚转化而来。

血缘婚是一种落后的婚姻习俗。无论它以哪种形式出现，均不利于民族的发展。如我们经常所说的姑表婚、姨表婚，既是血缘婚的遗迹，又是一种婚姻陋俗。有传统观念的人可能还会维护这种婚俗，但为了人类和民族的健康发展，我们还是应当根绝这种陋俗。

第二节　对偶婚的前奏——走访婚

人类的婚姻制度经过群婚（包括血缘婚）阶段之后，向更高一级发展。随之而来的是对偶婚。对偶婚也是经历了漫长的历史发展过程才形成的，它的初级阶段是"走访婚"。这种婚俗在中国少数民族中保留了许多。

当打开中国地图时，我们会看到在云南省西部地区的金沙江和雅砻江之间，有一座南北走向的纳喇山脉。层峦叠嶂的群山，围护着一块芳草如茵的高原盆地。盆地的中央积水成湖，方圆达 50 公里，其形如曲颈葫芦，这就是滇西高原上有名的泸沽湖。那里湖港迂回，碧波荡漾，宛如仙境。湖的北岸是挺拔秀丽的"干木山"。"干木"是纳西族语，意为"女山"，人们将它视为女神的化身。崇拜干木女神，成了居住在这里的纳西族支系摩梭人的独特风俗。

纳西族是古老的民族之一，有着悠久的历史和古老的文化。20 世纪 50 年代以前，纳西族地区的社会早已进入封建社会，实行一夫一妻制婚姻。但居住在泸沽湖一带的摩梭人，却还保留着一种叫作"阿注婚"的婚配关系。民族学研究中称其为"走访婚"。"走访婚"是氏族外婚的残余，作为群婚制向对偶婚制的过渡，有着显著的特点和学术研究价值。

"阿注"又称"阿肖"，是摩梭人走访生活中，男女双方的互称。"阿注"在摩梭人语言中是"朋友"或"共宿的朋友"的意思。男女双方怎样建立阿注关系呢？一般来说，只要不是同一氏族的，而是外氏族的成年男女，如果双方情愿就可以建立阿注关系。摩梭男女在途中相遇，男方主动询问女方"阿注做不做？"如果女方有了肯定的回答，男方晚上就可以去拜访她。如果是一群小伙子和一群姑娘相遇，小伙子口喊"阿呵呵！"姑娘们也以同样的喊声相答，就表示姑娘们愿意和小伙子们做阿注。这时，小伙子们便分别挑选其中的一位姑娘去拜访，两人开始过临时的或长期的阿注生活。阿注双方除互赠礼物外，不承担任何家庭义务和权利。两人所生的子女归女方抚养。如果不遂心，可随时解除阿注关系。

"走访婚"明显地保留群婚制的残余。群婚习俗的表现形式是多种多样的，有时它还和其他婚姻习俗杂糅在一起。如中国西南地区的有些民族，在农闲季节，甲寨男青年和乙寨女青年相约，白天对歌，夜晚在乙寨附近燃起篝火，一起过夜，这一习俗明显带有走访婚的性质。

这里要特别提起中国许多少数民族中至今还保留的唱歌习俗。有些民族一年中有许多歌唱的节日和集会。文化人类学研究告诉我们，各民族歌唱节日的形成，既和人类的祭祀活动有关，也和人类的婚姻关系有关。凡是歌节流行的地区和民族，过去都流行婚前的社交自由和性生活的开放。至今，中国的许多民族还以对歌择偶。这种文化现象实际是群婚制的残余。"在节日里，几个部落聚集在一起，进行不加区别的性交。显然，这是指一些氏族，他们在这些节日里，对于从前一个氏族的妇女，以另一个氏族所有的男子为她们的共同丈夫，而男子则以另一氏族所有妇女为他们共同妻子的时代，还保留着一点朦胧的记忆。"[①]应当看到，群婚制留给中国各民族歌节的烙印，大都已经消失。对歌择偶只是保留了群婚形式的外壳，它的内容已经改变了。今天，许多婚俗已受到新的婚姻关系和道德规范的制约。除歌节之外，还有一些民族中流行的公房、寮房、月堂等，在群婚制时代，它是青年男女约会走访之地，今天仍被许多民族的青年男女作为婚前社交的场所。

纳西族摩梭人的阿注婚，作为对偶婚的初级表现形式十分典型，对婚姻发展史研究有很高的价值。20世纪50年代以后，随着摩梭人居住地区经济的发展和文化水平的提高以及科学的普及，原来流行的阿注婚在形式上已有了许多变化。

第三节　对偶婚及其残余

婚姻发展史上，对偶婚和群婚相比，无疑是一次巨大的变革和进步。婚姻作为两性关系的表现，具有一定的社会性，即它必须以结婚双方负有一定的社会权利和义务为前提。失去这个前提，便不叫作婚姻。如果配偶之间不负有任何社会、家庭的权利和义务，不能算是真正的婚姻。走访婚即如此。摩梭人的阿注婚具有从群婚制向对偶婚过渡的性质。但这种婚姻毕竟不是对偶婚。因为阿注婚双方没有制约自己的和社会认可的权利和义务，也没有组成所谓的家庭。

严格意义上说，人类社会只有进入对偶婚阶段，真正的婚姻才算诞生。在此之前，我们使用的"婚姻"一词，只具有广义的概念和意义。要弄清什么

[①] 中共中央马克思、恩格斯、列宁、斯大林著作编译局编《马克思恩格斯选集》第4卷，人民出版社，1972年，第45页。

是对偶婚，我们必须知道对偶婚的特点。对偶婚的特点是：夫妻双方通过社会核定和批准手续结为夫妻，过共同的家庭生活；家庭中男女平等；所生子女可以随父姓，也可以随母姓；男女双方对社会、家庭和子女承担一定的权利和义务等；男女双方没有独占的同居，婚姻关系可根据任何一方的意愿而解除。这些特点是群婚、走访婚所没有的。

对偶婚的个例，在中国少数民族婚俗中不难找到。云南临沧市的布朗族，在"从妻居"情况下，结婚与离婚都比较自由。婚后如果夫妻感情不和，各自带走结婚时属于自己的东西，就算是离婚。有的地区离婚时要办理简单的手续，如夫妻二人各持蜡烛的一端，由任何一方用刀将蜡烛砍断，各人拿走一段，从此分手，各不相干。有时在办理离婚手续时，也可以请一两位证人在场。在砍蜡烛之前，证人问夫妻双方："你们二人同意离婚吗？"如果两人说"同意"。证人将蜡烛砍断，就算办理了离婚手续。西双版纳勐海地区的布朗族中，无论是"从妻居"还是"从夫居"，婚前都是各自准备铺盖，结婚时带去。一旦离婚，各自带走自己的铺盖。从妻居者，男子回到父母那里去；从夫居者，女子返回娘家。一般来说，在分别后的几天内，男女双方都有一个悔改的机会。但是如果妻子不去接回丈夫，或丈夫不去接回妻子，就意味着这对夫妻真正离婚了。

云南西双版纳傣族中，过去也曾保留有对偶婚习俗。傣族青年男女在进入成年后，有充分的婚前社交自由。只要男女双方恋爱成熟，又请媒人说媒，并经双方家长同意，即可结婚。婚后如果夫妻感情不和，只要征得土司同意，男女双方互送一对蜡烛，就算办理了离婚手续。西双版纳傣族的对偶婚，实行"从妻居"。离婚后如果数月没有双方的音信，女方可另嫁他人。

对偶婚习俗不仅在南方民族中流行，北方民族中同样流行。如新疆的维吾尔族。离婚时，女方可带走陪嫁财产，男方还得给以一定数量的钱财和物品。夫妻离婚后也可以复婚。但是，如果离婚时丈夫说过三次"塔拉克"（或"玉其塔拉克"），复婚就比较困难了。实际上这也是对偶婚的残余。过去，中国北方有些民族中，还流行一种叫作"名义夫妻"的习俗。具体的表现是：名义妻子可以和别人同居，但不能正式嫁给别人；所生子女归名义丈夫。这种婚俗流行虽不普遍，但在形式上和摩梭人的阿注婚有某些相似。随着社会的发展，对偶婚也在不断变化。现在，中国少数民族中，对偶婚习俗已渐渐改变或消失。

第四节 一夫一妻制婚姻

一夫一妻制婚姻是在对偶婚基础上发展起来的，它的形成和完善同样经历了漫长的历史过程。从人类婚姻的进程看，一夫一妻制婚姻产生的原因主要有两条：一是人类社会阶级关系的形成和发展，二是对偶婚的演变和进化。一夫一妻制婚姻被认为是人类文明时代开始的标志之一。这种婚姻是建立在家长制和父权统治之上的。它的目的是要生育确凿无疑地出自一定父亲的子女，并由此决定财产继承人资格。民族学和民俗学资料证明，一夫一妻制婚姻的产生是和社会生产力的发展相联系的。因为社会生产力的发展不仅增加了财富，造成私有制全新社会关系的出现，而且增加了男子在生产领域中的作用，提高了男子的经济地位和社会地位。一夫一妻制婚姻产生于原始社会末期，它的最终确立乃是人类社会进入阶级社会的标志之一。直至20世纪50年代，中国的少数民族，除少数几个民族仍停留在原始社会解体阶段和保留着较多的原始公社残余外，大多数民族已进入封建社会，婚姻大都以一夫一妻制为主。

一夫一妻制婚姻是父权制阶段的婚姻。它不同于对偶婚，有自己的鲜明特点。

其一，一夫一妻制婚姻的缔结完全从经济观念出发。表现在婚姻缔结过程中，男方要付给女方高昂的聘礼，婚姻要求门当户对。在这种情况下，经济基础和门第观念成了衡量婚姻的标准。聘礼一般为金钱和实物，其数目可根据男女双方家庭的经济条件而定。如中国贵州省的布依族，流行"不讲彩礼身不贵"的俗语。为了提高女子的身份而多要彩礼，是中国婚俗的一大特点。云南傣族的婚俗，彩礼的名目繁多，如认亲钱、媒人钱、佛爷钱、开门钱、关门钱、拜堂钱、拜鬼钱等。这种高价索要彩礼的婚姻陋俗，时至今日也没有彻底根绝。

其二，一夫一妻制婚姻往往由父母包办。这是父权制婚姻的一种表现，其形式多种多样。男方成婚必须听"父母之命，媒妁之言"。有些地区和民族甚至流行背带亲（娃娃亲）、指腹亲，即在母亲怀孕或婴儿还在襁褓之中时，就由父母包办定亲。有些地区和民族的青年男女，虽然在婚前有社交自由，但要成婚必须征求父母的同意才可，否则不能成婚。如四川凉山地区的彝族，曾实行等级制度。过去，彝族土司将彝族人分为诺伙（黑彝）、曲诺（白彝）、阿加（安家娃子）、呷西（锅庄娃子）四个等级。其中诺伙是最高等级，曲诺次之。一些诺伙、曲诺的子女在幼年时，就由父母请媒人代为择配。婚后除幼子外，其他子女不与父母同居，分别组成个体家庭。

其三，妇女在家庭中地位低下。这是封建社会中一夫一妻制婚姻的突出特点。一夫一妻制产生和形成于阶级社会，男子在家庭中掌握实权，占有统治地位。妻子则是通过聘礼的方式买来的，所以在家庭中处于被供养的无权地位。她们必须恪守贞操，忠于丈夫。为了生育合法的男性继承人，男子还可以纳妾。

其四，等级内婚或阶级内婚。导致等级内婚和阶级内婚的原因是门第观念。以往，处于奴隶社会和封建社会的某些民族，规定奴隶主阶级的子女绝不能与奴隶的子女结婚，也不能发生婚外的性关系。如果违反这一规定，双方都要受到惩罚。同样贵族子女不能与平民子女通婚，否则贵族子女将会被逐出家门。这种婚姻制度直至20世纪50年代以后才得到改变。

一夫一妻制婚姻的产生、进化、发展、演变是一个历史过程。今天的中国，妇女的地位得到空前的提高。《中华人民共和国婚姻法》为一夫一妻制婚姻做了法律上的保证。但尽管如此，旧有的婚俗不会一下子消失，它还会以各种变形的形式保留下来。发扬婚姻习俗中的优良传统，改革旧的婚俗中的陋俗，仍是一项艰巨的任务。

第五节　一夫一妻制下的种种婚俗

一、买卖婚

婚姻上实行包办买卖，是封建社会婚姻的典型形式。一夫一妻制婚姻是建立在父权和夫权统治基础之上的婚姻，家长对婚姻有绝对的决定权。女子婚前依靠父母，婚后依靠丈夫，于是婚姻成了家长之间的交易。青年男女完全失去对婚姻的支配权。这种情况下，青年女子常常不是出嫁，而是被父母变相买卖。这种婚姻习俗，以往在中国少数民族中十分普遍。如广西桂西地区的壮族，过去由于受封建思想的影响，大都实行父母包办婚姻。据统计，在20世纪50年代初，每852对夫妇中，就有842对是由父母包办的，占结婚夫妇的98.2%。50年代以后，随着社会主义制度的建立、经济文化水平的提高，新型的男女平等的一夫一妻制才渐渐取代了包办买卖婚姻。

二、抢婚

抢婚习俗古已有之。这种婚俗大约产生于对偶婚形成的时代。

对偶婚产生于氏族社会和部落社会。因为当时实行氏族外婚和部落外婚，男女之间的婚配必须在异部落之间进行，这就必然导致抢劫和购买妇女的现象。完成古老的抢婚不是轻而易举的。抢婚者往往要遇到对方的武力抵抗，有时还需要付出血的代价。如果弄得不好，还会由此引起部落之间的战争。此类现象在各民族的英雄史诗中经常看到，史诗所反映的部落战争常常是由妇女问题引起的。婚姻发展到一夫一妻制时代，内容和形式均发生了深刻的变化，古老的抢婚习俗只作为一种仪式形式被保存在婚俗之中。此类婚俗在各民族中保存得最多。

在云南德宏一带的傈僳族，青年男女婚前社交自由。他们可背着父母缔结婚约，互定终身。举行婚礼时，男方将女方偷偷领到高山密林中藏起来。女方父母发现后，派人到处寻找。如果三天之内找到被藏起的女儿，则认为男方愚蠢无能。这样，抢婚者不但不能做女婿，而且还要用一大笔财产赔偿女家。如果三天之内找不到女儿，即被女方家庭和社会认可。这时抢婚者可以领着新娘回村寨，然后前往女方家求婚定聘，履行结婚手续。①

甘肃、青海地区的一些藏族，抢婚习俗更是别有情趣。那里的男女青年如果相爱，便可秘密约定，在某日深夜将女方抢走。女方父母失去女儿后，便在帐篷口贴上红纸条，表示女儿已被别人抢走了。然后派人去寻找，看是哪家抢走的。如果找到了，男方对前去寻找的人要以贵宾之礼相待，同时商定何日请客成婚。到时，新郎带新娘回拜女方父母，女方父母称赞女婿说："莫花（女婿），你能把阿爸阿妈怀中的希姆（心爱的小姑娘）抢了去，算是你有本事。阿爸阿妈能有你这样一个有本事的莫花，心里很高兴，愿菩萨保佑，你们就白头到老吧。"女婿躬身道谢，客人们欢呼叫好，抢婚就算成功了。藏族的这一婚俗颇带有喜剧色彩。

云南滇东北地区的彝族、西双版纳一带的哈尼族、德宏地区的景颇族、宁蒗地区的普米族，历史上都曾流行过抢婚、拉婚、偷婚等习俗。景颇族认为，拉婚可以惊退附在姑娘身上的鬼魂。德宏傣族的抢婚习俗，先是男方抢婚的人结伴带刀、带铜钱，按照事先与女方约定的时间、地点，偷偷抢走新娘。但当要抢婚时，姑娘大声呼喊，寨中的亲友和乡邻佯装营救。这时，抢婚的人乘机抛撒铜钱，当营救者只顾抢钱时，新娘被抢走了。抢婚后，举行正式的议婚手续。

在瑶族流行的迎亲仪式中，娶亲时，男方成帮结伙，高举火把向女方家方向"杀奔而去"。女方家的人也高举火把在半路截杀。男方将女方抢到手后，女方家的人尽力夺回新娘。随后，新郎新娘脱离娶亲队伍，战斗停止，双方欢宴相聚。

北方民族中的闭门拒亲（如蒙古族婚礼）、叉车迎亲（满族）、抢轿等，也是古老的抢婚习俗的遗留。抢婚也有的是由女方悔婚和赖婚引起的，还有

---

① 胡贵：《傈僳族的婚姻习俗》，《民族文化》1981年第2期。

因霸占民女而引起的。但这种事例较少，和传统的抢婚习俗不是一码事。

三、入赘婚

入赘，即俗话所说的招女婿上门。民俗学研究中称为"从妻居"。这种婚俗最早产生于母系社会。那时，妇女在社会和家庭中占有主导地位，男方随妻方居住是很自然的事。中国少数民族中流传的许多故事和歌谣，反映了最早男子出嫁的习俗。只是到了父系制时代，男子在社会和家庭中的地位越来越巩固，于是由男子出嫁改为女子出嫁，并由"从妻居"演变为"从夫居"。

男子入赘，带有服役性质。它是以男子到女家劳动服役作为结婚的条件。中国汉族地区，因受封建礼教和习惯势力的影响，入赘往往被人瞧不起而妄加菲薄。汉语中"赘"字的本意是"抵押"。"家贫子壮则出赘"，是说家里贫穷，交不起聘礼，只好到女方家上门，以身为质。相反，中国少数民族中，入赘婚并不像汉族地区那样受到歧视。有些民族的入赘婚还相当普遍。如中国东北地区的鄂温克族，以前就实行过入赘婚。男子氏族要给入赘的男子一把斧子和一把刀子，表示祝福。后来社会经济发展，男子成了家庭的主要劳力，才改为女方出嫁到男方。但招女婿这种习俗仍然保存。鄂温克族的入赘婚有两种形式：一是女方父母只有一个女儿，不愿女儿离开自己的家，于是便招一个女婿到家长期居住。女婿可继承岳父家的财产。二是短期入赘。即女婿到女方家过一段时间后再离开女方家，同妻子、儿女另立门户。短期入赘者，女婿无权继承岳父家的财产，所生的孩子也随父姓。

西双版纳的傣族曾盛行入赘婚。男女青年成婚，女婿须上门几年，要根据双方家庭情况而定，可以是几个月，一两年、三四年，也可以是终身上门。一般情况是，入赘的女婿三年住女方家，三年回男方家；或者生了第一个孩子，继承了一方的财产之后，才定居下来。短期上门者，到了规定时间，男子可以带妻子回到男方本寨安家。终身上门分两种形式：一种是与岳父母共同生活，享受财产继承权；一种是在岳父母家的村寨另立新家，这种入赘没有财产继承权。

入赘后，规定期限未满，女婿如提出离婚者，则要罚酒席请村寨的头人、家属和亲戚吃饭；如要求提前带妻子回本寨，要给女方家赔偿一定的财物，如谷子 20 挑（每挑 50 斤）、柴 1000 斤、盖房所用的草排 100 片等。

广西桂西壮族地区，也保留着古老的入赘习俗。这一带的壮族青年婚前社交自由。男女青年在走村串寨、节日集会等活动中，通过对歌的形式选择配偶。男女双方和家长都同意后，即可入赘。凡应招入赘的男青年，女方家不收彩礼，结婚时所需要的一切费用由女方家承担。举行婚礼时，男方家不设宴请客，仪式从简，而女方家的婚礼却十分隆重。届时，远亲近朋都要前来祝贺。晚上族中长老还要商议，如何按本家族姓氏和同辈的男子的排行给新郎改姓。一般是女儿排行第几，女婿也排行第几。桂西壮族人家对入赘者视若亲子。同辈之间称兄道弟，禁称姐夫、妹夫。所生子女随母姓。赘婿在家庭里或社会上受到人们应有的尊重。婚后如果妻子过早去世，赘婿有财产继承权。而且女方家中还要给他另娶新妇，组成新的家庭。

入赘婚既是古老的婚姻习俗，又是现行的婚姻习俗。正确对待它，对破除重男轻女等习惯思维具有现实意义。

四、姑舅表婚

姑舅表婚是古老的婚姻习俗，通常称为"姑表婚"或"舅表婚"。它是古代血缘婚和亚血缘婚的残留。这种婚姻由兄弟的子女与姊妹的子女之间的婚姻关系所组成。它以某种亲族感情和继承关系为依据，表现出浓厚的传统伦理观念。所谓的姑舅表婚，是舅舅家娶外甥女做儿媳，把这当成是当年姑母出嫁的某种补偿。湖南土家族谚语说："姑妈女，顺手娶；舅舅要，隔河叫。"傈僳族谚语也说："树最大的是杉树，人最大的是母舅。"

湖南湘西和贵州一带的苗族中，流行一种叫作"还姑娘"（又称"还种"）的习俗，反映出婚姻关系中的舅权思想。有些地区和民族，如果舅家无子，外甥女出嫁时，要先征求舅舅的同意，并向舅舅家送一笔"外甥钱"。

姑舅表婚的另一种形式是，姑母之子娶舅家之女。居住在云南的壮族，姑妈的儿子可以与舅舅的女儿结婚，而舅舅的儿子则不能与姑妈的女儿结婚。在景颇族中，舅家的女儿生下来就算姑姑家的儿媳，这叫作"单向姑表婚"。

汉族和满族中流行的"姑母做婆",就反映了这种婚姻习俗。如果将这种婚娶关系颠倒过来,则被认为是"骨血倒流"。其实两者都属于近亲婚配。

近亲婚配的姑舅表婚,是现行婚姻中最落后的一种,它危害子孙的繁衍和健康。但在封建社会里,这种婚俗不仅代代相沿,而且被认为是亲上加亲的好事。许多著名的文学作品还以之为创作题材,大加宣扬。如曹雪芹的《红楼梦》和巴金的《家》,对姑舅表婚都做了绘声绘色的描写。

随着社会和科学的发展,人们对姑表婚危害的认识越来越清楚。《中华人民共和国婚姻法》规定,直系血亲和三代以内的旁系血亲禁止通婚。这无疑包括了同一祖父母或外祖父母的姑表和姨表之间,都禁止通婚。

五、转房婚与共妻

转房婚是指兄亡后嫂嫂可以转嫁给弟弟,或弟亡后弟媳可以转嫁给兄长,或姊亡后妹妹续嫁给姐夫这样一种婚姻关系。在漫长的封建社会里,转房有时还突破这一界限,出现父亡后嫡子继承父妾,侄子继承伯叔母的婚例。这些都是古老的夫兄弟、妻姊妹、共夫共妻群婚习俗的残余。

转房婚是古老的婚俗。《史记·匈奴列传》中有"父死,妻其后母;兄弟死,皆娶其妻妻之"的记载。汉代,王昭君嫁匈奴呼韩邪单于。呼韩邪单于死后,他的前妻之子代为单于,汉成帝又命王昭君从胡俗,成了新立单于的妻室。这说明转房之俗古已有之。1950年代之前,中国汉族和少数民族地区,转房习俗较为普遍。造成转房的原因很多,如防止劳动力外流、防止死者的子女外流到其他氏族、防止财产的转移等。1950年代以后,由于实行男女平等、寡妇改嫁自由,转房习俗渐渐消失,特别是不同辈分之间的转房已经绝迹。

六、指腹婚

指腹婚并非通行的婚俗,充其量它只是包办婚姻的表现。指腹婚在婚姻习俗中,无疑是一种陋俗。在封建社会,这种婚俗常常发生在统治阶级内部。他们以指腹婚为手段,通过联姻方式,加强彼此的势力。指腹婚的表现形式有两种。一是统治阶级内部在门阀观念的支配下，当两个门当户对的家庭主妇怀孕时，由她们的丈夫或长辈做主指腹为婚，以求在子女未出世之前，就结成姻缘，借以发展门阀势力。这种婚姻，常常由于人事的原因（如各自地位的变化），被指腹定亲的男女青年会成为不合理婚姻制度的牺牲品。这种婚俗常常在传奇故事和戏剧作品中得到反映，如新疆维吾尔族的民间长诗《艾里甫与赛乃姆》，就反映了指腹婚给一对青年男女造成的悲剧。

故事说，国王的阿巴斯王后和宠臣艾山的妻子都身怀有孕。在一次游猎中，国王与艾山指腹为婚，替未出世的子女定下终身。后来王后生了个女孩，取名叫赛乃姆，大臣艾山的妻子生了个男孩，取名叫艾里甫。艾里甫与赛乃姆自幼青梅竹马，一同玩耍，一同上学读书，彼此产生了爱情。后来大臣艾山死去，国王阿巴斯毁弃婚约，并将艾山一家流放到遥远的巴格达。艾里甫与赛乃姆真心相爱，他们经历了种种磨难，在许多好心人的帮助下，一对有情人终于团圆。

指腹婚的另一种形式是，两个世交之家出于彼此的爱慕和尊重，在双方的妻子怀孕时，指腹为婚，以加强彼此的感情。也有的时候，因双方家贫无子，为互换婚姻而指腹为婚。

指腹婚的弊病是十分明显的，历来都受到社会舆论的谴责。但这种陋俗却屡禁不止。至今在有些民族中还实行背带亲，即婴儿还在襁褓之中时，双方父母就代为定亲。

七、试验婚

试验婚，又称"婚前同居"。它原是群婚制的残余。这种婚俗以结婚前先举行试婚同居礼仪为特点。结婚只是最后获得社会核定和批准的仪式。有些民族的未婚青年男女婚前享有充分的社交自由，相爱便可同居。如果怀孕，只要求在分娩前举行婚礼即可。有些民族还将试婚习俗纳入正式婚礼之中。如中国东北地区的达斡尔族，过去曾流行过试婚习俗。一般是婚前一个月左右，男女双方的家长便根据子女的年龄，择定结婚日期。在正式举行婚礼之前，女婿到岳父家去，举行简单的"吃拉里"（拉里，达斡尔语，粥饭）仪式。

届时请一位儿女双全的妇女做陪客,祝福新婚夫妇儿女双全。有的人家在吃过拉里后,还要举行新郎新娘合房仪式。经过一两天,女婿回家,然后举行正式婚礼。

赫哲族过去也曾流行试婚习俗。结婚前,女婿可到女方家中与新娘同居一个月或半个月,之后再择期举行正式婚礼。这种婚礼只不过是履行一定的手续罢了。

婚礼习俗中的试婚是一种仪式,是整个婚礼的组成部分。今天男女双方恋爱自由,只要符合《中华人民共和国婚姻法》规定的各项条件,又办理了结婚登记手续,就算结为正式夫妻。试婚是以符合婚姻条件为基础的。在有些民族的传统生活中,试婚与办理结婚登记手续的意思是一样的。

以上是一夫一妻制婚姻中的种种杂俗。每一种婚俗都是人类婚姻发展到不同阶段时所留下的痕迹。当然作为人生仪礼中的婚礼习俗,随着社会的发展,在不断地变化和演进。有些婚俗在婚姻发展的某个阶段上是适时的、合理的,但在另一阶段上,它又表现出保守性和落后性,如一夫多妻、一妻多夫、抢婚、姑表婚、试验婚等。随着社会的发展,作为陋俗的部分会渐渐被淘汰。

婚俗文化从来都是各民族文化史的一部分。婚姻制度的演进是和社会发展史联系在一起的。人类社会由低级向高级发展,婚姻制度也随之而发展。从这种意义上讲,研究婚姻发展史,对研究社会发展史是有帮助的。一夫一妻制比以往任何婚姻制度都先进,从一夫一妻制婚姻的种种杂俗中可得知,有些婚俗无疑是旧的婚姻制度留下的残余。不割断历史,尊重历史,用新的道德去除旧布新,是对待各民族婚俗的正确态度。

第三章
各民族婚前的社交活动

每个民族的青年男女在选择配偶期间,都有其表达爱情的独特方式。现在,自由恋爱结婚已相当普遍。但是,在大多数情况下,青年男女成亲还是要请媒人说合。至于交换信物和送彩礼,更是普遍方式。

在高度文明的现代化大都市中,青年男女的婚姻恋爱是一个社会问题。各种类型的"婚姻介绍所"和青年联谊会有助于解决这一问题。而在少数民族地区,则是另一番情景。那里没有婚姻介绍所,也不用现代化的传播工具去刊登各式各样的征婚广告。代替这些文明举止的,是独特的歌唱集会,俗称"歌会"。在歌会期间,男女青年往往以歌代言,以歌传情,通过对唱情歌,达到选择配偶的目的。正如一首藏族情歌所唱的:

> 蜜蜂和鲜花相爱,
> 春风就是媒人;
> 小伙子和姑娘相爱,
> 山歌就是媒人。

以歌为媒是中国少数民族青年男女表达爱情的独特方式。如果对中国少数民族的民歌做一番考察,我们就会发现,在各类民歌中,情歌占了绝对的篇幅。在许多少数民族地区,青年男女从相识、相恋到最后结合,在爱情生活的各个阶段和环节中，都要演唱与其相适应的各类情歌。这些情歌中，各种形式的初恋歌、结交歌、赞美歌、迷恋歌、相思歌等，大都直抒情怀，寄托着有情人火一般的感情。风格的朴实和真切、格调的健康和优美，最能体现各民族的婚姻生活和审美情趣。

　　情歌是青年男女爱情生活的形象反映。它不仅仅是男女青年感情的流露，而且表现了他们的爱情观和对现实生活的感受。如下一些情歌所表现的正是这种观念。

　　　　别看山头的高低，
　　　　要看山里有没有宝贝；
　　　　姑娘外表的美丽，
　　　　没有内心的纯洁珍贵。
　　　　　　——藏族情歌

　　　　鞋子没有底，
　　　　帮子再好也没用；
　　　　如果情意不相投，
　　　　就是王子也没用。
　　　　　　——藏族情歌

　　　　大路立块指路牌，
　　　　情哥出门几时来；
　　　　路上野花不要采，
　　　　家中芙蓉正在开。
　　　　　　——布依族情歌

　　　　哥心多，
　　　　好比饿鬼捡田螺；
　　　　捡得这个丢那个，

不知哪个有肉多。
　　——壮族情歌

　　以上这些情歌形象地表达了少数民族青年男女的爱情观。从中可以看到他们所追求的是爱情的专一，鄙弃恋爱生活中的朝三暮四行为。许多情歌把对情人的爱慕之情淋漓尽致地表现出来。

　　中国少数民族中，以歌择偶的习俗源远流长。明代邝露的《赤雅》记载："峒女于春秋时，布花果、笙箫于名山，五丝刺同心结，百纽鸳鸯囊，选峒中之少好者，伴峒官之女，名曰天姬队。余则三三五五，采芳拾翠于椒水湄，歌唱为乐。男亦三五成群，歌而赴之。相得，则唱和竟日，解衣结带，相赠以去。春歌正月初一，三月初三，秋歌中秋节。三月之歌曰浪花歌。"清代《粤西丛载》言："宾州罗奉岭，去城七里，春秋二社日，士女毕集。男女未婚者，以歌诗相应和，自择配偶。"以上记载反映的是广西一带壮族的民间歌唱习俗。这种以歌择偶的现象，今天仍可在中国西南地区的许多少数民族中看到。

　　中国少数民族的歌唱传统，历史十分悠久。这种传统不仅渗透到青年男女的爱情生活之中，而且深入社会生活的各个领域。情歌演唱，的确为青年男女的社交活动提供了种种方便条件，成为他们播种爱情的最好手段。

第一节　壮族的"歌圩"

　　壮族是中国少数民族中人口最多的民族。壮族地区多山，漓江沿岸是世界著名的熔岩地区。这里岩石拔地而起，自然景色奇特而瑰丽。

　　壮族以善歌而著称，壮乡处处是歌声。自从广西彩调戏《刘三姐》被摄制成电影在全国放映之后，多少人被刘三姐这位古代的歌星所倾倒。正如壮族的一首山歌所唱的：

　　唱歌不是人发颠，

有人唱歌得成仙。

不信你看刘三姐，

鲤鱼崖头坐千年。

这首民歌表达了壮族对歌仙刘三姐的热爱和崇敬，充满了壮族的自豪和骄傲。

壮族在日常生活中往往触景生情，托物取喻，唱出有声有色、动人心弦的歌来。在壮族地区到处都有固定的集市场所，壮语称其为"圩场"。这种场所常常是青年男女集会和歌唱的理想地，所以又称之为"歌圩"，取意为"歌的集市"的意思。每年的农历三月初三，正是春日载阳、百花争艳时节，千里壮乡到处都可以看到青年男女聚会对歌的情景。歌圩，壮语的意思是"野外水边和坡地上的集市"。这种传统的集市以唱歌为主，未婚青年在这里可以通过对歌选择配偶。

壮族歌圩的形成是和壮族的婚姻习俗联系在一起的。它起自何时，众说纷纭。据史书记载，宋代就有了歌圩，据今大约已有上千年的历史。关于歌圩的起源，壮族民间有许多优美动人的传说。有一则传说这样讲述歌圩的起源：

传说古时候有一年遇到天旱，田里的庄家都晒死了。人们万分焦急，便聚集到一起，敲锣打鼓，求天下雨。没过几天，天上果然降下雨来。这一年获得了好收成。从此以后，每当遇到天灾人祸时，人们便聚集到一起唱歌，由此渐渐形成歌圩。举办歌圩期间，善于歌唱的青年男女除唱歌娱神外，还用歌声表达相互之间的爱慕之情。正如壮族民歌中所唱的："天旱庙中去求神，你盼雨来我盼晴（情）。"

这样，歌圩便由一种敬神仪式发展成以歌唱爱情为主了。

还有一则传说讲：

从前有一位老人，身边有三个女儿，都长得如花似玉，人才出众。当女儿们长到十七八岁时，媒人都快把她家的门槛踩平了，但是没有哪一个小伙子让三位姑娘满意。于是姑娘们对媒人说:"这么多的人向我们求婚,答应谁好呢?这样吧,让求婚的小伙子约定个日子,大家来对歌,谁唱得最好,我们就嫁给谁。"到了对歌的这一天,成千上万的小伙子都赶来了。附近的姑娘们也成群结队来看热闹。对歌对了三天三夜,三姐妹都选上了满意的丈夫。经过这次对歌,大家都觉得很有趣,从此青年男女便常常聚在一起唱歌选对象。

这种活动后来就成了歌圩。

这是两则有关歌圩起源的故事。虽然我们不必当作信史来对待,但它却说明对唱情歌是山区壮族未婚青年男女相识相恋的媒介,也是他们传情示爱、选择配偶的主要手段。

壮族的歌圩一年中要举行多次,一般都有传统的时间和地点。桂西北红河流域是壮族山歌的故乡。都安、东兰、巴马一带的歌圩很富有浪漫色彩,每年的"三月三",这一带都要举行传统的歌圩活动。歌圩的名目很多,有日歌圩、夜歌圩、野歌圩等。无论哪种歌圩,都像磁石一样吸引着附近各县的壮族青年男女。

壮族传统的三月三歌圩

歌圩的地点,一般都选择在山坡或水边的空地上。春日里,火红的木棉花、雪白的桐油花、红艳艳的杜鹃花、黄色的金银花开遍山野。浓荫树下、溪水河边临时搭起对歌凉棚，凉棚上覆盖着黑白相间的自制土布。山风吹来，发出噼里啪啦的响声。一切是那样的自然、优美、和谐，充满了生机。

壮家后生和姑娘们在这春日载阳的美好时光中，身穿节日盛装，从四面八方涌来。他们成帮结伙，在万头攒动的人海中，在陌生的人群中寻找自己的意中人。在这种场合，素不相识、萍水相逢是无关紧要的，山歌会帮助他们沟通彼此的感情，缩短彼此的距离：

　　初来到，
　　初初来到藕塘边，
　　初初来到问声妹，
　　这片藕塘是谁莲（连／恋）？

这首山歌是男青年们投石问路所唱的《引路歌》，是在试探姑娘们愿意不愿意和他们对歌。姑娘们也在观察着，并不立即回答男青年的歌声。当几首歌都引不出姑娘们的答歌时，小伙子们会用激将的方式连连发起进攻：

　　一条大路黑麻麻，
　　人讲这里有金花。
　　哥我一心跑来看，
　　谁知踩上烂泥巴。

姑娘们听到男青年们用歌声奚落、取笑她们，显得有些激动。如果不会唱歌，不为追求爱情，她们是不会到歌圩上来的。所以稍事沉默后，姑娘们终于应战了：

　　哥想唱歌就唱歌，
　　哥想打鱼就下河。
　　妹拿竹篮哥拿网，
　　随哥游到哪条河。

既然姑娘们表示愿意奉陪，对歌的闸门也就随之打开。于是一场旷日持久的对歌开始了。双方各持聪明，互不相让，于是对歌夜以继日，难解难分。

壮族的"三月三"歌圩一般举行三天。情投意合的男女歌手要连唱三天三夜。歌唱内容是无所不包的。除传统情歌外，上至天文，下至地理，古今英雄，日常生产生活知识应有尽有。就是对方的姓名、经历、爱好、家庭情况以及对爱情的态度等，都要通过对歌盘问得一清二楚。如果双方愿意，可以互赠信物，约定下次歌圩上再次相会。有的青年男女通过几次对歌后，彼此觉得情投意合，便可以互许终身。

歌圩是壮族未婚青年男女公开社交的场合，在这里他们不受任何传统礼教的约束，彼此可以将爱慕之情毫无保留地倾吐给对方。

在壮族歌圩上，除对唱情歌外，还要举行碰鸡蛋、抛绣球等活动。这也是青年男女表达爱情的独特方式。歌圩期间，每个青年男女都带有用各种颜色涂染的煮熟了的鸡蛋（彩蛋），互相碰撞。如果男女双方有意，则将鸡蛋碰破交换来吃。抛绣球是在河滩上进行的，男女分别站在凉棚的两边，互相抛掷绣球。这种活动有时是为了娱乐，有时绣球是专门抛给有情人的。

壮族的歌圩活动正是借助歌唱习俗一代一代传承下来，为青年男女选择配偶提供了理想的方式。

第二节　仫佬族的"走坡"

走坡，是居住在广西罗城地区的仫佬族青年男女婚前的社交活动方式。在仫佬族地区，每逢节日集会，人们都可以走坡。人数最多、规模最大的走坡活动，一般在春节和秋收以后的农闲季节举行。特别是八月中秋节前后，仫佬族男女青年身穿节日盛装，姑娘们也总是梳洗打扮得漂漂亮亮，相邀结伴，三五成群去赶热闹的集市。在集市上，青年男女找好唱歌对象后，便一起到风景优美的坡地和浓荫树下对唱情歌。情投意合者由此结下同年，交为知己。

若要成亲，则可以托言于媒，结为夫妻。

走坡的另一种形式，是在赶集路上，当男青年们看到赶集的姑娘们远远走来时，如果想邀请对方唱歌，便打一声口哨，并拿出手绢向姑娘们挥动，以引起姑娘们的注意。如果姑娘们也向男青年挥动手绢，就表示愿意同男青年对歌了。

仫佬族走坡所唱的山歌，叫"随口答"。这种歌的特点是即景生情，即兴编唱。在赶集路上，当姑娘们渐渐走近时，小伙子们立即唱起《邀请歌》：

一路唱歌一路来，
一路拿花一路栽。
好花一年开一次，
哪见红花四季开。

通过这首《邀请歌》，姑娘们已了解了小伙子们的情意。但出于羞怯，姑娘们并不一定立即做出回答。这时小伙子们需要耐心等待，并不断用歌声去赞美、鼓励和挑逗姑娘们：

田中白鸭谁家鸭？
塘里白鹅谁家鹅？
白巾包头哪家妹？
我想邀她唱山歌。

月到十五才叫圆，
妹不唱歌到哪年？
再过几年人老了，
日落西山空望天。

听到如此美妙的歌声，多情的姑娘们再也忍不住了，于是用歌做出回答：

听见人唱我且唱,
听见人吹我且吹。
十字路口人唱戏,
我且打扮上戏台。

就这样你一首我一首唱上一个时辰的《邀请歌》后,如果双方觉得很满意,就相邀避开人来人往的大路,到幽静的去处对唱山歌,以求得到更多的了解。

如果前来对歌的男女青年是第一次走坡,他们的心情往往是很复杂的,羞怯、惊惧、喜悦汇于一身。这时他们要通过对唱《初识歌》,打探对方叫什么名字、家住哪里、是否真心想结交同年和知心朋友。唱歌唱到黄昏时分,双方要回家了,而情又未尽,怎么办呢?这时只有约定日期,等下一次走坡时再来相会。

男女之间的约会同样要用山歌来表达。这种歌叫作《唱算日》。对唱时互相挑逗,三推四让,十分有趣。日期约定了,双方并不马上离去,他们怕空口无凭,互相还要讨个信物,好做下次见面的凭据。这种要求也要用歌声来表达:

空讲日子哥不信,
拿件东西做凭证。
你看圩上人买马,
没有笼头怎牵行。

这时,姑娘也会俏皮地回答:

真不该,
出门一样没带来。
镜子手帕忘带了,
只有脚底烂草鞋。

小伙子马上接唱：

哥不论，
不论脚底烂草鞋。
妹若有心送给我，
日里穿它去砍柴。

作为信物交换的东西一般是随身携带的小物件，如镜子、手帕、草帽、雨伞等。交换信物之后，双方还有一层担心，就是生怕对方失约，所以还要用歌来讨真心。

仫佬族的走坡

第二次走坡，必按第一次约定的时间和地点赴约。到场者总是有先有后的，迟到者往往要受到对方的责难甚至怀疑。如果男方迟到了，女方会用歌声奚落他，说男方因为在家中陪伴嫂嫂，所以来迟了。意思是说，你是不是已经有了家室才姗姗来迟？等对方表白自己是单身汉时，必唱《单身歌》。接着双方唱《重逢歌》《赞花歌》《思双歌》等。唱得情意缠绵，永无尽期。

又是一个黄昏来临，一对情人又要分离了。因为经过了几次对歌，彼此已成知己，等再次交换信物时，双方便显得难舍难分，这时他们唱起《分离歌》：

男：眼看日头要落山，
　　我俩根由说不完。
　　妹拿钥匙哥拿锁，
　　锁住日头在高山。

女：树上归鸟叫连连，
　　和哥分手在眼前。
　　三年还有一年闰，
　　如何不闰黄昏天。

男：分离了，
　　路在面前不想行。
　　日头落了有月亮，
　　我愿伴妹到天明。

女：分离了，
　　妹在一乡哥一乡。
　　三寸小刀吞下肚，
　　不断心肝也断肠。

一对有情人唱着歌互相送别，送了一程又一程。因为这时还没有许下终身，所以还要约定第三次相会。如果二人情投意合，又经两次以上的走坡，感情深厚，分别后难免思念，所以第三次见面主要唱《思双歌》：

结个同年在远乡，
日头出来就思量。
五更架梯墙头望，
望见妹村路又长。

阿妹生得像花球，
画妹面貌在床头。
三餐吃饭跑去喊，
妹不答言哥泪流。

就这样，在频繁的走坡和对歌中，男女双方结下深厚的情意。他们山盟海誓，永不分离。但结婚必须征得父母的同意，并请媒人做媒，最终结为夫妻。

仫佬族长期与汉族、壮族杂居，在婚姻习俗方面，受壮族歌圩的影响很大。但仫佬族有自己的歌唱传统，在男女青年充分享受婚前社交自由的环境中，青年男女的恋爱生活在歌声中进行。在唱歌中他们充分展示自己的聪明才智，通过歌声博得对方相爱，这在中国少数民族婚俗中是颇有情趣的。

第三节　苗族的"游方"

苗族是中国古老的民族之一，居住在云贵高原及其边缘地区。那里气候温和，雨量充沛，物产丰富，风俗独特，是中国民族学和民俗学资料的宝库。

关于苗族的婚俗，历代文人笔记和地方志中多有记载和描述。苗族的婚姻以父母包办较为普遍。但在苗族社会中，未婚的青年男女又普遍享有婚前的社交自由，有些自主婚姻就是通过青年男女的公开社交活动达到的。这种社交活动，苗族有其独特的称谓。因苗族居住地区和方言的不同，在称谓上又存在着许多差异。黔东南苗族地区习惯上称青年男女的社交活动为"游方"。在湘西和贵州松桃苗族地区称婚前的社交活动为"会姑娘"，广西大苗山苗族称其为"坐寨"，黔西北苗族称其为"踩月亮"。

苗族地区一年四季有许多传统节日，如苗年（苗族习惯用干支纪日，苗年在农历九月、十月、十一月，多在卯日和丑日）、爬山节（农历三月下旬逢马日）、龙船节（农历五月初五）、吃新节（农历六七月间）、芦笙节等。在这众多的节日里，苗族未婚青年男女都要三五成群，游方对歌。

田野民俗采风录

苗族青年男女的游方活动,不是随处都可以进行的,一般都有规定的地点。白天游方的地点,通常在寨子旁边的风景树下进行。在贵州的凯里、雷山、合江、剑河等地的苗族村寨,每个村寨都建有两三个"游方堂",供青年男女游方之用。如果这个村寨是多姓村寨,各姓有各姓的游方堂。如果男女青年夜间游方,游方堂就设在寨子中央或寨边的空地上。不论白天或夜间游方,都是男青年主动到女青年的寨子的游方堂去,用吹口哨、吹木叶、吹夜箫、吹芦笙或唱歌等方式,邀请女青年出来游方。如果白天用唱歌的方式邀请,所唱的歌叫《飞歌》。因为《飞歌》的曲调高亢嘹亮,离寨子较远的游方堂的姑娘们容易听到。夜间游方时所唱的歌叫《扯嗓歌》,苗语叫《霞约》。这种歌的曲调比较委婉,不会影响临近游方堂的老人们休息。

苗族的游方

苗族姑娘游方对歌

游方堂的姑娘们只要听到邀请的歌声,便会换上干净的衣服,邀约女伴和自己的幼妹,前去与邀请自己的男青年攀谈对唱。这种谈情说爱的方式是毫无拘束的,通过对唱情歌,男女青年各抒胸怀,态度严肃认真。苗族的习俗,在游方对唱情歌或谈话中,不许口出秽言,不许动手动脚或强拉女方的手,更不许有其他越轨行为。如果男方有不礼貌行为,不仅会遭到女方的冷遇,而且会招来众口谴责。苗族正是运用这种道德上的不成文法,来约束人们的行为,维护青年男女的正常社交和游方活动。

苗族青年男女游方的目的,是通过自由恋爱选择对象。男女双方经过多次接触和了解后,最后结为夫妻。一对苗族未婚青年男女,在游方中从认识到最后结合，一般先要经过集体对唱、单独密谈两个阶段。当男青年第一次来到游方堂时，女青年对来访者要盛情款待，并通过情歌对唱了解对方。游方时所唱的歌内容丰富多彩。随着恋爱过程的进行，在恋爱生活的各个阶段上，都有相应的歌伴随。这种歌按顺序可分为《见面歌》《青春歌》《赞美歌》《求爱歌》《相爱歌》《分别歌》等。

《见面歌》是男女青年初次相会时所唱的歌，内容委婉含蓄，听来别有风趣。

> 女：啊，远方的客人，
> 　　我们好好住在自己的村庄，
> 　　你们好好住在自己的村庄，
> 　　为什么黑咕隆咚走夜路，
> 　　来打扰我们安静的地方？
>
> 男：啊，聪明的姑娘，
> 　　你们心里明白嘴里故意讲，
> 　　如果真是那样想，
> 　　请听我来唱一唱：
> 　　你们住在自己的庄上，
> 　　我们住在自己的庄上，
> 　　就为这一双讨厌的脚呀，
> 　　拖着我们黑咕隆咚走夜路，
> 　　来打扰你们安静的地方，
> 　　为的是和你们游一游方。

苗族青年对待爱情生活向来是胸怀坦荡的。游方的歌声表达了他们纯洁美好的感情。为了珍惜年华，为了寻找伴侣，在游方中，他们常用《青春歌》解除对方的顾虑；当双方称心如意时，他们以最美好的事物做比喻，表示对对方的赞美；《相爱歌》吐露了炽热的感情；《分别歌》寄托着难舍难分之情。在苗家的游方场上，人们常常会被感人的气氛所打动。

田野民俗采风录

在黔西北地区的苗寨，村寨中建有与游方堂相似的"宿寨房"。有的地方一个寨子建有一间宿寨房，有的寨子同姓者共建一个宿寨房，也有的个别人家自建一间宿寨房。这些宿寨房都是供青年们游方用的。在宿寨房里，男女青年可以带着自己的朋友谈情说爱。

黔西北地区的苗族中，还流行一种叫作"踩花山"的习俗。每年的正月初一到十五或五月端午节时，未婚青年男女到传统的聚合地点（一般是未耕种的小坡地）玩山，这就叫踩花山。踩花山是当地苗族最热闹的节日。届时，男女老少都穿上节日盛装，带着富有民族特色的食品，从四面八方赶来，聚集在树木葱郁、花团锦簇的坡地上，度过愉快的节日。

这种传统的节日也是苗族青年自择配偶的好机会。青年男女先是聚集跳舞，男青年吹笛子，女青年伴以歌唱。如果在唱歌跳舞中选好了对象，男青年便从人群中走出来，女青年尾随其后，双方到僻静处去对歌谈情。

这里苗族青年的婚姻不用媒人，父母也不加干涉，主要是通过对唱山歌确定婚姻关系。有几首山歌是这样唱的：

  阿妹生来会唱歌，
  劝哥莫用请媒婆，
  诚心要与妹相配，
  踩花会上唱山歌。

  我俩有心就来唱，
  唱出锦鸡对凤凰，
  唱出双龙来戏水，
  唱得我俩结成双。

  有钱有势有何用，
  难动阿妹一寸心，
  媒婆嘴皮都说破，
  不抵一曲竹笛声。

第四节 侗族的"行歌坐月"

贵州、广西、湖南等省区的侗族地区，山清水秀，风光绮丽。每至暮色降临时，人们会看到平静安谧的侗族村寨中，三三两两的侗族后生们，匆匆行进在暮色之中。他们弹着琵琶，唱着侗歌，走村串寨去与姑娘们"行歌坐月"，使夜幕笼罩下的侗族山寨，充满诗一般的迷人色彩。

行歌坐月是侗族青年男女婚前社交的一种方式，意思是"谈情说爱"。侗族的"行歌坐月"习俗，和壮族的歌圩、仫佬族的走坡、苗族的游方不同。侗族行歌坐月的地点，大都在姑娘家中。也有的侗族地区，在寨子中央建起一座低矮的吊脚木楼，白天供妇女们绩麻、打草鞋、做针线活、纺纱织布，晚上这里就成了青年男女行歌坐月的场所。贵州黔东南地区的侗族，把这种地方叫"月堂"，那里的勒汉（男青年）和勒勉（女青年）们很喜欢在这样的地方行歌坐月，谈情说爱。

贵州黔东南侗寨风情

田野民俗采风录

当夕阳西下、暮色降临时，劳动了一天的侗族勒汉们，不等吃完晚饭，性急的早就找上门来，相邀约伴去行歌坐月。他们三五成群，带上自制的琵琶和牛腿琴，踏着朦胧的月色，哼着动听的琵琶歌，向附近村寨的月堂走去，从心爱的勒勉的楼下走过。楼上的勒勉听到歌声，定会放下饭碗或手中的活计，推开窗户向楼下张望。如果发现楼下是自己相识的勒汉来了，便打个手势，示意在月堂中相会；如果来者素不相识，或者姑娘不愿见他，便急忙关上窗户，表示谢绝。

行歌坐月对唱情歌

这种时候，楼下的勒汉失望了。但他又不死心，于是在楼下转来转去，唱着歌，久久不愿离去。性急的勒汉也许会吹口哨，呼喊，或者从篱笆上扯下一根竹竿去敲打勒勉家的窗户和板壁。而勒勉却躲在家里不作声。这时，家中的老人们也许会出面干涉，客气地劝楼下的勒汉快快离去。如果勒汉不听话，屋里的勒勉会毫不客气地从窗口兜头泼下一瓢凉水。这样的逐客令，会取得令人满意的效果。

行歌坐月，作为侗族青年正常的社交活动，父母并不阻拦。勒汉们找上门来与自己的女儿谈情说爱，做父母的脸上也觉得光彩。如果女儿没有勒汉们来找，则被认为是没出息，做父母的反而觉得心里不是滋味。

行歌坐月的青年男女来到月堂，坐在早已准备好的小凳子上。叮咚叮咚的琵琶声响起来。勒勉们羞怯地摇起纺车，纺车发出呜呜的响声。在琴声与纺车声的共鸣中，一对勒汉和勒勉对起传统的侗歌。歌声飘出月堂，飞向远方，是那样的令人陶醉。这歌声发自年轻人的肺腑，表现得情意绵绵，充满希望。

侗族民歌的内容是丰富多彩的。一年四季，都有歌声伴随着侗族人的生活。春天唱《蔓里》，夏天唱《蔓端》，秋天唱《蔓蝉》，冬天唱《蔓拉》。蔓里、蔓端、蔓蝉、蔓拉，在侗语中意为"春夏秋冬四季的歌"。前来月堂的未婚青年男女，在歌唱中互相盘问对方，达到相互的了解和做出爱情的选择。

广西龙胜一带的侗族,把行歌坐月叫作"夜集"。集,是侗族姑娘们的集体活动。当一天的劳动结束时,在回家的路上或别的什么机会,几位姑娘相约晚上到一位姑娘的家里纺纱或做别的活路。这种活动就叫"集"。这种夜集,对年轻的后生们具有强烈的吸引力。哪家姑娘家有集,小伙子们早就侦察好了。只要开集,小伙子们会手弹琵琶,口唱情歌,准时来到姑娘们的木楼之下,唱一首歌投石问路:

　　和我同年的伴都采到了花啊,
　　有人甜甜地喊"他爸要爱家";
　　只有我日近中午还未吃到早饭咧,
　　只怕日头西下还是单身独马。

这种歌声和情感会在楼上的姑娘中引起一阵骚动。姑娘们心中又惊又喜。但为了不使莽撞的后生们闯进来成为不速之客,姑娘们赶紧将楼门闩上。楼外的后生们见楼上没有动静,投石问路又不识深浅,于是再次用歌声叩门相问:

　　今天上山挖新地,
　　听得锦鸡满山啼,
　　不经意打了个大喷嚏,
　　吓得锦鸡无声息。

这是一首比喻贴切,深含风趣的歌。它将姑娘们内心的秘密一语道破,挑逗得她们再也沉不住气了,于是她们也用歌声做出回答:

　　听得猫崽打喷嚏,
　　不知是受热还是凉。
　　有情有意细商量,

田野民俗采风录

木楼门闩知情意。

木楼的门还是闩得紧紧的。侗族后生们早就知道，只有歌声才是叩开门闩的钥匙。于是，来访的后生们又唱起《求门歌》：

开门啰，
哥哥有意来烤火，
妹靠火塘一边坐，
还有一边留给哥。

姑娘们再次作答：

门外哥，
我家柴火没几多，
你要烤火回家去，
老婆儿女在等着。

显然，姑娘们对后生们的来意表示怀疑，但还是用歌声故意试探。这时后生们并不灰心，在后生们看来，坛里有酸鱼，谁还去河里撒网？如果哥哥真的成双了，哪有时间来陪妹妹坐呢？楼门还是紧闩着，门里门外你一首、我一首地对歌，唱得难解难分。这时就连坐在火塘边抽烟听歌的老人们，也觉得姑娘们做得太过分了，责怪她们不该将后生们拒之门外。

楼门终于打开了。后生们先后走进屋里，贴近老人们坐下。起初总是问寒问暖，讲生产，谈打猎，十分礼貌和殷勤。姑娘们虽然被冷落在一旁，但她们并不责怪。因为来者的用心是心照不宣的。老人们感到前来对歌的后生们知事明礼，说一些客气话之后，便径直走到里屋去歇息。后生们站起来相送，然后回到火塘边，同姑娘们拉话。他们彼此之间的谈话，开始往往带有戏谑性质，后生们会故意探问："'买盖'（意思是他人的爱人），我来坐久了，不怕'早'（你爱人）见怪吧？"姑娘们立即回答："我的'早'就在楼底（侗族的木楼是干栏式建筑，楼上住人，楼下关牲畜）圈里，头上长一对角，后边还甩着一把扫帚，哪像你们这般光景！"这样打乐逗趣一阵后，双方开始对歌。

对歌对到夜深，姑娘们煮好油茶和豆粥，请后生们吃。后生们如果有意，便把自己带来的红糖交给姑娘们，煮成糖粥。夜宵煮好后，请屋里的老人们一起吃。屋里的老人们也并没有真睡，他们同样关心火塘边的对歌，为儿女的婚事操心。

吃过夜宵之后，后生们相继告辞。这时姑娘们变得热情起来，打着手电筒送到楼门口。情投意合者，约好下次相会的时间和地点。侗家的夜集就这样使人留恋。夜集也给侗族青年的恋爱生活，戴上彩色的花环。

湖南通道一带的侗族，称行歌坐月的地方为"歌堂"。这里所谓的歌堂，实际上是侗家用来堆放谷物的仓房，室内比较宽敞。姑娘和后生们在这里相约对歌，谈情说爱，称为"坐仓楼"。

坐仓楼有一定的时间限制，一般是在每年的正月初三到月底这一段时间里。此时，凡是达到成婚年龄而没有许亲的姑娘们，便三五结伴，把某一家的仓楼打扫得干干净净，准备好板凳，生起盆火，煮好油茶，烤熟糍粑，等外寨的后生们前来坐仓谈情，选择配偶。当外寨的后生们来到时，无论相识与否，都会受到热情的款待。有些后生初来乍到，不认识姑娘们设置的仓楼在什么地方。但只要用歌声询问寨中的老人，老人们会热情地给他指点。

后生们来到仓楼，姑娘们唱着歌，用准备好的茶点热情招待。等后生吃饱喝足后，便开始对歌。这里的侗族对歌有一定的规矩。一般是男方先唱两首歌，然后女方接唱，所唱的歌要严格讲究押韵。如女方唱什么韵，男方只能跟着合韵，不能更改韵脚。对歌中换韵的主动权掌握在女方手中。歌堂中所唱的歌有主唱，有伴唱。主唱者音高八度，伴唱者音低八度，自然成为两个声部，和谐而动听。这种场合是姑娘们考验后生们唱歌才能的最理想的场所。聪明机智、能歌善唱的后生，必然会得到姑娘们的欢心。如果歌唱者双方有意，女方便主动把自己的项圈、手镯等心爱之物送给男方。男方送给女方头巾、衣服等物。男女双方交换信物之后，还可再来对歌，直到最后征得父母的同意，结为终身伴侣。

　　侗族青年的婚前社交活动是多种多样的，除村寨内的行歌坐月外，大的节日集会或玩山活动中，男女青年也可通过歌唱互相连情。这种活动和壮族、布依族、苗族、白族、彝族等民族的歌会相似。

第五节　白族的"石宝山歌会"

　　白族自称白子、白尼、白伙等，汉语意为"白人"。白族是中国古老的民族之一，绝大多数居住在云南省，少部分居住在四川省西昌市和贵州省毕节市。

　　白族聚居的大理地区，有着得天独厚的自然环境。巍峨挺拔的点苍山与妩媚明秀的洱海两相辉映，湖光山色，旖旎迷人，这一地区素有"银苍玉洱"之誉。大理虽不是中国古代文化的繁盛之地，但保存下来的许多文化古迹有很高的史学和艺术价值。如南诏丰佑时期（824—859）所建的崇圣寺千寻塔、剑川石宝山石窟造像、南诏德化碑、弘圣寺塔、蛇骨塔、弥勒铜柱、铁庙等，中外闻名。大理的名胜古迹像珍珠一样撒遍苍山洱海，是中国有名的旅游胜地。

　　大理的一山一水、一草一木都被白族赋予优美动人的传说。这也使白族的民间文化呈放异彩。白族的民间节日多不胜数，如过大年、三月街、绕山林、火把节、耍海会、绕海会、渔潭会、尝新节、拜望日（祭二月）、石宝山歌会以及各村落的本主会等，为白族的生活增添了许多光彩。其中的许多节日是和白族的婚姻习俗联系在一起的，尤以"石宝山歌会"最有特色。

　　石宝山距剑川县城西北 25 公里，是白族世世代代歌唱的胜地。那里林木葱郁，芳草遍地。每年的农历七月二十七日至八月三日，是石宝山歌会会期。届时，来自丽江、洱源、剑川、兰坪等地的白族群众，身着节日盛装，肩挎龙头三弦，从四面八方云集至此，参加盛大的石宝山歌会。最多时人数可达四五万人。

大理剑川石宝山

石宝山歌会

剑川石宝山自古以来就是佛教圣地，上有石钟寺、宝相寺、金顶寺、海云寺四大古寺，终年信徒云集，香烟不绝。可是到了每年的歌会期间，这里却是另一番景象。昔日朝佛的山路上，虽不绝香客，但更多的是熙熙攘攘的前来对歌的人群。古刹的屋檐下、松树林中、树丛里、山涧边，到处是成群结队的青年男女。白天人们参拜神佛，当夜幕降临时，山上山下一片歌声。通往山顶古刹的崎岖小路上，手电筒的光束组成一条条火龙，熠熠闪光。道路两旁的树林里，三弦、竹笛、口弦、木叶和对调子的歌声连成一片。此时的石宝山，沉浸在情歌对唱的声涛之中。许多青年男女就是在这种歌唱声中结成终身伴侣，民间就有"上山对歌，下山做夫妻"的说法。

石宝山歌会，以男女之间的情歌对唱为主。一般是男女对唱，旁边有一人用三弦伴奏。所唱情歌的曲调是"剑川白族调"。这种白族调有独特的格律，八句一首，分上下两联。每联句子的长短，又按三个七字句、一个五字句的形式排列，称为"七七七五格律"。如下面这首反映逃婚内容的白族调，就具有这一特点：

男：听说情妹腊月嫁，
　　腊月嫁我也不知，
　　看见他们来娶你，
　　气烂哥的心。

　　娶你那人是哪个？

咱们相爱他在哪？
　　东西给他退回去，
　　不要嫁给他。

女：听说不要嫁给他，
　　阿哥话是这样讲，
　　一月只有三十天，
　　回来看望你。

　　饭也不给他们煮，
　　话也不和他们讲，
　　情还是我们两个，
　　寻机咱们逃。

这首白族调所采用的格律是"七七七五，七七七五"。有时也采用三字起头，如《花上花》这首歌：

　　花上花，
　　弹起三弦去看花，
　　三弦弹进花园里，
　　好花喷鼻香。

　　好花就数红芍药，
　　香花就数红牡丹，
　　小妹与哥成双对，
　　芍药配牡丹。

白族的民间歌手都能根据不同的对象和场所，熟练地运用白族调即兴编唱。从男女青年野营山林、昼夜对唱，到结对比赛、兴尽始散的情景看，石宝山歌会保留了许多白族先民古老的群婚习俗遗迹。石宝山的石钟寺内，至今还供着一座巨大的女性生殖器刻石，白族语言叫"阿央白"。它反映了白族古老的生殖崇拜。这正好和歌会上所表现的群婚习俗相印证。

第六节　傣族的"串姑娘"

云南省的西双版纳位于亚热带地区，那里的风光神奇而迷人。据说这块土地古时候叫"勐巴拉纳西"，傣语的意思是"美好、理想而神奇的乐土"。这片神奇的乐土，是傣族先民打猎追赶金鹿时发现的。传说是想象的产物，而西双版纳的美却是真实的。

在这个绿色王国里，连绵起伏的山岭上布满了茫茫的原始森林。数千种亚热带植物，数百种珍禽异兽在这里竞争生存。开屏的孔雀、漫步的大象、奔驰的金鹿、成群的猴子是森林的主人。在宽阔富饶的平坝地区，经历几千年的文明开发，更具有引人的魅力。高大的椰子树，直插云霄；凤尾竹、油棕树构成幽深的古道；成片的甘蔗林随风摇曳；一排排香蕉硕果累累；星罗棋布的傣家竹楼，掩映在绿荫之中，到处生机勃勃，自然天成。

西双版纳的傣族村寨

生活在如此优美的自然环境中的傣家人，具有纯朴活泼的天性，这种天性也表现在青年人的恋爱婚姻方面。在西双版纳景洪一带，未婚的傣族青少年到了十三四岁左右，就各自加入自己的青年组织。这一组织由青少年自己选举产生领袖。男性组织的头头叫"乃欧"，女性组织的头头叫"乃绍"。乃欧、乃绍的职责，是负责组织和领导未婚青少年的婚姻和宗教活动。青年男女到了十七八岁时，可以自由参加社交活动、谈情说爱。但是他们的行动必须经过乃欧和乃绍的同意才行，否则本村的男女青年会将外村来的青少年赶走。

男女青年之间谈恋爱，傣语叫"约绍"。当地的汉族称其为"串姑娘"或"串卜绍"（卜绍，即姑娘的意思）。赶街、做赕（拜佛）、纺线、舂米、嫁娶以及各种节庆活动，都是傣族青年串姑娘的好机会。未婚青年男女之间一旦相识，便可经常来往。

按照傣族的生产、生活习俗，每年的傣历七月十五日至十月十五日，正是农忙季节，此时严禁青年男女之间谈情说爱和结婚。目的是让人们将主要精力集中在生产上。这是一种古老的生产性禁忌活动。而从傣历十月十五日到次年的二月，进入农闲季节，此时青年男女之间可以进行社交活动，找自己心爱的人去谈情说爱。

傣族的串姑娘一般在晚上进行。每当月白风清之夜，在傣族村寨，会听到从寨子外的竹林中隐约传来一种舒展、柔美的吹"筚"或拉"傣玎"的声音。这就是外寨来的青年们发出的串姑娘的信号。有时也会看到三五成群的男青年，披着崭新的毯子，吹着筚，拉着傣玎，徘徊在姑娘的竹楼前。这时做父母的早就回避了。如果姑娘对来访的男青年有意，便会寻声而往，一对有情人相聚于溪边林下，互相倾诉衷肠。有时，姑娘们听到吹筚声，便相约到竹楼下的院子里燃起篝火，架起纺车，一边纺纱，一边等待来串姑娘的卜冒（小伙子）。纺纱的姑娘们必须每人备有一个小凳子。按照傣族的习惯，姑娘喜欢哪个小伙子，就会主动拿小凳子给他坐；如果不喜欢，就不给坐。小伙子来到姑娘身边，如果纺车发出"咕噜咕噜"的有节奏的响声，就表示欢迎。这时姑娘会主动将身边的小凳子递给意中人。小伙子高兴地收起筚和玎，从容地坐在姑娘身边，把毯子的半边亲切地披在姑娘身上，开始和姑娘谈情说爱。这就是俗话所说的"裹毯子"。如果男女双方情投意合，就可告诉双方的父母托媒说亲。

在德宏的芒市、遮放傣族地区，每个村寨都有一两个用水推动的舂碓房。傍晚，姑娘们相约到水碓房里舂米。小伙子们听姑娘们的舂米声，也会踏歌而来，隐蔽在碓房四周，和碓房中的姑娘们对歌。他们用歌声一问一答，气氛显得十分热烈。最后，小伙子们走进碓房，继续唱歌。如果双方满意，便走出碓房，挽臂踏歌，没入田野之中，互诉衷情。

傣族青年男女婚前的恋爱方式是多种多样的，较有特色的是"丢包"。丢包是傣族青年男女过春节时进行的一种文娱活动。它为青年男女创造了极好的恋爱机会。节日当天，姑娘们打扮得花枝招展，各自带着精心缝制的荷包来到丢包场上。在相距十几米的地方分列两行，相向而立。开始，荷包在空中飞舞，你抛我接，并无固定目标。只是在接不住时，男青年被罚以钱币；女青年被罚吃槟榔。不久，荷包像有了情意，只在一对青年男女之间飞来掷去。等到荷包中带有礼物抛去时，秘密被揭开了。于是，这对青年男女悄悄离开丢包场，女的向僻静处走，小伙子尾随其后。恋爱到了一定程度时，男方送给女方手镯、戒指、耳环等信物；女方送给男方背包、包头巾，表示互许终身。

串姑娘习俗不仅在傣族中传承，和傣族相邻的德昂族、景颇族、阿昌族等民族中，每到月光皎洁的夜晚，钟情于姑娘的小伙子们，来到竹楼前，轻轻吹起芦笙。姑娘们听到后赶忙起床，备好茶水，打开后门，等小伙子上楼在火塘边坐定后，姑娘才走出卧室，请小伙子喝茶、嚼烟。小伙子取出烟盒，回敬姑娘。然后双方低声对歌。若两人互相爱慕，姑娘就将小伙子的烟盒留下。如是一般感情，则将烟盒还给对方。双方情投意合时，男方送给女方一包烟丝，配上沙基、芦籽、石灰（均为嚼烟时的用品），用红线包扎好，由姑娘交给父母，或挂在姑娘的床头。父母要是收下这件礼物，男方就可以托媒说亲操办婚事了。

田野民俗采风录

第七节　爱情的媒介

在中国少数民族中，青年男女之间的爱情表达方式是多种多样的，而最普通的方式是对唱情歌。

情歌历来被中国各民族视为口碑情书、爱情的媒介。在中国西南地区的少数民族中，小孩子一长到十二三岁，就开始参加各种各样的集会，跟着哥哥或姐姐们学唱情歌；等到了成年时，他们便会从容自如地用情歌做青年男女之间社交和求偶的工具。由于民间的歌唱活动大都和青年男女之间的爱情生活密切相关，所以在许多民族中形成了时代相沿的歌唱传统。中国的许多少数民族被誉为"歌的民族"，许多少数民族地区被誉为"歌的海洋"，正是这个道理。

除了唱情歌外，作为爱情媒介的东西还有许多，而且被各个民族运用得十分巧妙和有趣。

一、基诺族的花为媒

花，是人人喜爱的。它为人们的生活增添了无限的色彩和乐趣。不仅如此，许多花还被当作一个民族和国家的象征和标志。樱花是日本的国花。日本人由于爱花，还形成了传统的艺术"花道"。玫瑰是保加利亚的国花，每年6月的第一个星期天，是保加利亚花农一年一度的玫瑰节。郁金香是荷兰的国花，被誉为荷兰四宝之一。中国少数民族也有爱花养花的习俗，也有关于花的狂欢节日。花在民间常常被当作爱情的象征。在中国少数民族中，青年男女之间的社交场所叫"花场"；男女相爱叫"采花"；民间所唱的情歌叫"花儿"。花，在中国各民族情歌中占有十分重要的地位。更有趣的是有些民族以花为媒，用鲜花作为爱情的媒介。

居住在云南省西双版纳的基诺族，至今还保留着以花为媒的习俗。姑娘们到了求偶的年龄，母亲早给她缝制好华美的衣服。穿上这种衣服，像戴着一个显著的标志，小伙子们就会找上门来，和这位姑娘谈情说爱。但是没有鲜花作为两人之间的媒介，小伙子是不敢轻举妄动的。小伙子们必须等待爱情使者的到来。当姑娘选中某个小伙子时，就摘一朵最美的花，托一位小妹妹转交给这位小伙子。小伙子接受了这一爱情信物，就可以和姑娘对歌，谈情说爱了。基诺族青年男女之间定亲，也不用媒人，最好的媒人就是鲜花。

西双版纳的哈尼族支系爱尼人，最忌讳在长辈和姑嫂面前玩花。这是因为花是爱尼人的情书，不能随便玩弄。青年男女谈情说爱时，男方要先送一束鲜花给姑娘，姑娘同样要回赠小伙子一束鲜花。如果回赠的鲜花花朵是单数，表示姑娘还没有找到男朋友。这样，男青年就可以和姑娘对歌谈恋爱了。如果回赠的鲜花花朵是双数，表示姑娘已经有了男朋友，或者是用这种方式故意回绝男方。所以在爱尼人中，每个小伙子在送完鲜花之后，不但盼望姑娘早一点回赠鲜花，而且特别关心花束中的花朵是单数还是双数。

二、苦聪人的标鼠

标鼠，是松鼠的一种。它在苦聪青年的爱情生活中，占有十分重要的位置。按照苦聪人的风俗，小伙子在向姑娘求婚、定亲和举行婚礼时，都要送姑娘松鼠干巴作为爱情的信物。为什么会有这样的习俗，在苦聪人中流传着一则动人的传说。

传说很久以前，有一位苦聪青年，他有一手打猎的好本领。山林中的野猪、豹子、老熊，哪个也逃不过他手中的竹刀。这个青年爱上了一位美丽的姑娘，于是带着平时得到的猎物去求婚。姑娘对小伙子说："能打到凶猛的野兽不算真本领，如果你能射中机灵的标鼠，再来求婚。"

小伙子回家后，天天练习射箭的本领，不久便打了许多标鼠。但是当他带着这些标鼠再次向姑娘求婚时，没有人相信这些标鼠是他射中的。正在这时，旁边的松树上有一只标鼠蹿来蹿去。小伙子张弓搭箭射下标鼠送给姑娘，就这样他们俩定了亲。从此以后，在苦聪人中就用标鼠作为定亲的信物。这种习俗一直流传到今天。

这一传说寄托了苦聪人美好的理想。在苦聪人看来，标鼠是勤劳、智慧和勇敢的象征。因此在苦聪人中，男子从十多岁开始，就要学习射箭的本领。如果在 20 岁之前，能射中三四只标鼠，就不愁将来找不到对象。苦聪人谚语说："老虎豺狼不难捕捉，小小标鼠很难捕捉。"青年人如果没射到标鼠，找对象就有点困难了。

三、苗族的花带与能本

苗家姑娘特别喜爱绣花。许多女孩子从六七岁开始学习刺绣，到了成婚年龄，刺绣技术可达到炉火纯青的程度。在苗族山寨，如果赶上苗族的节日集会，人们便可欣赏到苗族刺绣的风采。当成群结队穿着节日盛装的苗家姑娘从面前走过时，那精心刺绣的衣裙和头上佩戴的银饰，真是珠光宝气，美不胜收。姑娘们的服饰常常会引来路旁小伙子羡慕的目光。

在热闹的集会上，有时还会看到一位男青年腰间系着绣有鸳鸯和"互爱"字样的花带，神气地在人群中穿行。这不用问也知道，这个小伙子已经找到了一位心灵手巧的姑娘，这束花带就是定亲的信物。

苗族的这种长约五尺、宽约三寸，用彩线制成的花带凝结着苗家姑娘的心血和感情。它常常被当作贵重的礼物互相赠送。当姑娘爱上了某个小伙子时，就偷偷地送给他一条花带，表示定下了终身。

在苗族山寨，有时还会见到另一种有趣的风俗。未婚的苗家后生在和情人相会时，腰间总是挂着一把"能本"（花柴刀）。刀面上雕刻着花纹，银光闪闪。这把"能本"吸引着姑娘们的视线，她们向这位青年投去羡慕的目光。佩戴"能本"还表示苗家后生对爱情坚贞不二的感情。姑娘们看到这把佩刀，才肯与他对话、唱歌和谈情。

四、阿昌族的换手艺

换手艺是阿昌族青年男女在社交活动中流行的一种有趣的游戏。实际上，这是一种交换爱情信物的方式。比如，一位小伙子看中了一位姑娘，便送一个烟盒给姑娘，请她收下。姑娘如果心中有意，就收下烟盒。等过了十天半月，姑娘要给小伙子回礼时，小伙子收到的是一个用彩线捆扎好的纸包。里面包着香烟、火柴，还有一块绣着蚂蚱花纹的披巾。捆扎礼包的彩线结着活扣。收到这包礼物的小伙子一定是很高兴的，因为它表示姑娘对自己已有了爱慕之心。如果收到的纸包上的彩线是结了死扣的，就表示姑娘不愿意和这个小伙子来往了。

小伙子接到姑娘亲自绣制的披巾，知道了姑娘的心意后，必须再回赠一份礼物。回赠的礼物中，有小伙子亲手雕刻的银簪、彩色珠子、手镯、银链、银扣和水果糖等，同样包成一包，请人送给姑娘，表示和姑娘真心相爱。

最后，如果姑娘愿意和小伙子真心相爱，结为伴侣，那么姑娘还得向小伙子献一次手艺。姑娘用亲手制作的阿昌布，缝一件对襟衣服送给小伙子。如果送来的不是对襟衣服，而是一个枕头，那就表示对不起，请小伙子另找对象。

换手艺是阿昌族青年男女考察和了解对方是不是心灵手巧，是否真心相爱的一种方式。即使彼此之间不相爱，也可以用回赠礼物的方式表示歉意。

第四章
丰富多彩的求婚、定亲习俗

中国古代的婚俗讲究"六礼"。所谓的六礼，指纳彩、问名、纳吉、纳征、请期、亲迎。按现在的语言来解释，纳彩是择配、提亲的意思，也就是俗话所说的"说媒"。问名，即所谓的"讨八字"。在古代和今天的婚俗中，讨回姑娘的出生年、月、日、时，要请阴阳先生推算。只有男女八字相合，才可以定亲。古代的问名习俗，还含有问清姑娘是谁生的，即问清是亲生的还是收养的，是正室所生还是继室所生。封建时代为求婚姻的门当户对，问清嫡庶关系是至关重要的。纳吉，指提亲。一般来说，男女双方的八字相合，得了吉兆之后，就认为婚姻可以成立。男方将这一事实告诉女家，谓之纳吉。纳征，即现在所说的"送彩礼""送嫁妆"。"征"的意思是成功。送彩礼之后，婚姻就算成立了。未送彩礼时，婚姻未必成立。请期，指择定娶亲的日子，用口头或书面的形式通知女方家，就是俗话所说的"送日子"。娶亲日期要征得女方家同意，所以叫"请期"。亲迎，指娶亲。男家派人或亲自迎娶新娘。

六礼之俗，由来已久。在长期的流传过程中，六礼的具体仪式发生了许多变化，被不断赋予新的内容，但作为婚礼仪式的基本程序，却一直延续下来。至于现代的自由恋爱结婚、不需要媒妁的新式婚姻，则另当别论。

中国少数民族的婚前仪礼是多种多样的。从提亲到举行婚礼之前，有许多的讲究。由于各民族的生活习俗千差万别，所以婚前仪礼也就具有各自的特点。但大体上和汉族古代的六礼差不多，只是具体程序和内容有增有减。

一个人从出生到老死，一生中有许多仪礼，如诞生仪礼、成年仪礼、婚礼、丧葬仪礼、生日礼、寿礼等。这种种仪礼，在中国少数民族中至今还很流行。特别是青年男女的婚姻问题，直接和人生仪礼有关，一般都是在举行完成人礼之后，婚姻问题才提上议事日程。

第一节　婚前的成人礼

成人礼，在世界各民族中都曾盛行过。它是一个人生理发育成熟时所举行的仪礼。人类学资料告诉我们，原始部落的成人礼是非常复杂的，有时还显得十分残酷。成人礼的主要目的是使受礼者经历种种生理和意志上的磨炼，并通过这种磨炼的考验，将他们接纳到成人社会中来。后来，随着社会的发展，成人礼逐渐演变成为人生仪礼中的一种象征仪式。

云南省的基诺族把成人礼看作人生中一次巨大的转折。一个男子只有在举行完成人礼之后，才可以成为村社的正式成员，才可以参加未婚青年的成人组织"波勒"，才可以改装易服，穿上绣有象征月亮花卉的衣服，挎上绣有月亮标志和几何花纹的"筒帕"（背包），和姑娘们进行交往。

基诺族的成年礼，至今仍保持着十分古老的传统方式。成人仪式充满了神秘色彩。其一，在举行成人礼时，受礼者面前的桌子上要放上用芭蕉叶包好的小肉包。小肉包里面的肉是剽牛祭祖时的祭品。接受成人礼的人获得这种祭品，如同得到了祖先的承认、批准和保护。其二，要对接受成人礼的人施行种种考验。具体的做法是：青年男女组织的成员在受礼者毫无准备的情况下，对其施行突然袭击。他们将受礼者捕获，并押往群情鼎沸的会场，制造一种恐怖气氛，以表示受礼者和童年时代告别。其三，是对受礼者实行教育。通常由族中的长老带领大家唱本民族的《创世纪》，或歌唱传统的生活习惯和应当遵守的法纪，或歌唱本民族的生产过程和经验。以此教育青年们懂得如何恋爱和遵守传统的社会道德。

四川省凉山地区彝族少女的成年礼，是举行换裙子的仪式。成人礼所换的裙子是成年的标志。彝族少女的成人年龄，一般规定在 15—17 岁之间，而且大都是单岁换裙子。换裙子的仪式非常隆重，要杀猪宰羊，大宴宾客。

凉山彝族的换裙子仪式有许多禁忌。特别是在举行换裙子仪式时，不许任何男子在场。换裙子之前，姑娘的辫子一般是单辫，穿浅颜色的两接裙，裙边镶有一粗一细两条黑布边。而在举行换裙子仪式时，姑娘必须梳成双辫，戴上头帕，并且换上红、蓝、黑对比强烈的三接或四接的长筒百褶裙。举行过换裙子仪式之后，就意味着成年，也意味着可以谈恋爱，找情人了。

侗族的滚泥巴田，傣族的文身、墨齿，也是成年礼的独特表现形式。侗族男孩一生中有三个生日要滚泥巴田，第一次是 5 岁，第二次是 10 岁，第三次是 15 岁。侗族谚语说："从母亲那里学到善良，从父亲那里学到勤劳，从祖父那里学到耐性。"所谓的三次滚泥巴田，就是根据这三句话安排的。前两次由父母带领。到了 15 岁这一次，孩子已长大成人，滚泥巴田的事要由他自己完成，这也是一种考验。

傣族的文身是一种古老的成人礼，也是对成年男子的一种血的考验。至今在傣族地区，一个文过身的男子常被姑娘们视为英雄。而没有文身的男子，常常被姑娘们视为怯懦和不勇敢。没有文身的男人，自然得不到姑娘们的喜爱。用植物的汁液染黑牙齿，则是滇西一带傣族女子成人的标志。

成人仪式不仅标志着一个人生理发育的成熟，同时也表明他有权承担社会赋予他的权利和义务。在婚姻习俗中，成年礼则标志着青年男女恋爱生活的开始。

第二节　达斡尔族的送"恰安特"

中国的达斡尔族聚居在东北地区美丽富饶的嫩江两岸，嫩江左岸的莫力达瓦旗居住最为集中。那里北依兴安岭，河流纵横，诺敏河等 42 条河流灌溉着这片肥沃的土地。绵延起伏的森林中有数不尽的珍禽异兽，平原上盛产大豆、高粱、玉米和小麦，水草肥美的地方是天然牧场。达斡尔族世世代代生活在这种得天独厚的环境里，形成自己民族独特的文化，婚姻习俗自然也不例外。

达斡尔族历史上曾实行氏族外婚，婚姻习俗中有这样的规定：同一哈拉（氏族）的人不能通婚。过去还不许与外民族通婚。现在有了许多变化，偶尔也有与蒙古族、汉族通婚的。

在达斡尔族中，男子到了成婚年龄，又物色好了对象，这时男方家长请和女方家有亲戚关系的人做媒人，到女方家去说亲。媒人向女方父母介绍男方家的情况，女方父母认为合适时，媒人就斟酒磕头表示感谢和祝贺；如果女方父母不同意这门亲事，则不让媒人磕头，也不请媒人吃饭。据说，如果女方家请媒人吃饭，就算答应了这门亲事。

亲事说成后，便准备送"恰安特"（彩礼）。送"恰安特"时，男方家必须请一位比成婚男子大一辈的人，赶上车，同未来的女婿一起，把彩礼送到女方家去。女方家要举行"恰安特"宴，招待亲朋好友。一般的"恰安特"包括猪、白酒、糕点等，最重要的是要送一匹带有缰绳的马和一头乳牛给女方的父母，表示对女方父母养育之恩的感谢。

在送"恰安特"的宴会上，男方陪礼人要致传统的祝词：

  贵方的少女，
  我方的郎，
  千里姻缘系双方。
  选定这良辰吉日，
  我将微薄的恰安特献上。
  山间的幼松稚柏，
  今已挺拔健壮，
  英俊美丽的少男少女，
  都已长大而且年龄相当。
  为祝贺两家美好的亲事，
  我把喜酒斟满举起，
  光临的众族胞和亲戚，

田野民俗采风录

请接受这虔诚的心意。

女方的父母接过陪礼人递过来的酒，回敬道："为着我们联姻和睦，路途遥远让你们饱受辛苦，送来的恰安特项目，请求你代我向族人们备述。"于是陪礼人接着唱道：

恕我们礼物的微薄，
带来了七条生命的恰安特。
这颗虔诚的心，
深深感到忐忑不安。
带给女亲家的礼，
有带缰绳的宝马一匹，
它有星辰般的眼睛，
苍狼一样的耳朵；
它有犴达罕似的飞腿，
水獭一般的毛色；
那奔跑驰骋的动作，
轻捷灵活，狐狸也难比过；
泽地草丛上从不栽跟斗，
飞岭过岩不失前蹄；
只需要喝一声"托！"
能将兔子赶上；
只要呼一声"哲！"
一定能把黄羊赶上。
还带来偶蹄双角的家畜一头，
特别献给女亲家，
是补偿乳汁的报酬。
这头两年三犊的乳牛，
日产三顿奶子不发愁。

自养的生猪五头,
自酿的米酒十篓;
熟制的奶皮二十张,
皮厚均达一指以上;
仿照树木拧做的油炸糕,
不多不少一百二十个。
媪妇们巧做的点心,
无奇无缺整整八个。
以上是恰安特的项目,
由我向亲家一一尽述。
尊贵的您是否如数受用,
请自己来握柄决定。

整个送礼的过程和内容,通过祝词来表达。席间,女婿要给岳父母和参加宴会的老人们磕头。老人们送给新女婿一些钱和钱褡子。女方家如果生活富裕,不仅让新女婿将带来的马牵回去,而且还送一匹好马给新姑爷。在如上仪式进行过程中,未婚的姑娘都要回避,她是不能见未婚夫的。

达斡尔族的婚俗充满了北方民族豪迈、爽直的风格,"恰安特"仪式上的祝词家们为定亲礼宴增加了不少戏剧色彩。

第三节 拉祜族的求亲

拉祜族是中国云南省特有的民族之一。"拉祜"是该民族的自称。"拉"的意思是"虎",在火边把肉烤到发出香味的程度叫"祜"。因此,拉祜族也被称为"猎虎的民族"。

拉祜族实行民族内婚,很少与其他民族通婚。在婚姻形式上,严格实行一夫一妻制,多妻为传统所不许。在拉祜族中,青年男女的恋爱生活享有充分的自由，很少由父母包办。

民间传说，有一对恋人真诚相爱。两家的老人上山打猎，一家打得一头刺猪，一家打得一头马鹿。分肉时，一家看到刺猪毛粗，以为它一定比马鹿大，但得到的肉却很少。于是两家产生了不和，不同意儿女们的婚事。这一对恋人最后服毒自杀了。他们死后，埋葬他们的坟堆上长出一棵七里花香树。两家养的蜜蜂专采这棵树上的花蜜。两家的老人吃了蜂蜜，又想起死去的儿女，便哭着来到花香树下，两家人又和好了。从此，拉祜族的父母便不再干涉儿女的婚事。拉祜族青年结婚时，总是点一对蜂蜡拜堂，表示对为创造自由婚姻而死去的这对恋人的怀念。

拉祜族青年男女的恋爱方式是十分有趣的。如果男青年看中了一位姑娘，总是先要做一番观察，偷偷地看这个姑娘是否勤快，是否尊敬老人，蹲下时是否双腿并拢，等等。如果这些都使小伙子满意，他就找个机会抢走这位姑娘的头巾。头巾被抢去时，姑娘在后面紧追，企图夺回自己的头巾。而小伙子跑到幽静处便停下来和姑娘对歌，并约定下次见面的时间。在这段间隔时间里，姑娘也在偷偷观察小伙子的所作所为，看他是否起得早，干活是否起劲，走路快不快，力气大不大，等等。如果女方满意，就按时约会；如果不满意，就会失约。被抢去的头巾由长者出面要回。

抢头巾是拉祜族青年对爱情的一种试探。如果成功，各自回家告诉父母。男方父母得知此讯，赶快请媒人到女家说媒。媒人带着一对蜂蜡、一瓶酒，同时带上一斤烟和茶，来到女方家。如果女方家的人没有说请坐，媒人是不能随便坐下的。等女方家的人请媒人坐下时，媒人便说："这里有一点酒，一点烟和茶，我们大家一起来吃吧。"

女方的父母推辞说："还是你自己吃吧。你到底来我家做什么？"

媒人说："我是受人之托，来你家分养一个小崽母鸡做种的。"意思是说，我是来求亲的。女方父母说："我家有是有，就是离不开娘。"

媒人说："不要紧，我们会很好地喂养她。"

女方父母又说："如果你家也有小公鸡要配的话，还是我家先喂养三个月吧。"意思是说，这门亲事是同意了，不过要男方到女方家先上门三个月。即结婚后先过三个月的"从妻居"生活。

得到这样的喜讯,媒人的说媒使命就算完成了,然后通知男方家筹办聘礼。如果男方家富裕,给女方家一定数量的酒、肉和米。因为拉祜族实行入赘婚,女方家并不要求很多的彩礼。

第四节　苗族的提亲

苗族是中国西南地区人口较多、分布较广的民族之一,主要聚居在贵州、云南、湖南三省,广西、广东、海南、四川和湖北一些地区也有居住的。由于人口众多,分布较广,在历史发展中,各地的风俗习惯产生许多差异,婚俗也是如此。

贵州黔西北一带的苗族,未婚的青年男女享有充分的社交和恋爱自由。在踩花山、踩月亮等大的民间节日活动中,青年男女可通过情歌对唱寻找伴侣。如果两人情投意合,便可互许终身。同时,男方将这一事情告知父母,说媒提亲。除特殊情况外,这里的苗族父母对儿女的婚事一般不加阻拦。提亲时,男方家长请一位男媒(不用女媒),提一壶酒,拿两把面条、一斤白糖到女方家去。媒人到了女方家,将礼物放在桌子上,并不马上提及亲事。

等吃过晚饭后,媒人才对女方父母说:"某家请我来提这门亲事,青年人互相间的感情如何?我们不晓得。但你家祖祖辈辈都很勤劳,心肠又好,你家这个姑娘又生得乖巧,所以就来提亲,送一壶酒来给你们解渴。"媒人的言辞十分委婉和诚恳。女方家老人听了很感动,于是说:"空手来就行了,何必带酒来呢?"这天晚上媒人就住在女方家中。

第二天早晨,媒人要走了。女方家长假意说:"你把这壶酒拎回去吧!我们没有福气喝呀。"媒人忙说:"留在这里吧,过几天我再来看它。"实际上,这是留下礼物,让女方家中再好好商量一下,过几天后媒人再来探询。这算是第一次提亲。

第二次提亲是在过了一段时间之后。男方家还是请原来的媒人到女方家去提亲。这时女方家长会说:"我家姑娘还小,一不会打麻,二不会搓麻,你们的寨子大,若是姑娘不得穿的,到那里就会害羞啰,还是等几年再提亲吧。"媒人则很风趣地说:"人家只是来买个坛子,至于盛坛子的坛篓么,以后由他们自己去编吧,把酒吃了啰!"意思是说,人家主要是看中了你家的姑娘,有了人,穿戴自然会有的。经再三推让,女方家长才打开酒瓶,斟酒给大家喝。至此,婚事就算成了八九分。接着媒人又说:"这门亲事算是定下了,多谢他家的好酒。我也好回去对他家说,姑娘还小,要留她在家做三年穿戴,以后去安家了,一辈子才有穿戴。"至此,提亲的仪式便告结束。男方准备一两年后来娶亲就是了。

有些苗族地区说媒要往返三次。所请的媒人必须是能说会道的人。第一次前往女方家村寨时,媒人提一壶酒到熟人家中送酒作谢,并请这位熟人代为打听女方是否已经许配人。如果女方已许人,提亲即可作罢;如果女方没有许人,媒人便告诉男方家。

第二次,媒人空着手去女方家求亲,并向女方父母说:"某家想娶你家的姑娘背水给他家喝。"这句话似乎很不礼貌,但在离水源比较远的苗族山寨,背水主要是妇女的事,所以背水成了找媳妇的代名词。媒人如此说,女方父母是不会见怪的。这时如果女方家用酒招待媒人,就表示谢绝媒人。如果不用酒招待,就表示同意这门亲事。于是媒人高兴而归,报告男方家,可做婚事的准备。

第三次,媒人去女方家方主要是定结婚日期。结婚日期一般定在秋后。因男女双方是自由恋爱,提亲仪式往往很简单。如果是父母包办婚姻,男女两家又都认可,男方家宰一头羊送到女方家,女家退回一半,表示不愿再增加男方的负担,提亲仪式也算告成。

居住在云南文山一带的苗族,未婚的青年男女往往在踩月亮或踩花山时,对歌相识,真诚相爱。这时,男女双方都必须请媒人向对方家长求亲。男方请的媒人到了女方家,要与女方父母商定姑娘的身价,并用带来的酒肉请女方的姑舅表亲吃"平伙肉"。这也算是提亲仪式。从商定姑娘的身价这一习俗来看,这种婚姻还带有买卖婚的性质。

第五节 佤族的"飞玉""地亚"和"都帕"

中国云南省的西盟、沧源、孟连和澜沧县位于澜沧江和怒江之间，这里山岭连绵，土地肥沃，雨量充沛，气候温和，具有典型的亚热带风光。习惯上将这一地区称为阿佤山区。

中华人民共和国成立之前，佤族地区由于历史条件和周围环境的影响，社会发展比较缓慢。以西盟为主的阿佤山中心地区，还保留着原始公社制残余，刀耕火种，刻木记事。今天，阿佤山区发生了翻天覆地的变化，层层梯田伸入云端，到处欣欣向荣，兴旺发达。

新的生活给佤族婚俗带来巨大的变化。一些青年人已摆脱传统的婚俗，按新的婚俗结成伴侣。但传统的婚俗并没有因此而灭绝，相反，还以它独特的民族特色在佤族中流行着。

佤族青年男女从恋爱到订婚，要经历三个不同的阶段。

第一阶段是自由恋爱。佤族语言叫"飞玉"，即串姑娘的意思。按照佤族的习惯，姑娘到15岁时，就要脱离家庭，和年轻的小伙伴们集中睡在一起。到了晚上，小伙子们带着弦子和竹笙，到姑娘们的住处来串门，弹奏乐器，对唱情歌。有的地方还实行一种叫作"散海"的习俗。散海是佤语，意思是"梳头"。这里所说的梳头，不是指姑娘自己梳头，也不是姑娘给姑娘梳头，或小伙子给姑娘梳头，而是姑娘给小伙子梳头。这一习俗十分有趣。

小伙子们到了姑娘们的住处，先唱一首《梳头调》，请姑娘给自己梳头：

阿妹，
拿出你的斧头劈木柴，
请用花梳子给我梳头。
花梳子留在你手上，
你的情意我要带走。

田野民俗采风录

佤族青年串姑娘时的梳头,只不过是一种形式。梳头的目的是为了青年男女之间能够接近,好窃窃私语。在佤族地区,凡是来串姑娘的小伙子,都可得到姑娘们的这种厚遇。如果梳头的时间拖得很长,就说明双方之间都有了情意。佤族对待爱情的态度往往从这一戏剧性的动作中自然流露出来。

一般来说,通过梳头仪式,小伙子了解到姑娘的态度后,就请一位媒人,并通过媒人送一些钱给姑娘,作为恋爱钱。如果姑娘真心实意地爱这个小伙子,就收下恋爱钱。如果姑娘不喜欢这个小伙子,就把钱退回去。也有的地区小伙子们在串姑娘时,男女双方互赠礼物,男方送给女方手镯、头巾、衣服等。出于礼貌、姑娘必须先收下礼物。即便是自己不喜欢这个小伙子的礼物,也得暂时收下,等这位姑娘和某个小伙子确定恋爱关系之后,再一一退回也不晚。

在佤族中,一旦小伙子向某个姑娘求爱,又得到姑娘的同意,别的小伙子便不再来串门。双方的父母如果不同意婚事,可以进行干涉,但作为儿女的一方可以听父母的劝告,也可以自己做主。

婚前恋爱的第二阶段是杀鸡看卦,举行"地亚"礼。佤族的地亚,是抢婚习俗和宗教仪式相结合的产物。青年男女经过长时间的串姑娘,在媒人的撮合下,表示愿意结成伴侣。双方的父母知道后,觉得还应该让神知道和同意这件事。这时就要举行地亚仪式。举行仪礼时,由姑娘的未婚夫和媒人,再约几个青年伙伴,来到姑娘家。当夜深人静时,媒人示意姑娘走出门口,未婚夫跟在后面,刚一出门,即抢下姑娘的包头巾,假装逃跑,姑娘追上去讨包头巾,后面的小伙子们簇簇拥拥,把姑娘抢到男家。

到了男家,首先杀鸡敬神,以求得到神的保佑,使婚事顺利完成。过了两天,未婚夫同媒人一起带上一束芭蕉、一包茶叶、一包蓝烟、一瓶酒,把姑娘送回娘家,并正式向女方父母求婚。起初,女方的父母说一些推辞的话,也许会把第一二杯酒倒掉,但最终还是被未婚女婿的诚意所感动,喝下一杯酒。只要喝了这杯酒,就算答应了这门亲事。

第三阶段是送"都帕",即送定亲礼。佤族的定亲礼要送三次,每次都有严格的标准。第一次送氏族酒,规定送六瓶酒,不能多也不能少。其他如芭蕉、茶叶之类,可多可少。这六瓶酒是给同一氏族的各姓当家人吃的,表示同一氏族的人都同意本氏族的姑娘外嫁了。第二次送邻居酒，规定也是送六瓶酒。这六瓶酒是给邻居们吃的，吃了酒的邻居，可以做婚姻的旁证。第三次送开门酒，规定只送一瓶。这瓶酒是专门送给女方母亲的。女方的母亲将这瓶酒放在床头，晚上悄悄地吃。母亲吃了这瓶酒，必然为女儿的幸福向神祈祷。

佤族传统的求婚、定亲习俗保留着许多原始古朴的风貌，也留有原始宗教信仰的痕迹。

第六节　瑶族的《说亲词》

瑶族是中国古老的民族之一。据文献记载，瑶族的先民早在秦汉时期就休养生息在长江流域的荆楚地区。史书记载的长沙"五陵蛮"，便是瑶族的一部分。由于历史上统治阶级推行民族歧视和民族压迫政策，瑶族曾一次又一次被迫迁徙。他们在中国西南地区的深山老林中，过一山，吃一山，艰苦奋斗，辛勤开垦，形成目前大分散、小聚居的居住特点。

瑶族人口众多，支系繁杂。有的瑶族自称为"勉"，意即"人的意思"。有的自称为"布努""金门""垴格劳""拉柳""炳多优"等。居住在各地的瑶族，又因为起源传说不同，生产、生活方式不同，而有盘古瑶、过山瑶、茶山瑶、红头瑶、蓝淀瑶、背篓瑶、平地瑶等二三十个族称。现在虽然通称为瑶族，但各地的瑶族仍喜欢使用习惯了的自称。

瑶族有悠久的历史文化。许多风俗习惯是很独特的。就以婚礼习俗而言，也和别的民族迥然不同。

居住在广西巴马瑶族自治县和都安瑶族自治县的瑶族，在婚礼的各个环节中，都要请著名的歌手吟诵瑶语称为"沙商"的《说亲词》。这一说亲词包括定亲、娶亲、嘱亲三部分。《说亲词》采用自由体句式，一般不押韵，但讲究排比、对偶和反复。《说亲词》有固定的内容，语言朴实，比喻形象。

在瑶族中，青年男女无论是自由恋爱，还是别人说合，当他们感情达到愿意结合为夫妻的时候，就告诉双方的家长。双方家长请当地最有名的壮年男歌手充当媒人，主持说亲仪式。一般是各家请两名歌手，男方请的歌手叫"布商"，女方请的歌手叫"赫巴"。布商和赫巴相约见面，通过吟唱《说亲词》来商定婚姻大事。

到了男方家前来定亲的日子，女方家早在大门口摆上一张八仙桌，桌子上放一个小酒坛、酒杯和一个装有筷子的竹筒。女方请来的赫巴站在桌子旁，恭候男方家布商的到来。桌子上竹筒里的筷子，不是用来夹菜夹肉的，而是在吟《说亲词》时计数用的。当男方家的布商带领几个贺婚人来到时，赫巴赶快迎上去，表示欢迎。双方致礼后，赫巴回到桌子旁捧起竹筒，一边摇动，一边口诵《说亲词》。诵完一段，便从竹筒中抽出一根筷子，放在布商的面前。布商接着诵答，诵答完一段，将桌子上的筷子拾起来握在手中。这样，一直到赫巴将竹筒里的筷子全部转移到布商手中时，双方才端起酒杯，互相敬酒，定亲仪式就算结束了。

瑶族的布商和赫巴既是著名的民间歌手，又是出色的祝词赞词家，他们口若悬河，步韵成章，很受瑶族群众的欢迎和尊重。在定亲过程中，代表男方的布商能言善辩，他在婚姻缔结中起着举足轻重的作用。所以在瑶族的定亲礼中，无论男方家或女方家，都十分重视选择能胜任此事的布商和赫巴。

第五章
奇异欢乐的婚礼

中国疆域辽阔，民族众多。各民族的婚礼之烦琐、礼俗之复杂、内容之丰富，很难全面加以介绍。在人生的诸多礼仪中，诞生礼、成年礼、婚礼、丧葬仪礼，被视为四大仪礼。在这四大仪礼中，人们最重视的莫过于婚礼了。

婚礼包含的内容极其广泛。前面介绍的从提亲到迎娶前的各种讲究，虽然都是婚礼的一部分，但它实际上是在做着婚礼前的各种准备。等到一切都准备好了，择定吉日，男方家派人或亲自到女方家把新娘接到家中。所谓的婚礼，就是伴随着这一过程所实行的仪礼。

无论古代或现代，婚礼都是婚姻和仪礼相结合的产物。婚姻发展史告诉我们，人类社会发展的初期，虽然有两性的结合，但这种结合的目的是为了人种的自然繁衍，纯属一种自然现象。所以，这种两性之间的结合，严格来讲不能称之为"婚姻"。

后来，随着社会的发展，男女之间的结合渐渐地不仅形成一定的规范，而且逐步产生了相应的婚姻制度和某些特定的婚俗，这时的男女结合是以得到社会的许可为特征的。再往后，有关婚姻的法律出现了，法律将男女之间构成婚姻的原则，用条文的形式固定下来，使婚姻不仅得到社会的认可，而且受到法律的承认和保护。这是人类婚姻的一大进步。

婚礼，顾名思义是男女结婚时举行的仪礼。这种仪礼在各民族中的表现是形形色色的，互不雷同。因为中国各民族所处的自然地理环境不同、生产和生活方式也不同，还由于过去各民族社会发展的不平衡等，都对婚礼习俗产生了巨大影响。

婚礼始于何时？现在已很难考察。许多古籍记载，传说伏羲氏创造了嫁娶仪式。当时的中国社会还处在母系氏族社会，即历史学家们所说的传说时代。实际上，婚礼最早的含义带有祝贺性质。在氏族社会，男女之间的婚配大都实行氏族外婚或部落外婚。男子成婚，需要到另外一个氏族或部落去寻找配偶。为了达到这一目的，抢婚现象经常发生。特别是在女性比较少的情况下，男子要得到配偶是非常困难的事。一旦得到配偶（哪怕是抢来的），全氏族或部落的人都要为此而庆贺。有时还要设宴欢庆。这就是婚礼的原型。

比如，蒙古族是中国北方的游牧民族，很久以来就实行氏族外婚。由于居住地域辽阔，部落之间相距很远，给通婚和贸易带来很大困难，所以在古代蒙古族中，姑娘远嫁和抢婚现象是很普遍的。一旦成婚，必然饮酒作乐，表示庆贺。宴会上杯盏相碰，碗筷相击，谱就婚宴的乐章。追溯起来，这大概就是蒙古族舞蹈《盅碗舞》和《筷子舞》的起源。在婚礼上唱起祝赞词，表示对新婚夫妇的赞美和祝福，于是形成了独具特色的《婚礼歌》。如此相沿成习，形成今天蒙古族婚礼的诸多特色。

另一方面，婚礼的功能还在于，通过一定的形式向族人和社会宣告婚姻的成立，以便得到社会的认可。中国少数民族的婚礼丰富多彩。有些婚礼不仅保持了原始古朴的特色，而且带有古老文化的遗迹。下面将中国少数民族婚礼分南北两个区域、南北相间加以叙述和介绍。

第一节　蒙古族的"鄂尔多斯婚礼"

内蒙古的阴山山脉南麓和河套平原腹地，土质肥沃，沟渠纵横，农田密布，素有"塞上粮仓"之称。从钢都包头横渡黄河，黄河大湾以南的广袤土地，便是著名的内蒙古鄂尔多斯草原。

鄂尔多斯，蒙古语意为"宫廷所在之地"。一代天骄成吉思汗的陵墓就安卧在这里。相传成吉思汗远征西夏,路过鄂尔多斯时,被这里旖旎的风光所感动,于是驻马垂鞭,留恋咏叹,留下不朽的篇章,他这样称赞鄂尔多斯的美景:

  太平江山永居之地,
  衰落王朝复兴之邦,
  花角金鹿嬉戏之所,
  白发老者安眠之乡。

在鄂尔多斯居住的历代王公,都是成吉思汗的直系后裔。

鄂尔多斯婚礼的产生时代十分久远。据说从成吉思汗时代流传至今,已有700多年。流传至今的鄂尔多斯婚礼,有一套完整的婚礼程式。这种程式往往以独具特色的《婚礼歌》贯穿始终。关于鄂尔多斯婚礼的起源,蒙古族婚礼赞词中是这样叙述的:

  成吉思汗时代传下来的婚礼,
  是草原上最欢乐的时机。
  抬出那肥壮的羊只,
  摆上那丰美的奶食,
  让我们在这丰盛的筵席上,
  纵情歌唱,欢聚一堂。

还有的婚礼祝词这样唱道:

  翻开那古老的经典,
  追溯那悠久的历史,
  圣明贤帝成吉思汗,
  把才貌出众的孛尔帖哈敦,
  娶为结发爱妻之际,

缔造了最初的婚仪，
奠定了迎亲的大礼；
王公贵族的规矩，
从全牛开始，
九九八十一件聘礼；
平民百姓的规矩，
从全羊开始，
五九四十五件聘礼；
随旗蒙古的规矩，
从全酒开始，
三九二十七件聘礼。

多少年来，居住在鄂尔多斯高原的蒙古人，都是按照成吉思汗定下的婚仪和迎亲大礼举行传统婚礼的。在那里，每年一到冬季，老人们就开始为成年的儿子张罗婚事了。他们请来值得信赖而又善于辞令的媒人，带上洁白的哈达和礼物，前往品貌出众的姑娘家去提亲。媒人到了姑娘家中，将哈达和带来的礼物献给姑娘的父母并说明来意。女方父母如果看中了提亲的小伙子，在征得女儿的同意后，留下哈达，这门亲事就算定下了。

从定亲之日起，首先是姑娘的辫子发生了变化。她不像以前一样只梳一条大辫子，而是在前额的两侧分梳六条小辫子，再将这些小辫子归拢在后面的大辫子上，这就标志着姑娘已经订婚了。

随着迎亲日期的渐渐临近，男方家择定娶亲日期，通知女方家。从此时起，男女双方家中都为准备嫁娶大礼，开始邀请宾客。到了举行婚礼的这一天，男方家的蒙古包前，两根高高竖起的玛尼杆（一种安有神矛的秆子）上拉着一条细绳，绳上悬挂着红、黄、蓝、白、绿五色彩旗，彩旗上分别绣着马、龙、凤、虎、狮五雄图案。在好特（自然村落）里，无论哪一家，只要这五面旗帜全面更新迎风招展时，牧人们便会喜笑颜开，互相转告。因为它预示着一位漂亮的姑娘就要娶进好特里来了。

清晨，阳光普照着鄂尔多斯大地。被邀请参加婚宴的宾客，穿着各式各样色彩鲜艳的民族服装，带着早已准备好的礼物，骑马乘车分别前往新郎、新娘家中参加婚宴。歌声四溢，美酒飘香，整个好特都沉浸在欢乐和幸福之中。

到了傍晚时分，娶亲的队伍就要出发了。新郎家的蒙古包前，骏马嘶鸣，人声鼎沸。娶亲的大宾、伴郎、婚钦（祝颂人）和新郎依次跪在早已铺好的白毡上，煟桑赞颂先祖成吉思汗的功德，算是从圣主那里讨得了吉利。之后，新郎翻身上马，只见他身穿蓝缎蒙古袍，脚蹬皮靴，腰挎蒙古刀、长弓和箭囊，英姿飒爽，神采飞扬。婚钦在肃穆的气氛中走到新郎面前，左手端碗，右手拿箭，用箭在碗中蘸一点鲜奶，洒在地上，然后拉开长调，有板有眼地诵起《弓箭赞》和《骏马赞》。等这一切赞颂仪式都完了，大宾、婚钦、伴郎才翻身上马，挥鞭起程，前往女家娶亲。

鄂尔多斯的夜色是美好的，空旷而宁静。清脆的马蹄声伴随着马背上的歌声，向新娘家飘去。

这时的新娘家，也在做着婚礼的准备。当暮色降临之后，闪烁迷离的灯光下，四位打扮得花枝招展的伴娘，进进出出，来往如梭。蒙古包前，女方的婚礼总管，指挥年轻的小伙子们铺下雪白的大毡。大毡上摆着长桌，桌子上的红漆托盘里，放着一只烧好的全羊。两边各放一盘圣饼，圣饼旁边放着一只装有鲜奶的雕花银碗。这是为新郎接风的第一个席位，被称作"看席"。看席南边铺着一条洁白的毛毡，是专供新郎下马时垫脚用的。准备工作做得严肃而认真。

娶亲的人马来到女方家。娶亲者各个催马扬鞭，精神焕发。他们催马在新娘家的院子后面兜一个圈，然后来到准备婚宴的厨房前，给"图拉噶"（煮肉的人）敬献哈达，用赞词表示对他们的感谢。因为正是这些图拉噶们的辛勤劳顿，才为婚宴准备了美味佳肴。

接着娶亲的人马绕过神台，来到新娘家的蒙古包前。赠箭仪式在这里举行。仪式开始前，新郎的坐骑被牵到神台前的毛毡上站好，接受双方婚钦的礼赞。当男方婚钦诵完《骏马赞》时，女方婚钦接着诵起《赠箭赞》，诵完后将一只白箭插入新郎的箭囊。此刻，新郎才跳下马，将弓箭挂在玛尼杆上。然后跟随婚钦，来到早已准备好的看席上，品尝奶食圣饼。然后向婚宴正厅走去，大宾和伴郎也被人们毕恭毕敬地迎进去。然而当新郎和男方婚钦来到婚宴正厅门前时，面前却突然飞出一条彩带，将他们拦在门外。这就是蒙古族传统的"闭门迎亲"仪式。

四位如花似玉、能说会道的伴娘，把住彩带的两端。这条彩带就像王母娘娘用玉簪划出的天河，横在娶亲者面前，无论男方婚钦怎样求情，也不能通过。婚礼的气氛达到了一个小小的高潮，男方婚钦急忙上前问道："啊呀哟，这是怎么回事？此门是长年累月不开，还是因为我们来临而紧封？"

口舌伶俐的伴娘们立刻回答："此门并非长年累月不通，今天正是你们来临而紧封。瞧你们弓箭在身，像是猎人；看你们衣着华丽，又好似嘉宾。你们要去的地方是何方？你们要见的亲人是何人？"

男方婚钦说道："阿爸定好的金银般的亲事，额吉（母亲）约好的玉石般的良缘。我们牵着银鞍宝马，来到亲人身边，是整箱整批地放下，还是铺开九条大毡，把这些礼物件件点清？"

这种对诵要持续很长时间。传统颂词和即兴祝颂结合在一起，既是男女双方婚钦和伴娘斗智的时刻，也为婚礼增加了无穷的欢乐。直到女方伴娘说："礼物整箱整批收下了！"

这时，新郎和婚钦才算闯过了第一道关卡，然而后面的关卡还多着呢。

男方婚钦顺利通过第一关，带着新郎进入婚宴正厅。他们首先从主婚人开始，依次向女方家的亲友行礼，交换鼻烟壶，然后以普通宾客的身份就席喝茶。

喝茶完毕，举行献羊祝酒礼。这时，男方伴郎将带来的主要礼品陈列出来，请大家过目，并用四方大盘献上一只全羊。全羊是整只羊煮出来的，四脚相盘卧在盘子里。新郎跪在主婚人面前行大礼，婚钦手端酒杯，吟诵祝酒词。新郎起立——敬酒，并请大家品尝全羊。

肥美的羊背没有盐巴就没有味道，欢乐的婚宴没有歌声就不热闹。在主婚人的提议下，欢乐的婚宴开始了。豪迈爽直的牧人们弹起三弦，拉起四胡，老人们唱的古老的长调和青年人唱的短小的情歌交织在一起，怀念古老生活，憧憬美好未来，一唱就是半夜。

鄂尔多斯的婚宴之夜令人神往。夜阑更深之际，求庚问名的仪式又开始了。只见女方家的四位主家大嫂，端坐在四把椅子上，与男方婚钦展开持久的、诙谐的问答和对诵。婚钦的目的，是要知道出嫁姑娘的妙龄芳名。其实，出嫁姑娘的名字是早就知道的，不过以往知道的是乳名。因为蒙古族姑娘出嫁时都要另取新名，这才是婚钦和新郎急于想知道的。为了知道姑娘的名字，新郎要在男方婚钦和女家大嫂的盘问对诵声中，长跪达四小时之久。这不能不说是对新郎的一种考验。礼节不到，姑娘的名庚是不能公开的。因为一旦名庚公开，姑娘就属于男方家的人了。所以新郎即使双膝跪肿，也是心甘情愿。

经过一场坚苦的努力，名庚终于问到了。这时，婚礼程序该进行"离娘宴"了。婚礼大厅又恢复到当初的情景，新郎在婚钦的祝颂声中，给主婚人和在座的亲朋磕头敬酒。男方婚钦说："尊敬的各位亲戚朋友，新郎即将叩头敬酒，主婚大人有何吩咐？"

主婚人说：

新郎叩头献上美酒，
幸福的时刻即将来临。
在座的诸位贵友高朋，
请用吉祥的言辞为他祝福。

于是大家为新郎祝福：

叩了头的人儿长福长寿，
积了德的钱儿越花越有。

身挎追风马永不空鞍，
手提藤条鞭永不失落。

让牛羊布满你的草场，

让金银塞满你的板箱。

行好积德福大，
安分守己寿长。

愿你孝顺爹娘，
愿你教子有方。

这些真诚的祝愿都发自婚宴参加者的肺腑。无论说者还是听者都会感到由衷的满足。新郎叩完头，女方家摆上整羊席，招待双方宾客。此时新郎和婚钦则要到小辈房中参加晚宴。

小辈房中的晚宴气氛和大厅完全不同。因为这里除新娘外，还有伴娘和陪亲的姑娘们。当新郎和婚钦坐定之后，随即就有人端来一个煮熟了的羊脖骨。为了考验新郎的智慧和气力，姑娘们巧妙地将一根红柳棍，或粗筷子插进羊脖骨中间，让新郎来掰。新郎不识其中的奥秘，往往弄得满头大汗，掰不开羊脖骨，这难免要引起众人的哄堂大笑。这时有经验的婚钦会暗示机关，帮助新郎解围。

东方发白，百鸟啁啾。新娘要梳头，上马起程，前往男方家。这时，一场阻嫁和抢亲的战斗又开始了。那些平时与新娘要好的陪亲的姑娘们，组成一道道人墙，将新娘围在中心，痛哭流涕，难舍难分。有的甚至将腰带解下，一条一条连接起来。腰带的一头穿过新娘的袖口和后背，再用同样的办法将别的姑娘也串联起来。阻嫁的姑娘们和抢亲的人群撕扭在一起。直到姑娘们的手指被强行掰开，解下腰带，新娘才能脱身。阻嫁仪式结束后，开始给新娘上头，穿戴，蒙上红纱喜帕。在人欢马叫和送亲的歌声中，簇拥新娘上马起程。娶亲的队伍绕蒙古包一周，依依不舍地向男方家走去。这时，人群中不断有人悲切地唱道：

大雁的雏儿，
命运把它系在河边湖畔，

赛拉尔白咚赛。

养大的姑娘,
命运把她抛向海北天南,
赛拉尔白咚赛。

骏马的驹儿,
命运把它系在辽远的路上,
赛拉尔白咚赛。

养大的爱女,
命运把她抛向陌生的他乡,
赛拉尔白咚赛。

离别的歌声喜里藏悲。蒙古族的婚礼歌,就是这样用感人的声调表达人们的思念和感情。

自从派出娶亲的人马之后,男方家中也是通宵达旦宴请宾客,开怀畅饮。贺婚的宾客济济一堂,等待着娶亲的喜讯。当娶亲队伍快要来到时,男方家中派出一支人马在中途相迎。

黄昏时分,新娘来到了。男方家的门口燃起两堆火,新娘拉住新郎从火堆的另一端递过来的鞭梢,从两堆火中间走过。接着是祭灶、拜火神,最后由婆婆为儿媳妇揭去面纱,新娘向主婚人及亲友们磕头行礼。亲友们接过酒杯,祝一对新人幸福美满。这一夜少不了喜筵欢歌,祝颂敬酒。

鄂尔多斯的婚礼结束了,这一至今还在流行的古老的婚礼仪式,表现了鄂尔多斯蒙古族的独特风情。它将我们带回古老的年代,使我们看到氏族社会留下来的抢婚习俗的遗风。新郎全身披挂前去迎亲,到女方家之后绕屋盘旋,主家大嫂的闭门迎亲等,就是古老的抢婚习俗的反映。而新郎家的祭灶、拜火仪式,则带有原始萨满信仰的气息。鄂尔多斯欢乐的婚庆仪式,使每一个到过鄂尔多斯的人都流连忘返。

第二节　傣族的"拴线婚礼"

傣族信仰小乘佛教。宗教思想对傣族民众的思想影响很深,婚礼有时也不得不涂上一层宗教色彩。

按照傣族的传统习俗,婚礼仪式一般先要在缅寺(佛寺)中举行。婚礼开始前,缅寺的佛堂前摆上花毡,花毡上陈设着敬佛用的鲜花和果酒。新婚夫妇到来后,并坐在花毡前。缅寺的和尚便在他们面前诵经,表示对新郎新娘的祝福。然后在早已准备好的托盘中取出两条彩色丝线,分别拴在新郎新娘的手腕上。这就是傣族别具一格的"拴线婚礼"。

也有的人家,结婚时的拴线仪式不在缅寺举行,而是在女方家中举行。

过去,傣族的婚姻大都是"入赘婚",男方从妻居住。无论是短期入赘还是长期上门,结婚当天双方家中都要杀猪宰鸡,宴请宾客。到了晚上,新郎到新娘家去。出发前,新郎穿上新娘亲手为他缝制的衣服,包上漂亮的头巾,背上筒帕(背包),带上砍刀,由媒人、亲戚和新郎的年轻伙伴陪同,到女方家去成亲。一路上鸣枪示警,借以驱邪。女方家得知新郎即将来到的消息,便故意设下许多关卡。寨子门口、院子门口都有人设阻。如果不给新娘的伙伴一些喜钱,便不能通过。好不容易来到竹楼门口,楼门又关上了,新郎还得给喜钱。楼梯口也有人把守,真是步步设防。最有趣的是新娘也被藏起来了,男方要花钱敬酒,才能请出新娘。有的地方,在新郎来到时,新娘的伙伴以泼水和请新郎喝糖水的方式表示欢迎。新郎为了防止被水泼湿,就和前来送亲的伙伴们用毯子蒙头,在混乱中闯进竹楼。这种喜剧性的场面,给婚礼增加了无限乐趣。

之后,正式的婚礼开始了。火塘前面放着一张竹制的篾桌。桌子上摆放着糯米饭团和两只宰好的鸡,还有酒、蜡条、芭蕉和线团。桌子一边坐着主婚人和证婚人。新郎新娘按男左女右坐在对面。这时由主婚人或请一位老人唱《祝福歌》,向新婚夫妇祝贺:

哦——
让我们的祝福，
传进男女老少的耳朵。
让摩弄（知识渊博的人）的卜卦，
变成一只好听的歌。
永远脱离灾难，
永远躲过不幸。

老虎豹子不来伤人，
烈火洪水不来降祸。
要说吉祥的时辰啊，
就是我们选择的今天。

今天，天神撒下了谷种，
今天，天女撒下了花粉，
今天，善良战胜了邪恶，
今天，智慧放射出光辉，
今天，斑鸠逃脱了火线，
今天，白兔躲过了龙口，
今天，猎手交上了好运，
今天，大象走出森林跳舞，
今天，召勐（首领）向百姓施舍，
今天，金块银块比不上的珍贵日子。

苦难被我们抛弃了，
迎来了喜庆的时光。
坐在席上的老人们啊，
我们该给下一代祝福了。

田野民俗采风录

从今天到明天,
从眼前到将来,
你们二位结为夫妻,
要共同操心过日子。
假若养儿育女,
就先生一个相玉(女孩),
让她来坐织布机。

从今天到明天,
从眼前到将来,
你们俩要像筷子成双,
要像枕头成对,
要像两股水汇合一起难分。
白头到老,
长久健康。

我的话句句真诚,
我的祝福充满希望。
起来吧,孩子,
起来吧,孩子。

老人们祝福完毕,主婚人用一条线从新郎的左肩拉到新娘的右肩。其他的长者和亲戚也用同样的方式给新郎新娘拴线。拴线婚礼有一定的规矩,一般是男方的亲戚先给新娘拴线,后给新郎拴线;女方的亲戚则先给新郎拴线,后给新娘拴线。一条条洁白的银线将新郎新娘拴在一起,祝他们同心相连,白头到老。

拴线仪式结束后,婚宴正式开始。在藤子编织的圆桌上,铺一层鲜嫩的芭蕉叶,表示对客人的尊敬。芭蕉叶上摆满了具有傣族风味的佳肴。新郎新娘不停地向客人敬上香烟和糯米酒,当席的客人不时向新郎新娘提出各种各样的问题,要求他们必须一一回答。由此常常引起哄堂大笑,婚礼的气氛十分热烈。

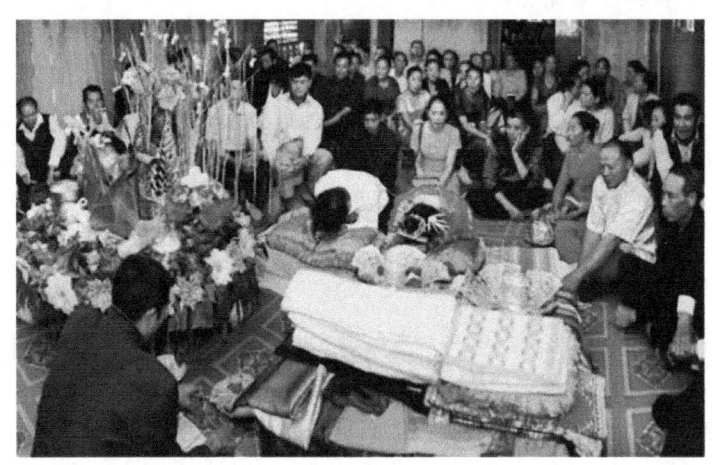

傣族婚礼

傣族举行婚礼时,都要请民间歌手歌唱祝福。在这种场合,赞哈(民间歌手)们主要唱《婚礼歌》。歌词优美动人,常牵动着新郎新娘和许多人们的心。他们尽情赞美"宝石般的小伙子,配给金子一样的姑娘"。或说新郎新娘是天生的一对,男的是田,女的是谷;男的是水,女的是鱼;男的是树,女的是藤。赞颂新郎新娘的爱情从撒种到收获,经历了漫长的岁月,两人共同栽培的友谊树苗,今天已长大,枝叶茂盛,要开花结果了。希望他们不要忘记父母的养育之恩和为操办婚事付出的艰辛;也不要辜负热心的乡亲们,是他们送来了白鸡蛋、黄母鸡,为新郎新娘拴线;祝福新郎新娘永不分离,相爱到老,苦难不挨身,寿命长百岁;愿子孙兴旺,生子像太阳,生女像月亮。这些赞美之词都是用赞哈调来演唱的,委婉动听。

有一首《赞哈》这样唱道:

天下所有吉利都归在今日,
叭桑木底(天神)骑马骑象也在今日,

叭矮孙（天神）登基立王也在今日，
　　天后怀孕生子也在今日，
　　祖先告诫后代也在今日，
　　小孩抓住老虎也在今日，
　　母猪做窝下崽也在今日，
　　麂子献金、猴子献银也在今日，
　　七路白雾上青天也在今日，
　　九千颗宝石落地也在今日，
　　今日里，公鸡拍翅叫，
　　今日里，全寨人欢笑，
　　共同祝福你们成为夫妻。

　　赞哈的祝词十分热烈而壮美。他们是婚宴上人们心理和情绪的代言人。无怪唱到精彩处，人群中会不时发出"水！水！水！"的欢呼声。就连那些躲在婚宴一隅，借婚礼之机寻偶结伴、坐在一起祝酒谈心的未婚男女们，也会受到感染。他们多么盼望如此隆重的婚礼，早日轮到他们自己。

　　第二天，新郎新娘回到男家，男方家要举行同样的拴线仪礼。

　　傣族的婚礼虽保持着传统方式，但由于居住地域的不同，仪式的繁简存在着很大差异。

　　上述婚礼是傣族青年男女从恋爱到结婚都比较顺利的例子。如果遇到双方父母不同意儿女自定的婚事，就要由父母包办或者向男方家索要许多彩礼。这样就会造成婚姻的困难。为了解决这一问题，相爱的青年男女可以通过逃婚、偷婚，抢婚等手段，来达到双方结合的目的。傣族的偷婚大都秘密进行，相爱的青年男女双方约定时间和地点，由男方约几个伙伴，偷偷将姑娘接到男家中，然后请媒人说亲，商定彩礼。这时，女方的父母已无可奈何，不得不降低彩礼要求。

　　抢婚和偷婚不同，是一种半公开行动。往往是男方约同伴数人，带上砍刀、铜钱等，埋伏在姑娘经常经过的地方。当姑娘担水、洗菜或做其他事经过此地时，将姑娘抢走。这时姑娘佯装呼喊，父母和村里的人听到呼声，手持武器前来追赶。

抢婚是傣族的传统习俗，所以一旦有抢亲的事发生，大家也只是虚张声势，假意追赶。常常是抢亲的往东跑，追赶者却往西跑。如因误会，抢亲者和追赶者相遇在一起，这时，抢婚者会鸣枪示意。追赶者听到枪声就会向相反的方向跑去。如果追赶者不注意追上了抢亲者，抢亲的队伍就会撒一些铜钱在路上，追赶的人借拾钱的机会来拖延时间，抢婚于是便告成功。

抢到新娘后，男方家必然庆贺一番。然后请媒人到女方家去说媒，颇有点先斩后奏的意味。媒人到了女方家，起初女方的父母表示很生气，坚持要许多彩礼。女方家父母还抬出一块大石头说："彩礼就要这么多，这么重。"亲友们在一旁说情，不断将石头敲去一角，并说："这么重的彩礼，男方实在无法办到，看在我们的面上，减少一点吧！"直到把石头敲得只剩下一小块，女方父母同意了，才算完事。等到正式结婚时，姑娘仍回到娘家，由男方前来迎娶。女婿会见岳父母时，向岳父母赔礼道歉，然后再回到男方家举行婚礼。

这种偷婚、抢婚习俗，在滇西德宏一带傣族中较为流行。但随着社会的向前发展，婚俗也有了许多改变。

第三节　裕固族的婚礼

甘肃省的河西走廊一带是古代著名的丝绸之路，也是中国古代少数民族频繁出入的地方。现在居住在河西走廊中部、祁连山北麓的裕固族就是这些古老的民族之一。裕固族的族源，有人认为源于唐代游牧在鄂尔浑河流域的回鹘，9世纪中叶西迁到甘肃河西走廊的瓜州（今敦煌）、甘州（今张掖）、凉州（今武威）一带。

传说裕固族在西迁过程中曾遇到许多困难，他们在沙漠中靠公羊找到了水源，跟着银雀找到了方向，最后才在甘肃肃南和酒泉黄泥堡一带定居下来。

裕固族的婚姻形式一般分嫁女、招婿和帐房戴头三种形式。前两种属于父母包办婚姻，特别是嫁女时，索取彩礼较重。帐房戴头是一种陋俗。就是

田野民俗采风录

当姑娘长到结婚年龄,而又找不到合适的对象时,父母未免有点着急;于是为女儿准备好结婚时戴的尖顶毡帽、胸饰、背饰等(俗称头面),另外准备一顶帐篷,预备好待客的酒肉食物,请来亲戚朋友,为女儿举行戴头面的仪式。戴完头面,就表示姑娘已经结婚了,从此以后,她可以与男子自由交往和同居。这种婚姻往往是不稳定的,今天已经绝迹。

过去,还有些富裕人家因膝下无子,劳力缺乏,便从牧民家中买一个姑娘招徕男子,供其使役。这种无儿娶妻现象,对妇女的摧残和压迫是很厉害的,现在也已绝迹。

在肃南裕固族自治县,青年男女可以自由恋爱。恋爱双方只要不是同一部落、同姓和不同辈分的,男方就可以请媒人到女方家提亲。女家父母同意并收下媒人送去的礼酒,又请媒人互换哈达和美酒,婚事就算定下来了。然后再商定彩礼的多少。为了筹办婚事,男方家邀请总东(婚礼主持人)一人,东家(代主人招待来客的人)若干人(必须是双数),还要请人负责后勤等事务。女方家主要请送亲队长和伴娘。

在裕固族婚礼中,民间歌手是重要的角色,必须请能够胜任的人担任。等送完彩礼,准备工作得当了,就择定吉日举行婚礼。

裕固族婚礼一般举行两天。头一天在女方家举行。这一天,亲朋好友都带着美酒和哈达等礼物前来祝贺。婚宴在傍晚时分开始。客人入座后,男方家前来娶亲的东家们,起立给客人一一敬酒,献奶茶。敬酒、献奶茶的仪式在歌手的酒歌声中进行,代表女方的歌手们唱起传统的《新娘之歌》和劝慰新娘的《艾恩特》(《劝嫁歌》)。婚宴充满了欢乐的气氛。

到了天将破晓时分,新娘要改妆起程了。这时两位伴娘搀扶着盛装的新娘步入客厅,走到挂头面的地方,为新娘改妆戴头面。这时新娘的舅舅唱起《戴头面歌》:

啊唠依,
启明的星儿出来了,
新娘应该出嫁了,
东方朝霞升起了,

姑娘该戴头面了。

啊唠依，
新娘坐在镜子面前，
黑油油的头发多好看，
像丝线一样光亮，
像流水一样柔软。

啊唠依，
镶着珍珠玛瑙的头面，
是慈祥的母亲在灯下绣成，
新娘戴上多么漂亮，
好像一架六叉鹿茸。

啊唠依，
穿上这件绣花的长袍，
祝新娘到婆家生个男孩，
戴上这顶带穗的毡帽，
祝新娘到婆家生个女孩。

啊唠依，
送亲的队伍就要出发，
送亲的马队浩浩荡荡，
扬起的灰尘遮天盖地，
把新娘送到婆家门上。

按照裕固族婚俗，只要出嫁的姑娘戴好头面，就表示已经出嫁了，成了男方家的人了。这时，伴娘陪伴新娘走出家门，到专门为她准备的一顶白色的帐篷里，等候上马起程。就从这时起，姑娘不能再进娘家的门。有什么事，

田野民俗采风录

都要通过伴娘来处理。以前相好的姑娘们,都聚集在新娘的帐篷里,唱起《送别歌》。《送别歌》充满了欢乐的格调,不像一般婚礼歌那样悲切忧伤。这种歌采取姑娘们和新娘对唱的形式,从娶亲队伍来到时唱起。歌中向新娘提出一系列问题,请她回答。最后希望新娘不要忘记父母、家乡和女伴。歌词中夹杂了许多戏谑之词,新娘一一作答。她对自己的丈夫和未来充满希望和信心。从中也可以看出裕固族新娘的开朗性格。

天色大亮了,娶亲的队伍在新娘家吃过丰盛的早饭,就要出发了。这时职业歌手(有时是新娘的舅舅和父亲)唱起《送亲歌》,对新娘再做一番叮咛:

迎着早晨的阳光,
给你戴上头面,
去吧,去吧!
要珍惜每一刻时间。

迎着吉祥的阳光,
你再不要泪流满面,
去吧,去吧!
要保持你整洁的容颜。

迎着温暖的阳光,
你就要和丈夫见面,
去吧,去吧!
不要违背你一生美好的心愿。

父母亲就是土地,
儿女是地上的一棵草尖,
从小长在父母的胳肢窝里,
长大像黄鸭一样飞上蓝天。
去吧,去吧!

好女儿呀，
　时间不饶人，
　　赶快戴头面。
　…………

这时，娶亲的人招呼大家赶快起程。伴娘和新娘同骑一峰骆驼，其他亲友骑驴或骑马尾随其后，一路歌声，向新郎家进发。

按照裕固族婚俗，娶亲人马要在离新郎家不远的地方打尖。这时新郎家早就派人带着哈达、酒和各种食品在那里迎候。草地上铺着毡子，娶亲队伍来到时，男方代表将女方家来的贵客请下马，让到毡子上坐下，向他们敬献象征吉祥如意的哈达，请他们吃喝休息。这时，新娘是不能下地休息的，她仍然骑在骆驼上。等休息片刻后，队伍继续前进。这时，新郎要换上岳父家做的服装，歌手们念诵贺词，等候在大门口。

等娶亲队伍到达新郎家门口时，气氛突然变得紧张起来。这时，送亲的人们组织起来，冲向设在新郎家门口的一座小帐篷。这座帐篷是新娘将要歇息的地方。只见几个骑马的人先冲上去，新郎家的亲友看到这一情景，有的敲打帐篷，有的大声呼喊，阻止马匹近前。接着是骑骆驼的冲上来，最后马队、骆驼队一起冲上来。冲上去之后，绕帐篷转三圈，再退回来。这显然是抢婚和反抢婚习俗的一种重演。这一仪式完了之后，新娘从骆驼上下来，由伴娘陪同进入小帐篷歇息。新郎家立即派人给前来送亲的女方家亲友敬酒。

送亲的人径直走到厨房，察看婚宴准备的情况。如果满意，歌手们便唱一段赞美肉山酒海的赞美词。

男家最具特色的婚礼仪式，是向新郎赠送羊小腿和向新娘射无镞箭。

赠羊腿的仪式开始了。只见两位歌手端着酥油、牛奶和缠着一缕毛的羊小腿，走到新郎面前朗诵《约达曲戈美》贺词：

啊！这羊腿的筋为什么是黄色的呢？
啊！因为这是戴门汗的价值一千两黄金的道行所渗透了的羊腿！
啊！这羊腿的血管为什么是青色的呢？

  啊！因为这是成吉思汗的价值一千两白银的道行所渗透了的羊腿！
  啊！这羊腿下端的髓油为什么是冷的呢？
  啊！这象征着新娘将要跟娘家日渐疏远！
  啊！这羊腿上端的髓油为什么是热的呢？
  啊！这象征着新娘将要与婆家日渐亲热！
  啊！这羊腿的腱子肉为什么是一层层的呢？
  啊！这象征着两家今后亲上加亲！
  啊！这羊腿上为什么要缠着羊毛呢？
  啊！这象征着两家今后亲密无间！
  啊！这碗里为什么要放上鲜奶呢？
  啊！这象征着新人的命运比森林、海子还要平稳！
  啊！这碗里为什么要放上一疙瘩酥油呢？
  啊！这象征着新人的命运比须弥山还要崇高！
  啊！这碗的四边为什么也要抹上酥油呢？
  啊！这象征着新人对双亲更加孝顺！
  …………

  这种送小羊腿的仪式表现了游牧民族的婚礼特色。其中的许多比喻深含着裕固族生活的情趣。等如上仪式进行完了，念诵者在新郎的额头抹上一点象征吉祥如意的酥油，并将羊腿挂在新郎的腰带上。仪式便算结束。
  对新娘的射箭仪式是在大门口进行的。这时，男方家的门口早早燃起两堆火，新娘从两堆火中间走向大门。新郎站在大门口，手持一张小弓，搭上三支无镞箭向新娘射去。新娘就势将盖头扔掉，新郎同时折断弓箭扔进火里。
  迈火堆和射无镞箭，是裕固族婚俗中的一种禁忌习俗，关于这一习俗的由来，民间传说做了这样的解释：

  很早以前，裕固族没有火，后来有一位英雄不知从哪里取来了一把火，裕固人才过上了好日子。
  为了不让火种熄灭，每当不用火时，人们就捡来一块很大的牛粪，燃着了埋在火中，用火时把牛粪取出来当火种。

那时，有一对新婚夫妇，男人出远门打猎，只留下新媳妇在家里。临走时，男人什么都交代了，就忘了教给妻子怎样保护火种。丈夫外出，新媳妇感到孤独寂寞，晚上吃完饭早早就睡了。没想到第二天火已经熄灭了。这可怎么办呢？上哪儿去找火种呢？她非常着急。等到傍晚时分，她看见南山坡上有一股青烟直往上冒，新媳妇高兴得不得了，就跑了很远的路，摸黑去借火种。

新媳妇来到南山坡，见一顶帐篷里坐着一位白发苍苍的老奶奶正在烤肉吃。

老奶奶见进来一位年轻漂亮的女人，非常高兴，问她有什么事。猎人的妻子告诉来意，老奶奶很同情她，就让新媳妇将袍襟兜起来。老奶奶在兜襟里放一层灰，再放一层羊粪，然后放一层火；接着再放一层粪，一层火，一层灰。做完了这一切，就让新媳妇回家去了。

新媳妇得到火种，别提有多高兴。她一路跑回家，没想到袍襟里的火灰却撒了一路。

原来那个老奶奶是个三头妖精。从此以后，这妖精便沿着灰路找上门来，吸新媳妇的血。当猎人回来时，妻子已变得骨瘦如柴，不像人样。猎人问明缘由，决心要除掉这个老妖精。

有一天，老妖精又来了，经过一场搏斗，猎人虽然用三支箭射落老妖精的三个脑袋，但他也受伤死去了。妻子见丈夫死去，非常悲伤，便燃起一堆火，把丈夫的尸体烧了；又缝了一个布袋，捡起骨灰埋在地下，砌了一个坟头。

从此以后，裕固人在举行婚礼时，为了防止妖精附在新娘身上，用无镞箭射新娘，借以辟邪。

举行完上述仪式，新娘才可以进婆家的大门，并在伴娘的陪同下拜见公婆，然后与新郎一起向宾客们行礼、敬酒。歌手们尽情地歌唱。

婚礼的最后一个仪式是入帐仪式。新郎新娘入洞房，大家祝贺他们幸福美满、白头偕老。婚礼至此就算结束。

田野民俗采风录

第四节 侗族的"十月头卯迎新娘"

每年的农历十月,当满山的枫叶红透的时候,田里的庄稼收完了,油茶也榨了,各种各样的菜都腌进坛里了。这时,丰收给侗家人带来的喜悦难以形容,更令人难忘的是,侗家人的婚礼也在默默地进行着。

初到侗乡的人们,也许对那里的民族形式的建筑最感兴趣。依山傍水,杉树成林,翠竹掩映的侗族山寨,吊脚木楼鳞次栉比。寨子中心的广场上,高高耸起的宝塔形的鼓楼,重阁飞檐,迎风而立。这里是侗族节日集会和娱乐休息的场所。村前寨后的河溪之上,架着各种各样的木桥、石板桥和竹桥。其中有一种叫作"风雨桥"的长廊式木桥,有的长达100多米,桥上建有宝塔形的楼亭和游廊,铺砖盖瓦,画栋雕梁,气势雄伟而壮丽。在这里凭栏眺望,观赏侗乡风光,会令人心旷神怡。侗乡山区,凡人迹可到之处,都用石板铺路。半山中每隔不远,就建有一座精巧雅致的"风雨亭"。这种园林化的建筑,并非为了招徕游人,而是供上山种田、打柴、狩猎的人们歇息的。从这种公益设施中,人们可以领略到侗族的勤劳智慧和传统美德。

杉木和油茶是侗乡的特产,它们和侗族的生活有着密切的联系。侗族的婚俗也离不开它们。

按照侗族的风俗习惯,小孩出生时,都要种植杉树。为的是18年后,杉树成材,砍伐出售或建造新房,供儿女们婚嫁之用,这种杉树就叫作"十八年杉"。

油茶不仅在侗族生活中不可缺少,在婚俗中也不可缺少。打油茶的原料,主要是茶叶、米花、酥黄豆、炒花生、猪下水、糯米饭、葱花等。一般的制作方法是,先将糯米蒸熟晒干,用明油爆成米花;再将黏米放在烧红的锅里炒,然后放入茶叶再炒一炒,加水,烧干后滤出茶叶;食用时将备好的米花、炒花生、猪肝、粉肠放入碗中,倒进茶水,就成了地道的侗族油茶。如果人们到侗乡做客,正赶上侗族人家办婚事,准可以大饱眼福和口福,看上一出婚礼上侗族青年男女闹"打油茶"的习俗。

广西三江地区的侗族,曾实行婚后"不落夫家"的习俗,即婚后新娘暂回娘家居住,若干年后再回夫家居住。一般是婚礼结束后,新娘在婆家住三四天,就要回到娘家去住。在回娘家的前一天,新媳妇在婆家要举行一次"打油茶"的仪式。

举行打油茶仪式的晚上,寨子里的后生们一个个穿戴整齐,赶到新郎家吃油茶。老人们见后生们进屋,早就回避了。新媳妇也乘机溜进洞房。

后生们见此情景是决不肯罢休的。他们想出各种办法,要让新媳妇走出洞房来,并心甘情愿地给他们打油茶吃。后生们先是礼貌地请新娘出来打油茶。如果久等不出来,他们便用脚跺楼板,楼板发出轰隆轰隆的响声。有时还燃放一挂鞭炮,整个木楼硝烟弥漫,人声鼎沸;后生们高声尖叫,要新媳妇出来打油茶。如果这样还请不出来,后生们就在火塘上架起锅,锅内既不放水,也不放油,将铁锅烧得通红。一些人假装大喊:"不要再加柴了,锅烧裂啦!锅烧裂啦!"有的后生还嫌不满足,将鞭炮丢进锅里。这样闹下去就不怕新娘不出来了。新媳妇怕后生们烧烂锅头闹出祸来,于是打开房门,装出生气和无奈的样子,姗姗走来。这时,后生们却一个个正襟危坐,双手抱膝,装作若无其事的样子,好像刚才发生的事与他们无关。这些"正人君子"的恶作剧,完全是由打油茶而引起的。它从一个方面表现出侗家后生的活泼天性。

新媳妇开始给后生们打油茶。因打油茶的原料是早已准备好的,所以不久香喷喷滚烫烫的油茶便捧到后生们的面前。为了对刚才后生们的恶作剧加以报复,新媳妇偷偷把用细线串起来的糯米团子和猪肠子放进滚烫的油茶碗里,不住地催后生们快吃。但性急吃不来热油茶。刚才不可一世的后生们,此时在新娘的特殊关照下,一个个变得腼腆起来。木楼里充满了欢乐的笑声。

新媳妇打的油茶,按规矩要吃三碗。三碗过后,后生们在碗里放一些钱,多少不计,作为给新媳妇的"针线钱"。这样新媳妇的待客仪式就算结束了。

社会不断进步,婚俗也在相应改变。在现代化的大城市中已很少见到传统的婚礼,代之而起的是一种既经济又简便的"集体婚礼"。与此相比,更有趣的是贵州剑河侗族地区流行的一种近似"集体婚礼"的习俗,叫作"十月头卯迎新娘"。

田野民俗采风录

每年的农历十月，贵州剑河小广侗族地区，青年男女凡是到了结婚年龄，又选好配偶、定了婚约的，都把十月的第一个卯日定为结婚吉日。当地的侗族把这一天称为"嫁女节"。这种婚俗究竟起源于何时，已无可考。民间流传着这样一则传说：

  古时候，小广地区的侗族规定，本寨子的人是不能开亲（结婚）的。青年男女要到很远的地方去选择配偶。由于路途遥远，婚期常常被耽误。有时婚期一改再改，造成亲家之间的不和，青年男女的婚姻常常被拆散。当时寨上有两位老人，看到这种情况，出面召集寨子里的人，商议改变这种风俗。约定本寨的人只要不是同姓就可以开亲。消息传开，侗家人高兴得像过年一样。这天，正是十月的第一个卯日，于是将这一天定为"嫁女节"。每年到了这一天，村寨里总有许多对青年男女举行婚礼。人们穿着民族盛装，吹起芦笙，跳舞庆贺。

小广地区的侗族青年男女婚前社交自由，在走亲访友或节日集会上，男女青年相识后，就可约伴歌唱，互表衷情。如果双方愿意结成伴侣，即可告知父母。得到父母同意后，便托媒提亲。送彩礼时，要准备两副礼担，礼担里装上钱、鲜肉、米酒等。一担送往女方家，一担送往女方舅舅家。礼担送到女方家时，要讨回女方的八字，请人推算。如果男方的八字与女方的八字相合，便择定吉日通知女方家好做婚事的准备。男方家还要托请媒人将一只鸡、一葫芦米酒、一支新毛笔、一锭新墨、一张大红纸送到女方家。

当十月的头一个卯日渐渐临近时，男方家中早已请好了迎亲客。这些迎亲客都是与男方同辈的年轻人。他们在卯日前一天，用新制的枫木扁担，挑一对新箩筐，筐里装糯米、鸭、鲜肉、草烟等，作为迎亲的礼物送往女家，同时去接新娘。

入夜时分，别具一格的婚宴开始了。男方派去的迎亲客被视为上宾，让在主席的位置上就座。女方家的族人和送亲客不断用牛角酒杯敬酒。平时和新娘很要好的男青年也纷纷赶来，有的前来祝贺，有的参与送亲。正当酒酣之时，伴嫁的男女伙伴，乘迎亲客没有丝毫防备时，突然用沾了油的锅烟抹黑迎亲客的脸。顿时，迎亲客一个个都变成了花脸猫。你看我，我看你，一副滑稽相，逗得满屋的人哄笑不止。闹完迎亲客，新娘和女伴们与前来伴嫁的男青年开始对歌。你唱我答，一直唱到新娘出门。

按照侗族的婚俗，新娘从娘家起程的时间常在子夜时分。

迎亲和送亲的队伍在一阵鞭炮声中出发了。女方家的伴娘被视为"黄客"，男方家要派专人服侍她。服侍伴娘的人手持火把，走在迎亲队伍的最前边。其他迎亲和送亲的人尾随其后，一路歌声不止。

迎亲队伍行至半路，选一块空地坐下来。新郎家把早已准备好的食品摆出来，请送亲的人吃半路酒。欢饮之后，送亲的队伍中只有黄客一人留下，负责送新娘到男方家。其余的送亲者便就此告别，返回母家。

在小广侗族地区，男家的婚礼仪式很简单。新娘到达后，首先祭男方的祖宗。祖宗的供桌上放一盆糯米饭和一只煮熟了的整鸭。新娘在供桌对面稍坐片刻，然后撕下鸭腿吃掉，这就表示吃了婆家的东西，从此就是婆家的人了。这一仪式过后，新郎家立即打发一男一女送新娘回转娘家。

第二天，男方家中杀鸡宰猪，大宴宾客。第三天还要请女方亲家过门吃酒。同一天，女方家也请男方亲家过门做客。这样婚礼才算正式结束。婚后新娘暂住娘家，继续过女儿生活。只是到了过年过节和农忙季节，男方家派人请新娘回家住几天，协助劳动。过后新娘又回到娘家居住。这样经过三年五载之后，才过渡到长住婆家。这种习俗就叫作"坐家"或"不落夫家"。

第五节　哈萨克族的《婚礼歌》

哈萨克族是中国北方的游牧民族之一，主要分布在新疆维吾尔自治区的伊犁哈萨克族自治州和木垒、巴里坤两个自治县。青海、甘肃境内也有少数哈萨克族居住。

哈萨克族的婚姻制度，20世纪50年代以前基本上实行封建包办婚姻，而且保留了宗法制度的残余。在哈萨克族中，男性家长享有绝对的权力，妻子必须服从丈夫。正因为这样，所以在结婚时女家向男家索取很多彩礼。少则二三十头牲畜，多则上百头。因此造成富人一夫多妻，穷苦牧民终身不娶的现象。妇女处于无权的地位。1950年代以后，这种不合理的婚姻制度得到彻底改变。青年男女自由恋爱结婚者越来越多，索取彩礼的现象渐渐消失。

哈萨克族婚礼　　　　　　　　　　哈萨克族婚礼上的舞蹈

哈萨克族是能歌善舞的民族，也是热情好客的民族。他们的民间谚语说："如果在太阳落山的时候放走客人，就是跳进水里也洗不清这个耻辱。"所以在哈萨克族居住的"阿吾勒"（牧民的游牧村）里举行婚礼时，是不能让远道而来的客人轻易离去的。当哈萨克族的帐篷里传来活泼轻快的"加尔！加尔！"的歌声和笑语时，就表示传统的婚礼正在那里举行。

哈萨克族娶亲时，小伙子和姑娘们唱的婚礼歌，哈萨克语叫《奥加尔》。《奥加尔》实际上是一首婚礼组歌。内容包括《沙仁》《加尔、加尔》《森丝玛》《告别歌》《揭面纱歌》等。歌词的句式固定，格调明快，辞意诙谐，常用来表达歌者的聪明才智和感情。这种婚礼歌为哈萨克族的生活带来无限乐趣。

《沙仁》是婚礼歌的序歌，一般是在娶亲、嫁女的晚上唱的。当新郎的弟弟约上伙伴到女方家传送喜信时，女家的姑娘和媳妇们在早已准备好的毡房里迎接客人。新娘头顶头巾或面纱，由四位年轻媳妇和少女陪同，端坐在花毡上哭泣。前来迎亲的新郎的弟弟和伙伴们唱起《沙仁》，祝贺、劝解和开导新娘：

　　　　让我把沙仁唱给新娘听哎，
　　　　我从不把它留在心怀；

让歌声像春风轻轻吹荡，
它会使你的心花盛开不败。

你骑过的栗色马体型健美高大，
把它比作新郎官一点也不差；
看你泣不成声，为何这样伤心，
像是已离开阿吾勒，进了婆婆家。

你披的皮袄不必用金丝线缝，
而今一天的哭泣使你精疲力尽；
你要防止被人耻笑为娇弱女子，
像鹰巢里的沙尔恰（捉不住猎物的鹰）那样无用。

《沙仁》反复唱上几遍后，便开始唱《加尔、加尔》。这是一种团体歌，由小伙子们演唱。这种歌每一句歌词的后面都加衬词"加尔、加尔"。其内容和《沙仁》歌一样，也是劝导新娘到了男方家要夫妻相爱、孝敬公婆、勤于家务、和睦相处。有的歌这样唱道：

小伙子唱"加尔、加尔"情意深长，
他们唱的是人生一世的好时光。
假若婚姻不平等，只凭彩礼，
夫妻双方不称心，生活照旧悲伤。

脚踝骨，膝盖骨长在一条腿上，
众人的智慧，才能像大山一样。
请你别为家中的父老牵肠挂肚，
若是孝女，公婆也像生身父母一样。

毡房里"加尔、加尔"的歌声打动着新娘和婚礼参加者的心，特别是毡

田野民俗采风录

房外听歌的老大娘和老大爷们,听到歌声会情不自禁地以"艾木因,艾木因"的《古兰经》祈祷词相和,祝愿每个人都称心如意。

伴随着小伙子们的"加尔、加尔"的歌声,姑娘们和媳妇们对唱《森丝玛》。这种歌是借新娘之口表达与父母、兄弟、亲友的别离之情。这种对唱要持续很长时间。如果姑娘们唱输了,要送给小伙子们手帕。送手帕,也是哈萨克族婚礼的内容之一。正如《沙仁》歌中小伙子们唱的:

  白毡房搭在绿油彩抹过的草滩,
  乡亲们都来赴宴向你祝福,喝彩;
  如果没有那么多送礼的手帕,
  你就用言语致谢,以礼相待。

  白毡房搭在香气飘逸的花海,
  有肉吃的地方,女人们都会聚来;
  如果没有那么多送礼的手帕,
  你就哭个够,再让他们走开。

有的部落的小伙子们唱赢了,就把新娘毡房上盖天窗的毡片揭下来,骑马逃走。而在场的亲友们,也早已备好马匹去追回那块毡片,否则会被视为懦弱。如果小伙子们唱输了,则要从毡房的隔扇下钻出去,毡房里的姑娘们可以狠狠地抽打他们。小伙子不能抗拒这种惩罚,只能抱头鼠窜。

按照哈萨克族的风俗,姑娘出嫁离开父母时,要唱《告别歌》。《告别歌》的内容十分丰富。它表达新娘离开娘家前对父母、哥嫂、弟妹、乡亲们的怀念和依依不舍的心情,听来十分感人。如《唱给妹妹的歌》这样叙述道:

  命运安排我比你先走一步,
  你那种发辫再也不会扎在我的脑后。
  你也不会长期在家中久留,
  终有一天会像我一样一步一回头。

巴扎（集市）上值钱的是花布和条绒，
儿女对父母好比是帮手。
临走时我对你留下一句话，
妹妹呀，要多为父母分担忧愁。

我去受熬煎不分白天黑夜，
你也将步我后尘饱尝苦头。
我今天不得不与你在这儿分手，
一想起这命运，连呼吸都觉得难受。

当新娘唱着《告别歌》走出毡房时，还要抱着门框唱《门框歌》：

毡房门前有一棵牛蒡，
别送我走吧，我的门框。
离别的痛苦我怎能忍受，
此刻我心中充满了忧伤。

天上飞翔的小云雀呀，
愿你再给我唱一支歌。
我实在不愿离开你呀，
告别门框时，请你别难过。

唱完《门框歌》，新娘上马起程，走出阿吾勒不远，然后下马，仍唱着《告别歌》与亲友挥泪而别。

新娘到婆家后，晚上举行揭面纱仪式。男方请来一位通晓哈萨克族礼节、能歌善辩的中年男子。他手拿一根拴有红布的鞭子或枝条，对着新娘的面纱，边舞边唱。唱词除赞美、夸耀新娘的风韵、才能、手艺，勉励新娘要孝敬公婆外，还不时夹杂着一些诙谐的内容：

> 哎哟，系红绸的枝条手中拿，
> 我慌乱地不知如何把你夸奖。
> 刚过门的新娘，请你多多原谅，
> 我给你揭面纱，算你福运吉祥。

歌者一面唱，一面引着新娘，一一拜见公婆、叔嫂和四方亲友。唱毕，将新娘的面纱揭去。

哈萨克族的婚礼习俗歌，至今还保持着它完整的形式。它不仅在婚礼上演唱，在重大的节日庆典上或在夏季牧场上，我们也可看到男女之间或专业歌手们在对唱。由此可见哈萨克族情歌和婚礼歌对这一民族日常生活的影响。

第六节　土家族的《哭嫁歌》

> 传说邻家嫁女娘，
> 邀呼同伴来商量。
> 三三五五团团坐，
> 你哭一场我一场。

这是一首古老的《竹枝词》，它所展示的是一幅土家族婚礼中的"哭嫁图"。诗的意思是说，邻居家的姑娘就要出嫁，同伴们都相约赶来；三三两两围坐在一起，你一声我一声痛哭不止。这和婚宴上举杯相庆的欢乐愉快的场面形成强烈的对比。亦喜，亦悲，悲喜交集。

哭嫁是一种古老的习俗。它在中国的许多少数民族中都有流传和保存。上文所讲哈萨克族婚礼中，新娘唱《告别歌》，告别亲人的场面，是游牧民族哭嫁的习俗。如果有兴趣的话，对中国各民族的哭嫁习俗进行一次全面考察，我们就会看到许多形式各异又独具特色的哭嫁场面，会收集到许多民间的

《哭嫁歌》。将这些哭嫁歌流传的地域、民族编绘成一幅各民族哭嫁歌分布图，便会得知，原来哭嫁习俗在相当长的历史时期和广阔的区域内，都是各民族婚礼的组成部分。

湖南省西部地区的土家族，是保存哭嫁习俗最完整的民族之一。如果在土家族的吊脚木楼采风，土家族妇女一定会将她们记忆中的哭嫁歌和着低婉伤感的声调唱给你听。听到她们那震撼人心的歌唱，你会抑制不住自己的感情，掉下同情的眼泪。许多深知土家族婚礼习俗的老人，也会滔滔不绝地向你讲述土家族哭嫁的趣闻。

每一种婚俗都具有历史的传承性，土家族的哭嫁习俗也是历史流传演变的结果。包括那些最古老的抢婚习俗，在今天的土家族婚俗中仍然保存着。

土家族历史上曾实行过"姑表婚"。姑母之女必须嫁给舅舅之子，名曰"还骨种"。所谓"生女还之母家，曰一女来一女去""姑妈女，顺手娶"等说法，就是指"还骨种"而言的。"坐床"习俗，过去在土家族中也很流行，哥哥死后弟弟娶其嫂，叫作"弟坐兄床"。嫂嫂不能改嫁。在封建社会，土家族属土司管辖。在婚礼习俗中，土司还享有对新娘的初夜权。尽管如此，在古老的婚姻制度下，土家族青年男女还是有一定的婚前社交自由。在每年一度的"摆手节"和跳摆手舞时，青年男女可以自主选择配偶。事后只要征得土老师（巫师）的许可，即可订婚和结婚。清代雍正年间实行"改土归流"政策，在土家族地区强行推行封建包办婚姻。于是"父母之命，媒妁之言"决定了土家族青年男女的命运。在买办婚姻制度之下，妇女完全失去决定自己人生的自由，无法改变自己不幸的命运。于是土家族妇女便借助哭嫁和唱《哭嫁歌》的形式，来宣泄对封建买卖婚姻和家长制的不满。

土家族和其他民族一样，结婚前也有完备的求婚、定亲、送彩礼、送日子等仪礼。娶亲仪礼更是复杂而隆重。其中最有特色的是即将出嫁的姑娘必须哭嫁。哭嫁，作为一种婚礼仪式，含义是十分复杂的。它不仅表现姑娘出嫁之前的惜别之情以及对旧的婚姻制度的不满、愤怒和控诉，而且也常常被视为衡量一个女子才能和德行的标准。谁家的姑娘善哭，就表示她才能出众。所以在土家族地区，姑娘长到十一二岁时，就要学习哭嫁。实习的最好场合，是在婚礼仪式上陪伴即将出嫁的姐姐哭嫁。这样可以得到情绪上的感染，以后随着年龄的增长和生活阅历的加深,到自己出嫁时,心中的喜怒之情自然像开闸的河水一样倾泻出来。

  土家族婚俗中,姑娘什么时候哭嫁,有一定的规矩。一般是在男方择定娶亲的日期时,备一份礼物通知女方家,双方开始做结婚前的各种准备。就在举行婚礼的一个月或半个月前,未来的新娘开始哭嫁。有的地方是七天哭一次,有的地方是半个月哭一次,也有的地方是一开始隔夜哭一次,之后每夜都哭。哭嫁一般在晚上,届时,和新娘要好的姐妹和姑嫂们都到新娘的住处陪哭,一直哭到娶亲之夜。

  在整个哭嫁期间,新娘和陪哭的姐妹都要唱《哭嫁歌》。《哭嫁歌》的内容十分丰富,一般从母女对哭、姑嫂对哭开始,所有的亲人(包括父母、哥嫂、叔伯、姐妹)都要哭到。待嫁的姑娘,在即将别离亲人之际,自然有诉说不完的离愁别绪,其中也含有对亲人的抱怨。如《哭父母的歌》这样唱道:

    我的头发还没有生根,
    我的牙齿还没有长齐呀,
    绩麻纺纱都不会,
    背柴挑水做不起,
    你们就狠心地把我推出门。
    做人媳妇活受罪,
    背不起也要背了,
    挑不起也要挑了,
    做不会也要做了。
    我的肩膀压肿了,
    还满不了人家的意。
    十个指头磨烂了,
    还顺不了人家的心。
    这日子怎么过呀?

    早晓得这一天,

刚把我生下来时,
为什么不把我往泥潭里泡了呢?
早晓得这一天,
刚把我生下来时,
为什么不把我往岩坝上丢了呢?
丢在泥潭里,
还要起个水泡泡哩。
丢在岩坝下,
还能长一蓬草草哩。

出嫁的女儿并不理解父母的心情,她将一肚子的委曲完全倾泻在父母身上,埋怨父母不该把自己嫁出去。

在封建买卖婚姻制度之下,姑娘的命运受到"父母之命,媒妁之言"的摆布,前途未卜,因此出嫁的姑娘有时也将满腔的愤怒集中发泄在媒人身上。《哭媒人的歌》这样唱道:

板栗花开球对球,
背时媒人想猪头。
豌豆花开荚对荚,
背时媒人想鞋袜。
背时媒人是条狗,
这头吃了走那头。
娘家又夸女婿好,
婆家又夸嫁妆多。
树上鸟儿骗得多,
岩坎猴子骗得走。
骗得我爹点了头,
骗得我娘开了口。
…………

总之，媒人在土家族姑娘看来，是搬弄口舌、追求私利的势利小人，所以在哭嫁时总是痛骂媒人一场，好像这一场婚姻悲剧全是媒人所为。

随着娶亲队伍的到来，哭嫁也达到高潮。到了半夜鸡叫时分，要替新娘梳头、开脸，把姑娘原来的辫子梳成"粑粑髻"，请人将脸上的汗毛拔去，眉毛扯成一勾新月的样子。这时要唱《哭上头》《哭扯眉毛》。五更时分，新娘要"吃离娘饭""穿露水衣"，这时又要唱《哭离娘席》《哭穿露水衣》。

上轿的时辰一到，新娘要拜别祖宗了。只见新娘手中拿两把筷子出了房门，往前后各撒一把，表示分别。这时又要唱《哭别祖宗》。告别祖宗之后，灯笼火把齐放光明。新娘上轿时，又要唱《哭上轿》。有的地方新娘上轿后，请巫师杀只公鸡，用鸡血洒在轿子四周，同时将轿子四周打扫一遍。这可能是古老的抢婚习俗的一种模拟表演。鸡血表示抢婚时发生过流血事件，扫轿表示毁去抢婚时留下的脚印。现在的婚俗中，这些只是一种禁忌而已。

土家族的哭嫁

在前往新郎家的路上，新娘坐在轿子里仍然唱着《哭嫁歌》，一直唱到男方家能听到哭声方止。

到了新郎家，举行拜堂仪式。拜完堂入洞房，这时新郎新娘要争先坐在床上，据说谁先坐到床上，将来谁当家。

随着时代的前进，土家族的婚俗也有了许多变化。婚姻自主已成了青年男女普遍的要求。过去的"父母之命，媒妁之言"对他们已失去约束力，哭嫁习俗因而渐渐消失，正如一首民歌唱的：

高山木叶垒成堆，
问哥会吹不会吹。
哥把木叶吹响了，
只动歌声不用媒。

第七节　撒拉族的婚礼

一提起撒拉族，人们自然会想起民间广为流传的《骆驼泉的故事》和古老质朴的《骆驼戏》。

青海省循化县撒拉族自治县的街子地方有一眼清泉，泉水从一峰很像卧地的白石头骆驼的口里喷出来，人们叫它"骆驼泉"。

传说很久以前，阿合莽和尕勒莽两兄弟率领一批撒鲁尔人，翻过无数的冰山雪岭，越过无数的沙漠草滩，来到街子地方打尖。他们是从中亚撒马尔罕来的。因那里的国王嫉贤妒能，千方百计迫害德高望重的阿合莽兄弟，所以兄弟俩被迫离开撒马尔罕。和他们同行的有18个撒鲁尔人和一匹白骆驼。临行之前，有一位德高望重的"上人"为他们念诵《古兰经》，嘱咐他们带上撒马尔罕的一碗土、一瓶水，并对他们说如果哪里的水土与这里的水土重量相同，便可在那里安家。当他们来到青海省循化街子地方时，白骆驼变成了石骆驼，还从石骆驼的口里喷出一眼清泉。他们称称水土，和家乡带来的一样重。从此撒鲁尔人便在这里住下，逐渐发展成今天的撒拉族。

田野民俗采风录

撒拉族的《骆驼戏》

撒拉族人对骆驼泉怀有深厚的感情。不仅有传说在民间流传，而且在撒拉族的婚礼上，还要专门演出《骆驼戏》，借此教育子孙后代不要忘记先祖的功德。撒拉族的《骆驼戏》一般由四人表演，两人反穿皮袄，装扮成骆驼，一人演蒙古人，另一人扮演阿訇。阿訇身穿长袍，头上缠白毛巾，手持拐杖，牵着骆驼，与蒙古人一问一答，叙述撒拉族从遥远的撒马尔罕迁徙到街子的经历。如其中的一段台词说：

蒙古人：阿訇，阿訇！

阿訇：噢！

蒙古人：你这是从哪里来？

阿訇：我从撒马尔罕来。

蒙古人：你牵的这毛长长的、脖子弯弯的、腿高高的是什么？

阿訇：是骆驼。

蒙古人：上面驮的是什么？

阿訇：30本《古兰经》，一杆秤，一个戥子，一碗水，一碗土。

《骆驼戏》的后半部分，由阿訇用撒拉族语言吟唱，主要叙述撒拉族祖先迁徙的故事。唱词中不断用判断句形式提问，台下的观众用"行""对""是"做出应答，演员和观众情感交流，气氛十分热烈。

撒拉族的婚礼仪式上，除演出《骆驼戏》外，还有许多婚礼仪式也独具特色。撒拉族的婚礼也讲究哭嫁，唱哭嫁歌《撒赫稀》。但它只是姑娘出嫁前抒发苦衷的唱调，内容多是对亲友和前来贺喜的人们的祝愿和答谢，如：

善神般的叔叔伯伯们呀，
尽管你们帮不了钱财，
请你们开开金口，
说几句暖心的话儿，
也胜过万两黄金。

仙女似的婶婶大嫂们呀，
尽管你们帮不了钱财，
请你们迈动金步，
背两桶清亮的河水，
恩情也比黄河深。

和土家族等民族的哭嫁习俗不同，撒拉族姑娘哭嫁时不骂媒人。在撒拉族中，不论男女都以做媒人为荣。他们认为，为青年男女搭鹊桥、当红娘、成全一桩婚事，就等于积了一座"米那勒"（撒拉语，意为清真寺里的唤礼塔），被视为功德无量。所以人人乐意为之奔走，并且不希望得到任何报酬。这种助人为乐的美德一直保留到今天。

撒拉族婚俗历来反对送过重的彩礼。在民间婚礼中，送彩礼的声势虽然很大，但所送的彩礼却并不多。相传先知穆罕默德的女儿哈其麦和阿里成婚时，阿里家贫如洗，只有一升大麦、一个手推磨和一床破旧的铺盖。哈其麦非常寒心，对父亲哭诉。先知大不以为然，耐心启迪说，人在世上要知足，有这点家当就应该感谢真主了。哈其麦听了，转忧为喜。撒拉族人一直以此为楷模,忠实履行先知的遗言。所以撒拉族对结婚时摆阔气、讲排场、重物轻人表示不满,婚礼一般比较俭朴。

按照传统婚俗,撒拉人在结婚时,新郎要到女方家去接亲。届时要请阿訇念诵证婚词。念证婚词时,阿訇一般不进女方家门,环坐于门外野地或广场上,新郎在阿訇面前,新娘在屋里炕脚跪听。阿訇念完证婚词,将核桃、红枣、油炸面豆撒给众人,祝新婚夫妇早得贵子。

到了掌灯时分,梳妆好了的新娘由阿舅(舅舅)和叔伯长辈左右搀扶,向后退着走出大门,从左至右绕迎亲的乘骑一周(有的地方是在场院里绕三圈),然后登上前来迎亲的骡马,由女方家将新娘陪送到男方家。

在去男方家的路上,凡遇有同村的女子先嫁于途中村子的,称之为"乡女"。这些先嫁的女子都要捧出清茶食品招待迎亲者。如果这一家和男方家同村,还要给女方家报信,告诉男方家"挤门"的情况,好使送亲者有所准备。

新娘的乘骑来到男方家门口,只见村里的小伙子们都聚拢在男方家门口,一个个摩拳擦掌,准备阻挡新娘入门,这就叫作"挤门"。女方家送亲的人,由一位长辈抱着新娘要进洞房,但双方互不相让,你冲我撞,往往在混乱中将新娘拥入洞房。"挤门"的胜负取决于双方人数的多少。

撒拉族闹洞房是婚礼的另一个高潮。当新娘举行过揭面纱仪式,在洞房坐定之后,年轻人便开始演出一场欢庆戏谑的闹剧。他们将新郎的父亲、哥哥、阿舅捉来,在他们脸上涂上锅烟,戴上破草帽,尽情丑化一番,强拉进洞房让新娘辨认。在这种热闹非凡的气氛中,一切尊卑观念被彻底扫荡了。闹剧何时结束,就看男方家肯不肯给恶作剧的炮制者以可观的赏钱。之后,开始演出传统的《骆驼戏》,婚礼的高潮也就暂时告一段落。

当婚礼完毕时,还要请民间艺人给大家演唱婚礼赞词。赞词对所有的长辈、阿舅、媒人、婚礼办事人、男女老幼、至亲好友、贵宾嘉客都要一一颂赞。最后,祝颂人以女方家代表的身份,对亲家母备加叮嘱:

亲家母,请细听,
几句话儿记在心。
雁过要留声,

人亡要留名。
姑娘身价虽高岁数轻,
没出过大门少见闻。
说高了,海涵的度量多宽容,
说低了,风过耳旁莫嫉恨。
用草秕喂成猫头鹰,
用肉食养壮大鲲鹏,
惹人笑,引人赞,
全在你的指引哩。

民间艺人口若悬河的赞词,等于为两家的姻缘做了总结。

第八节　凉山彝族的抢亲婚俗

四川凉山彝族自治州是中国最大的彝族聚居区。1950年代以前,这里还处在奴隶社会。那时在奴隶主的统治下,奴隶完全失去人身自由。奴隶主可以自由买卖奴隶。一个女奴的身价值十五六只羊,十几个青壮年男奴隶还敌不上一匹好马的价值。在婚姻制度上,买卖婚姻是奴隶制婚姻形态的主要特征之一。

凉山彝族的婚姻形式,除包办婚姻外,还存在一些其他形式的婚姻形态。如姑舅优先婚(姨表不通婚)、转房制(兄亡弟娶其嫂)以及不落夫家习俗等均有流传。其中比较有特色的是抢婚习俗。

彝族的抢婚,分暴力抢婚与模拟抢婚两种。前者往往不经过媒聘,纯粹诉诸武力。抢亲后通过媒人说合,如果男女两家得到谅解,便可正式成婚;如果说合不成,也可能因此结下怨恨,有的甚至男女两家进行械斗,长期打冤家。这种暴力抢亲的习俗今天在彝族地区已很少见到,更多的情况下是模拟式的带闹剧色彩的"抢婚"。

田野民俗采风录

彝族的抢婚常常以"泼水为媒"。在婚前两三天,男方家在亲友中挑选精壮男子数人,由新郎的兄弟带领,赶上一头猪,抬一桶酒,到女方家去迎亲。这支队伍在女方家要经受种种考验。第一个考验是泼水。即当女方家闻知男方家前来迎亲时,新娘的姐妹和至亲好友早就做好了储水准备,专等男方家接亲的人一到门口,一瓢瓢、一盆盆清水劈头盖脸泼来。顿时,迎亲者一个个成了落汤鸡。但迎亲者不能有任何怨言,相反地要表现出抢婚者百倍的勇敢。在一片欢闹声中,迎亲者将身上披的"察尔瓦"(彝语,毛织的披肩)蒙在头上,乘着混乱之机冲进屋里,或者抢过对方手中的水桶反泼过去。这种水战打得难解难分,往往要经过很长时间才能停止。

这里的水战还未停息,那里的摸黑战又开始了。正当迎亲者被泼得无处藏身时,新娘的女友们又用和着辣椒面的锅烟,趁迎亲者毫无准备时,涂到他们脸上,使迎亲者当众出丑,这常常引起人们的哄堂大笑。还有的彝族地区在娶亲时,对迎亲者施以棍棒之礼,或挥动双拳追打迎亲者。迎亲者面对这些突然袭击,只能忍受,不能还击,要表现得宽宏大度,忍辱受礼。因为每个迎亲者都明白,泼水、摸黑和棍棒之礼只是对抢婚者的一种象征性的考验,并非真有敌意。一旦新娘抢到手,自然会化干戈为玉帛,握手言欢,重开喜筵。

一阵骚乱之后,迎亲者抢到了新娘,并将新娘背到屋外一间临时搭起的草棚里,为她梳洗打扮,更换新衣。从这时起,新娘开始禁食。禁食,是彝族婚礼中的一种禁忌。为什么会有这种禁忌,彝族传说是这样讲的:

很久很久以前,有个姑娘远嫁他方,走到半路,新娘要到一边去解手。接亲的人坐在路旁等她(按照彝族的习惯,接亲的都是男子)。不料新娘解手时遇到一只老虎,把新娘吃了。老虎摇身一变,变成新娘的样子,被娶回男家。

男方家结婚的喜酒吃过之后,按照彝族的婚俗新娘要去背水,在背水前,新娘告诉小姑子自己会变成老虎。

这件事被新郎知道了,便千方百计想制服老虎。不料新郎的妹妹也被老虎吃掉了。新郎放火烧,老虎跑了。从此大家一讲起"虎妻"的故事来,都十分警惕，特别是姑娘出嫁时，总是不吃不喝，免得路上解手误事。

这就是彝族姑娘出嫁禁食的由来。这则故事流传在离四川凉山地区不远的贵州省威宁彝族地区。但在云南、贵州、四川许多彝族地区，姑娘出嫁时的禁食习俗却是相同的。

当新娘梳洗打扮之后，便在草棚的一角备酒款待迎亲的客人。酒宴上有彝族传统的摔跤表演。先是小孩摔，接着是男女双方两家来客中的年轻小伙子出场，观战的人们拍手欢呼。比赛之后，新娘开始哭嫁，新搭的草棚被拆去，新娘又一次被迎亲人背入屋内。这一夜，人们举杯畅饮，狂欢达旦。

第二天的婚礼仍在女方家进行。入夜时分，两家的力士又要进行角力比赛。当表演达到高潮时，男方家的迎亲者乘混乱之机，背起新娘就跑。新娘在迎亲者的背上大哭大喊，女方家的人紧紧追上来，但都不是真追。到了男方家，新娘照旧要先进入一个小草屋里。此时男方家杀猪宰羊，设宴招待亲朋好友。这一夜新娘和新郎并不同居。

到了第三天，新婚夫妇同往女方家，叫作"回门"。去时牵一只羊，带一桶酒。新郎用自己带来的酒肉款待女方家的长辈亲人。午后，新郎独自回家，留下新娘在娘家，等到女方家献神时再正式婚娶。

正式婚娶时，还要演一出抢婚闹剧，但这次不是在女家，而是在娶亲途中。这天，新娘打扮一新，女方家派人将她送至半路，男方家在半路抢亲，抢婚变成一种交接仪式。

在云南、贵州两省，彝族虽然居住比较分散，但传统的婚俗却大同小异。抢婚习俗在云南、贵州彝族地区也有流传。云南彝族在姑娘出嫁的十多天之前，寨子里的青年男女早就做好了泼水准备。他们往往在娶亲者必经的路口设卡，在那里钉下木桩，拴上绊索，几十桶水放在路边，娶亲者很难逃脱。一般来说，迎亲时的泼水是泼清水，就是寒冬腊月也不能免去这一仪式。彝族认为，给娶亲者泼的水越多，将来的婚姻越幸福。也有的地方，泼水用的是牛粪水。《西昌县志》卷12记载大小凉山的泼水习俗说："婿家请族中黑彝人为代表，偕媒乘马，率姑荷矛，赍聘赀，负酒布，驱牛羊，先一日往女家，并饰骏马一匹，为新妇乘骑，谓之迎亲。女家则拒迎亲者于门外，以牛粪和水遍泼之,而后延入欢宴。"黑彝是彝族中的上层阶级,在他们中保留的抢婚习俗,对彝族一般民众有很大影响。

云南弥勒市西山地区的彝族阿细人中也流传抢婚习俗,但形式比较简单。在那里,青年男女私订终身后,便约定几个好友,在晚上按事先同女方约定好的地点将姑娘抢回,当夜成亲,然后再请人去女方家说合。

抢婚是一种古老的婚姻形式,最早带有强制性,到了后世才成为象征性的表演。另外,抢婚作为一种婚姻仪式,比较简单,所需要的彩礼也很少。所以多为家境贫寒者所采用。现代社会中自由婚姻增多,因此抢婚实际上已失去它原来的意义。

第九节 土族的婚礼和"道拉"

中国青海省东北部的湟水和大通河两岸,是土族世世代代生活的地方。巍峨的祁连山支脉——达坂山,从东南到西北横跨全境,将这块美丽富饶的土地分割成北山和前山两个自然区。北山是浩门河谷区,这里自古以来就是天然牧场和林区,盛产鹿茸、党参、大黄等名贵药材和白色牦牛。前山土地肥沃,气候温和,适合农作物栽培,盛产小麦、青稞、油菜籽和豆类,是青海省的粮仓之一。

土族是能歌善舞的民族,口头的民间文学特别发达。每当逢年过节或土族人的婚礼宴会上,更是唱家们显露才能的好地方。土族人常说:"不道拉上几句,不像个红罗喜事。"意思是说,不唱"道拉",就不叫办喜事。因而唱"道拉"成了土族婚礼的显著特色。

"道拉"是土族语言,意思是"婚礼歌"。土族把婚礼上唱的成套歌曲称为"道"。"道拉"即"歌唱的意思"。在土族婚宴上,当人们捧起酒杯喝下一口芬芳的"互助大曲"(土族有名的白酒)时,四周就会响起"一道拉呀道尼者"(把婚礼歌唱起来)、"杭不日呀折回者"(唱完了则转回来)的土、汉语相杂的、悠扬婉转的"道拉"歌声。

中国少数民族婚姻习俗

青海土族的婚礼

土族婚礼的特色是以"道拉"贯穿始终。道拉的曲调和歌词一般比较固定。和蒙古族的鄂尔多斯婚礼一样，土族婚礼的每一程序都有婚礼歌"道拉"相随。

土族娶亲时，首先由纳信（媒人）带着礼物前往女方家。当他走到离女方家不远时，女方家的亲朋（一般是穿着民族盛装的妇女）便蜂拥而上，抢走纳信手中的礼物，边舞边唱，边往后退，一直退到女方家的大门口才停下来。这时女方家的大门早已被关上，纳信被拒之门外。妇女们在门内唱歌，要求纳信也用歌声来回答：

阿姑：

　　唐德格玛——
　　我们土族人的子孙哪，
　　唱一支土族人的歌曲吧！

　　唐德格玛——
　　你从新郎家出来的时候，
　　拿什么礼物打发了你？

田野民俗采风录

> 我们的歌儿要回答,
> 回答不上请回家。

纳信:
> 唐德格玛——
> 我跨的马儿很年轻,
> 怎能和大马赛跑哩?
> 我才学着做纳信哩,
> 怎能和阿姑们对唱哩。

> 唐德格玛——
> 东家给我的礼物多,
> 我一件一件地拿来了,
> 白色的母羊我拉来了,
> 一对酒瓶我揣来了,
> 头绳包头我卷来了,
> 锦缎长袍我驮来了,
> 腰带裙子我装来了,
> 浅鞋木梳我没忘掉,
> 红的红的是胭脂呀,
> 白的白的是银粉哪,
> 你唱的歌儿给回答。

阿姑和纳信的对唱要进行很长时间,盘问的内容很多,纳信一一答对了,这才开门请他进家里。

当纳信坐在炕上喝茶和吃饭时,阿姑们又凑在窗前,开始唱《纳信斯果》。这种歌的内容常含有奚落、挖苦、嘲弄的意思,意在挖苦纳信,使他难堪,唱词却很风趣。

阿姑们唱道:

我们姑娘的走手①哪,
锦鸡鸟那样好看哪;
纳信姑爷的走手哪,
老母猪那样难看哪。

我们姑娘的声音哪,
布谷鸟那样好听哪;
纳信姑爷的声音哪,
老叫驴那样难听哪。
…………

有时阿姑们还用一问一答的方式,戏谑纳信:

从哪里来的人,
头好像破背篼?

苏胡家来的人,
头好像破背篼。

从哪里来的人,
嘴好像破庄廓?

苏胡家来的人,
嘴好像破庄廓。

从哪里来的人,

---

① 走手,普通方言土语,指姑娘们走路的体态优美。

田野民俗采风录

鼻疙瘩像马勺?

苏胡家来的人,
鼻疙瘩像马勺。

从哪里来的人,
眼窝像酒盅子?

苏胡家来的人,
眼窝像酒盅子。

从哪里来的人,
耳朵像木盘子?

苏胡家来的人,
耳朵像木盘子。

蹲下的姿势,
一捆豌豆草;
站起来好像个,
一棵歪腰树;
从哪里出来的,
这样难看的人?

从苏胡家出来的,
这样难看的人。

眼望着天上看,
心里想什么?

眼望着天上看，
是不是数橡子？

眼望着墙皮看，
心里想什么？

眼望着墙皮看，
是不是数墙板？

旱烟袋嗿上者，
心里想什么？

是不是没吃饱，
想吃牛肋巴？

是不是没吃饱，
想吃长面条？

是不是想喝酒，
不好意思要？

阿姑们尽情奚落，话说得很刻薄。屋里陪同纳信的男客们有时附和，有时做一些相反的回答。比如阿姑们说纳信长得很难看，头像破背篼，嘴像破庄廓时，男人们在屋里说："我看纳信姑爷长得很干散（精干），并不像你们唱的那样难看。"这时屋里屋外一片欢笑声。当阿姑们还要唱下去时，屋里的人又说："阿姑们饶了纳信姑爷，不要再唱了！"这时纳信一言不发，也不生气。

到了为姑娘改装上马起程的时候了。迎亲的纳信起身，开始唱《依姐》。

这时的气氛和刚才大不相同，变得十分严肃。唱这种歌时，要注意婚礼的进程，要掌握好节奏，不能太快，也不能太慢，一般是仪式完了，歌也要刚好唱完。

当鸡叫头遍时，新娘的姐姐或姑姑替新娘将往日的辫子改成新婚妇女的发式，穿上嫁衣，戴上首饰。这时纳信在闺房门外边舞边唱《依姐》歌，发型改毕，《依姐》也就唱完了。

第二次唱《依姐》是在新娘上马起程之时。这时将新娘请到屋里，坐在红毡上，面前放着佛经、柏香、粮食、筷子、牛奶等。仪式开始，只见一人将如上物品一件一件拿起来挥动，纳信在屋外，见屋里的人拿什么物品就唱什么。然后新娘由兄弟们扶着走出堂屋，来到院子中间，左右各转三圈，再出门上马起程。

在由女方家去男方家的路上，一路都有歌声相伴。送亲队伍到男方家门口时，那里早已铺好了红毡，毡上安放着一张桌子。主人向送亲者一一敬酒、敬献哈达表示欢迎。这时送亲者边唱边舞，对男方家的热情接待表示赞颂。此时新娘被迎进男方家，当晚成婚，举行宴会。席间要唱筵席曲和喜庆赞歌。

在土族婚礼中，媒人纳信是十分重要的人物。整个娶亲过程中，纳信要经历种种考验，才能成就一桩美满的婚姻。所以男女双方都很感激他，并借着婚宴之机答谢媒人。这种谢媒之礼也有一定的仪式程序。媒人面前的一张方桌上放着酥油、炒面、牛奶、酒瓶、酒杯、木匙和一撮白羊毛。谢媒开始时，先给媒人敬酒，赞许媒人说："刘备在东吴招亲，全靠乔老先生，松赞干布与文成公主成亲，全靠隆宝卦丹巴。今天两家成亲，全靠媒人的功劳。媒人把山羊不能走的路走成了人走的路，人不能走的路走成了车路，功高望重。媒人走过的路上应该建宝塔，媒人坐过的地方应该修经堂。"动人的赞词是对媒人最高的奖赏。赞颂完毕，给媒人脸上和额头抹点酥油，嘴里喂点炒面，还要灌上一口酒。在举行上述仪式时也离不开唱歌。

接着是男女双方家的来客借酒敬客，互相赞美一番，如"太阳的光辉没有照，白天黑夜分不清；布谷鸟儿没有叫，春夏秋冬分不清"。婚宴上宾主就是借这种机会唱歌敬酒，交流感情。

土族婚礼的最后一首歌是唱《海姐》，是女方家送亲客人回家时唱的：

西宁城里炮响了，
兵马元帅行动了，
太阳已经下午了，
客人就要出发了。
婆家娃娃等着哩，
阿爸阿妈叫着哩，
热酒还在热着哩，
你的烧炕烧着哩，
海姐，海姐！

第十节　阿昌族的婚礼

　　在中国云南省德宏傣族景颇族自治州的陇川、梁河等县，居住着一个善于种水稻的民族——阿昌族。阿昌人打制的"户撒刀"（又称阿昌刀）锋利美观，著称于世，远销滇西各民族地区和缅甸。

　　阿昌族长期以来和傣族、景颇族、傈僳族等兄弟民族杂居，因此生活、文化各方面都受到这些民族的影响。在婚姻习俗上，由于受傣族影响，青年男女婚前社交自由，流行串姑娘的习俗。但在具体做法上又与傣族不同。

　　阿昌族婚俗，在其历史发展过程中，也曾经历过群婚阶段。传说当时的婚姻关系是一群男子与一群女子互为夫妻。关于这种群婚遗俗，今天虽然已经消失，但在现行的亲属称谓中仍有反映。如阿昌族中母亲一辈的人如伯母、姑母、姨母、舅母等通称为"巴"，父亲一辈的人如伯父、姑夫、姨父、舅父等通称为"龙帕"，兄弟辈的人如胞兄、堂兄、姑表兄、姨表兄等通称为"喳哎"（兄），姐妹辈的人如胞姐、堂姐、姑表姐、姨表姐等通称为"衣"（姐），儿子辈的人如儿子、侄子、外甥、表侄等通称为"早"（儿子），女儿辈的人如女儿、侄女、表侄女、外甥女等通称为"乌早"（女儿）。由此可见，阿昌族的

田野民俗采风录

婚姻集团原来是按辈分区别的。就阿昌族现行的串姑娘习俗来看，不能不说是群婚习俗的一种遗留。

一年一度欢乐的泼水节来到时，傣族和阿昌族同日欢庆。而阿昌族却将泼水节称作"浇花水节"。这一天，如果小伙子看中了一位姑娘，便主动上前要求晚上去串门。如果得到姑娘的同意，小伙子当晚就约上几个伙伴，到姑娘的寨子里去。姑娘事先必须问清与小伙子同来的有几个人，好在同寨的姑娘中找陪客，一般是每个小伙子各找一位姑娘作陪。找好陪客后，还要找鸡，每人一只，并请厨师做一顿丰盛的晚宴。届时，喝酒歌唱，通宵达旦。在串姑娘时，如果男女双方情投意合，以后小伙子便可单独去串姑娘，送一件银首饰给姑娘，就可跟姑娘约好结亲的日子。

阿昌族的婚礼十分简单而有趣。有的地区男方的定亲在串姑娘时进行。只要双方同意，约定日期，小伙子请未婚的男女各一人作陪郎和陪娘到女方家去。等姑娘家的老人们休息了，小伙子点燃两炷香插在女方家的祖宗牌位旁，即可将姑娘接走。这是明接。暗接是小伙子与姑娘约定后，直接把新娘接到自己寨子中，安排在陪娘家住下，然后请媒人到女方家去报信，说明姑娘已被接走，请不要担心。如果女方家同意这门亲事，就带着糯米饭和女儿的衣饰到男方家去，这叫作"看新家"。到男方家后，让女儿和女婿坐在一条板凳上，递给每人一碗糯米饭，小伙子和她娘吃几口，就要对换一次饭碗，类似汉族地区的喝交杯酒，表示相亲相爱，有福同享。

"看新家"之后，女儿随父母转回娘家。到家后，父母把女儿藏在邻居家。下午，当小伙子又一次来接新娘时，需要带一些礼物，并向老丈人磕头求情，这样才可以把新娘接走。

小伙子把新娘接回寨子，先让她到邻居家或亲友家住下。等到大喜之日，远亲近朋前来祝贺。这时要表演"砍金门仪式"。所谓金门，是用金竹扎成的。小伙子举刀轻轻放在金门上表示"开新路"。砍完后金门被抬进洞房，放在床头。接着新娘在前，新郎在后，新郎不住地用砍刀尖在新娘脑后比画，表示驱邪，最后拜堂成亲。

婚宴快要结束时，新郎新娘要走出一里多路，专门去接女方家亲人送来的小饭盆和新娘的女友送来的大饭盆，一路上取笑逗乐。这时，新郎要小心伺候,只要女方送亲人有一点不满意,就会坐在路上不起来,要等新郎赔礼道歉、磕头求情后才肯起来。

第二天,婚宴在女方家举行。第三天,女方家向男方家送大饭盆,将谷种和嫁妆送到男方家。第四天婚礼宣告结束。

第十一节　维吾尔族的婚礼

新疆维吾尔自治区是中国面积最大的省区,面积约占全国陆地总面积的六分之一。横亘自治区中央的天山山脉将新疆分为自然景色各异、风貌迥然不同的南北两部分。天山南麓俗称南疆,是维吾尔族聚居区,自然风光、风土民情独具特色。

从新疆维吾尔自治区首府乌鲁木齐出发,乘坐长途汽车,穿过塔克拉玛干大戈壁,经四天跋涉,就可到达中国最西部的边境城市——喀什。如果人们在瓜果飘香的季节来到这里,定会被这里的风情所陶醉。通往市区的马路两旁,垂柳成荫,瓜果飘香。穿着各色彩绸服装的维吾尔族妇女婀娜多姿;骑着毛驴、银髯飘逸的维吾尔族老人怡然自乐。此情此景,自然会使人联想到两千多年前这座古城的身影。在名闻遐迩的丝绸古道上,有多少历史文化名城,古楼兰、高昌、交河等被黄沙吞没了,但发源于帕米尔高原的喀什噶尔河,却用乳汁般的雪水滋润着这片干涸的土地,使它变为肥美的绿洲。喀什,这颗绿洲中的明珠,永远展露着新姿。

喀什,有人说是"绿色的琉璃屋瓦"的意思,又说是"玉市"的意思。平时人们都说喀什是"花的城市"。的确这里的花美,人美,风情更美。当漫步在喀什大街上时,一辆辆卡车疾驰而过,车上挤满了维吾尔族青年,他们敲着鼓,弹着冬不拉琴,一路歌声,一路欢声笑语。这时有人会告诉你,他们是去参加一对青年人的婚礼。

维吾尔族信仰伊斯兰教,婚礼按照传统习惯分两天举行。在一般情况下,男女相爱,在举行过订婚礼、登记领取结婚证书后,商定结婚日期,到时男方即可娶亲。婚礼虽然比较简单，但隆重而热烈。

婚礼的第一天在女方家举行，这一天，新郎由伴郎陪同亲自到女方家去迎亲。到了女方家，男女客人分两厢站定，阿訇和伊玛目（均为宗教职业者）出面念诵《古兰经》，并主持婚礼。阿訇先问新娘："某某，你情愿嫁给某某为妻吗？"由于害羞，新娘总是低头不答，性急的伙伴在一旁催促。等了好久，阿訇又一次问她："某某，你情愿嫁给某某为妻吗？"新娘仍不回答。阿訇第三次再问新娘，新娘这才低着头羞怯地回答："我情愿。"这时，阿訇又问新郎："某某，你情愿娶某某为妻吗？"新郎虽然也觉得不好意思，但心情迫不及待，所以总是在阿訇第一次问他时，就爽快地回答："我情愿。"阿訇高兴地点头，立即念诵《古兰经》，为新人祝福，勉励他们互敬互爱，尊老爱幼。接着，按照维吾尔族的传统礼节，阿訇拿出两块蘸着盐水的烤馕，给新郎新娘每人一块，让他们当众吃下。这种馕虽然咸得发苦，但它象征新婚夫妇愿意同甘共苦，白头偕老。在场的亲友们都向新郎新娘祝贺，并跳起欢乐的舞蹈。舞毕，宾主入座就餐，女方家的婚礼就算结束了。

下午，新娘穿上鲜艳的花裙，戴上项链，头蒙红纱巾，在一群姑娘的簇拥下走出家门。这时女方的歌手们以新娘母亲的口吻唱起《劝嫁歌》：

> 年轻无知的小羊羔啊，我的孩子！
> 说话比蜜还甜的女儿啊，我的孩子！
> 你还不到十五岁啊，我的孩子！
> 爹妈打骂也不出门的女儿啊，我的孩子！
> 我黑眼睛的小海狸啊，
> 如今你要离我而去，我的孩子！
> 我的翅膀折断了，我的孩子！
> 我的美丽的小雏鹰，
> 如今你要离我而去，我的孩子！

歌毕，新郎新娘分别乘坐彩车或骑马向男方家进发。一路上，同来迎亲的小伙子们打起手鼓，摇起"撒巴依"，弹起"热瓦甫"，吹吹打打，唱着喜歌走在迎亲队伍的前头。沿途的乡亲们可以在半路上拦驾，这时新郎将右手放在胸前，频频施礼，同时给围观的孩子们撒喜糖。有时迎亲队伍还要停下来就地歌舞一番，这也是维吾尔族婚礼的仪式之一。

新娘来到男方家门口，按照维吾尔族的古老风俗，门口早已点燃起一堆神火，这火是用来辟邪的。客人们分别勾起一点火，在新娘头上绕三圈，新娘向客人们分送礼品，然后绕火堆转一圈，才可登堂入室进入洞房。如今这一仪式已不多见，迎接新娘的则是鲜红的地毯或毛毡。

第二天是婚礼的高潮——揭盖头仪式。这一天同样是在欢宴中度过的。喜筵开始时，男女双方的至爱亲朋必须用冲壶洗手，然后依次围坐在地毯或毡子上。客人面前洁白的饭单上摆满了喜糖、葡萄干、杏干、大枣、花生和糕点。主人用具有民族特色的烤馕、抓饭和羊肉招待客人。抓饭是维吾尔族独特的食品，用大米、羊肉、胡萝卜、洋葱、清油混合焖煮而成，色香味俱佳。维吾尔族吃抓饭不用筷子，也不用勺子，用手来抓，故名"抓饭"。人们边吃边谈，异常兴奋。小伙子们更是情不自禁地弹起"都塔尔"，引吭高歌，跳起欢乐的维吾尔族舞蹈。饭后，年长的客人们告别离去，只有青年男女们留下，等待为新娘揭盖头。

揭盖头时，男女双方的主要客人必须在场。女方客人在左，男方客人在右，同做"都瓦"（祈祷）。这时男方有一客人（一般是妙龄少女），突然从人群中跑出来，轻巧敏捷地将新娘头上的面纱揭去。新娘的真容显露，整个新房便欢腾起来。这时欢乐的歌舞开始了。一对对青年男女在手鼓和热瓦甫的伴奏下，踩着鼓点，和着乐曲，跳起传统的"刀郎舞"。新郎新娘在大家的邀请下，步入会场，轻举舞步，巧转腰肢。所有在场的人也都纷纷参加，一直欢歌曼舞到夜阑，方才尽兴而归。为期两天的婚礼这时便告结束。

田野民俗采风录

第十二节　纳西族的婚礼

　　激流滚滚的金沙江，从云南省西北部的塔城奔流南下，流经巨甸、石鼓折向东北，形成著名的长江第一湾。当江水流经玉龙雪山和哈巴雪山之间时，又形成长达12公里的虎跳峡大峡谷，水流落差300多米，雪山辉映，瀑布倾泻，是滇西高原不可多得的风景胜地。金沙江水继续往北流到与四川省比邻的三江口，又形成一个大湾，急转向南，流经奉科、宝山，到达梓里，进入大理白族自治州。就在这玉壁银峰的玉龙山下，有一个一马平川的平坝，叫丽江坝子，这里世世代代生活着勤劳朴实的纳西族人民。

　　云南丽江纳西族地区，不仅风景优美，山川秀丽，而且具有悠久的历史和文化。享有盛誉的纳西族东巴文字，是目前世界上少有的比较完整和系统的古文字。东巴文化也是纳西族古文化发展的高峰。此外，纳西族民间还流传着丰富多彩的口头文学作品。独具一格的民间大调（口头叙事长诗）《游悲》《鱼水相会》《蜂花相会》等，想象瑰丽，比喻贴切，是脍炙人口的优秀作品。这些作品形象地反映了纳西族青年男女的爱情生活及妇女的悲惨命运。谈到纳西族的婚姻习俗，必须从叙事长诗《游悲》讲起。"游悲"是纳西族语，意思是"殉情歌"。这种歌常常在节日活动或超度殉情者亡灵的日子里，由男女歌手用"骨气调"吟唱。

　　《游悲》故事的主人公是一对互相爱慕的青年男女。女方小的时候就被父母许配给别人，一包茶叶、一斗大米、一对银镯子便定下了终身。男方的命运也同女方一样。小时候，父母做主找了个素不相识、又懒又丑的姑娘。他感到无比愤慨。可是灾难又接踵而来。正当男女主人公热恋时，男方又要被拉去当兵。为了反抗家长包办婚姻和统治者拉兵，这对恋人发誓生相爱、死相伴。他们同去烧香求签，到街上买来殉情用的东西，选定一个吉利的日子到玉龙山殉情。

　　长诗的最后部分描写理想中的"玉龙第三国"，那里是天上没有乌云、日

维吾尔族新娘的毯轿

月放光、彩云游动、山洁水清的仙境;那里"雉鸡当晨鸣,黑狐当家狗,白鹿当耕牛,斑虎当马骑","男的吹笛子,笛声多悠扬,女的弹口弦,弦音多和谐"。这显然是青年男女追求的自由王国。

《游悲》中所反映的纳西族青年男女殉情的现象,在纳西族地区并不是个别的。在旧的婚姻制度下,它曾经是一种普遍现象。造成殉情的原因是多方面的,而"婚姻听从父母""婚配必通媒妁"的包办婚姻是主要原因。

过去在丽江纳西族家庭中,父亲享有支配一切的权力,儿女无权过问自己的婚事。妇女的地位更低,许多禁忌限制她们的活动。以往在纳西族地区,男女小孩在四五岁或七八岁时,只要生辰八字相合,男方父母便请媒人到女方家说亲。如果女方父母同意,就举行定亲礼。到了十三四岁时,男方将已经定亲的女子接到家,举办酒席接待,谓之"认亲礼"。在认亲礼上,男方送给女方衣服、手镯、耳环等礼品。之后,每年的夏收季节,男方请女方到家,帮助收割,并送给女方家麦子或其他粮食,作为姑娘的私房的一部分。春节期间,男女双方要有人陪同分别到对方家拜年。但他们二人之间不能谈话与往来。到了20岁左右,才可选择吉日举行婚礼。

纳西族青年男女婚前社交比较自由,但早婚和父母包办破坏了男女之间的自由结合,所以在纳西族地区产生殉情现象便不足为怪。

纳西族的婚礼一般要举行三天。婚期来临时,按照纳西族传统的"不能见天"的习俗,要在天井里搭起凉棚,棚顶上盖红布或红绸子,棚下铺松毛;还要专门扎制迎亲牌坊和准备结婚用品。这些事都要请族中能干的男性长者主持。婚礼举行时,屋内屋外张灯结彩,洞房门上悬挂一个用红纸裱糊的筛子,上写"麒麟在此",并插三支用柳枝或桃枝做的箭,以防白虎进门,这也是一种禁忌。

这一切都准备得当后，男方家就要派人到女方家去送彩礼。去时由媒人带领男方家的亲友和吹鼓手，一路吹吹打打，把衣服、首饰、酒、肉、钱等彩礼送往女方家。当晚，新郎要请一位父母双全、兄弟姐妹多的小男孩在新房内陪住，习俗谓之"压床"。

纳西族送彩礼

第二天是正式接亲的日子。早饭后，男方家派出的迎亲队伍出发了。他们带着接新娘用的大红褂、红巾帕、花轿等。有的地方迎亲时还带去两桌酒席，每桌八大碗，包括大肉、酥肉、丸子、粉丝、百合、竹笋、木耳、八角等。迎亲的路上，如果遇到其他迎亲队伍，双方要停下来。这时，两位新郎要很快脱下一只鞋子扔出去，谁丢得远，谁就会得到吉利和幸福。

当女方家听到接亲的队伍快要到了时，新娘开始哭嫁。伴娘和亲友们在一旁劝解，并为新娘梳头、插花、更换新衣，替她披上红大褂，戴上红巾帕，哭拜祖先、父母和亲友。当新娘起程去男方家时，要由一个兄弟或侄子陪送，其他亲友和女伴相随。男方家送的衣物要全部带走，女方家陪嫁的物品如衣柜、铜器和生活用具以及其他行李也要送往男方家。

当女方家的送亲队伍将要到达男方家时，路旁的人可以抢夺新娘的红头帕。无论谁抢到头帕，都要用几盒糖才能赎回。如果新郎不去女方家迎亲，也可以在半路相迎。送亲的队伍到了门口，男方家的大门却紧闭着。这时女方家送亲的人要在门口唱调子，请求快快开门。经过一番对唱，大门洞开，门槛上放一个红纸糊的马鞍，新郎新娘必须跨过马鞍进大门，表示一生平安。也有的时候请纳西族的巫师念经，并在新娘的脑门上点几点酥油表示祝福；还有的地方的纳西族在大门口准备清水一碗，新娘进门时，由媒人朝新娘头上泼水，表示新娘从此以后就是男方家的人了。稍候，新郎新娘拜天地、祖宗、公婆，互相对拜，并向亲友们敬酒。

男方家的婚宴十分隆重。宾客中，女方家陪送新娘的男子被视为上宾，必须坐在正席上。女宾中，母亲和伴娘最受尊重。新房内新郎和新娘由几个小孩陪同，在吃"回席"（接亲时男方带去的两桌酒席，女方家退回一桌，谓之"回席"）。入夜时分，男方家还要准备一些糖果酒食招待客人。前来参加婚礼的青年男女则燃起篝火，唱起《结婚调》，或跳起舞来，表示对新人的祝贺。青年们还通宵达旦，想尽各种办法闹新房。

第三天，新郎新娘要回女方家，回拜女方家的父母和亲友，谓之"回门"。回门时要带些米、糖、酒之类的礼物，女方家则宴请宾客。在纳西族婚礼中，无论男女两家相距多远，回门时都要当天赶回男家，不能在女方家里留宿。

纳西族婚礼的最后一项仪式是"送喜神"。喜神是指迎亲时的吹鼓手们。婚礼仪式结束后，拆去凉棚，吹鼓手们讨了工钱，要回家了。临行时，新郎用猪骨头、木柴棍做出追打的姿态，谓之"送喜神"。至此，纳西族的婚礼宣告结束。

第十三节　鄂温克族的婚礼

在内蒙古自治区的东北部，蜿蜒曲折的额尔古纳河沿着中俄边境由南向北静静地流淌，河东岸是森林密布、绵亘南北的大兴安岭。大兴安岭北边是一望无际、美丽富饶的呼伦贝尔大草原。在呼伦贝尔草原的中南部，海拉尔周围地区便是鄂温克族世代居住和生息之地。发源于大兴安岭的海拉尔河、伊敏河、辉河、锡尼河、维纳河、奎腾河以及大大小小、星罗棋布的600多个湖泊和清泉，滋润着这块土地，为鄂温克人的游牧生活创造了天然的牧场和狩猎环境。

"鄂温克"是鄂温克族的自称，意思是"住在大山林里的人们"或"居住在山林和草原上的人"。独特的自然环境、独特的生产方式和生活方式决定了鄂温克人独特的民俗风情，婚礼习俗也是这样。

鄂温克族的婚姻严格实行一夫一妻制。青年男女婚姻的缔结只能在不同氏族之间进行，同一氏族内禁止通婚，违反者要受到习惯法的严厉制裁。

　　从前，鄂温克族中也曾遗留有群婚制的残余。一个氏族的女子同为另一个氏族的男子之妻，或一个氏族的男子同为另一个氏族女子之夫。现在这种婚姻习俗已经消失。"夫兄弟婚"和"妻姊妹婚"也曾在鄂温克族中流行。此外，有些地区过去还实行过"小女婿"婚俗，即当孩子还很小时，父母就代为定亲，有时甚至"指腹为婚"。这给青年男女带来很多痛苦。

　　鄂温克人的婚前说媒和定亲习俗十分有趣。如果男方家相中了一位姑娘，就请一位能说会道又懂得婚礼规矩的人，带两瓶酒到女方家去说亲。媒人到了女方家，先拿出一瓶酒向女方家长敬酒，并说："某某的长辈让我到你家来做客。"女方家长听了这话即明白来意，于是示意让自己的女儿回避。过了一会儿，媒人又拿出一瓶酒，跪着向女方家长敬酒说："据某某长辈说，你家有一个金匣子，内装一把闪光的金剪子，还有使用金剪子的即将出嫁的爱女；我们那里有一位握有白玉箭环，手拿彩色弓箭，能射穿山崖的哈嘎（身强力壮的青年），想娶你的爱女为妻。"女方家长听完这些话，赶快否认，说自己没有这样贵重的物品。媒人又接着说："某某的长辈说，和你们交往，木头马镫踏坏了，也没发生过冲突；铁镫虽被磨断了，也没有过冷热和矛盾。从古到今没断过姑舅关系，若有两匹马，平分着乘骑；只有一匹马时，一同乘骑。临走时长辈们嘱咐，等听到女方和悦满意的答复再返回。"

　　这时候，如果女方的父母表示同意，便会说："客人既然这么坚持，我们没办法，只好从甘珠尔庙一带找到一只羊羔交给你吧！"媒人高兴地说："你说的羊羔将会变成女孩，可喜可贺。"说罢向女方父母磕头，表示感谢。

　　按照鄂温克族的习俗，当女方父母初步同意女儿的婚事后，男方家还要两次派媒人去女方家商定订婚日期和送彩礼的日期。彩礼的多少根据男方家庭的经济情况来定。经济条件好的送大牲畜，如马、奶牛、羊等，或者送一些驯鹿、灰鼠皮和酒。

　　鄂温克族的婚期，一般由女方父母决定。快要举行婚礼时，男方无论离女方家多远，都要提前把自己的"撮罗子"（帐篷）迁移到与女方家靠近的地方，同时要将通往女方家道路两旁的树皮刮掉一些，表示给新郎开道。

　　举行婚礼的那天，通往新娘家的道路上，男方父母和"乌里楞"（村落）

中所有的人，都要送新郎到女方家去度初夜。娶亲的人们排成一列长队，为首的长者手捧神像，新郎随后。男方父母和其他人紧随其后，最后是牵驯鹿的人。与此同时，新娘和她的父母以及"乌里楞"的人们也列队前来迎接新郎。一对新人相遇后，先要和神像接吻，然后新郎和新娘拥抱接吻，并从新郎家送来的驯鹿中挑选两只，让新郎和新娘各牵一只，绕"撮罗子"转三圈。最后请大家进撮罗子吃喜酒，一直欢宴到深夜。

鄂温克人的婚礼很简单也很热闹。举行婚礼的地方往往不在室内而在室外。在早已清理好的河滩谷地上燃起一堆篝火，人们把新郎新娘从"撮罗子"里簇拥到篝火旁，围成一个半圆。主婚人宣布婚礼开始，并斟满两桦树皮酒杯的酒，交给新郎新娘泼在火堆里祭火神，然后由新郎新娘次第向双方父母敬酒。这时，参加婚礼的人和新郎新娘一起手拉手围成一圈，载歌载舞。

婚礼上跳舞是鄂温克族的传统习俗。这种舞蹈大都不用乐器伴奏。有一种妇女们跳的舞叫作"啊罕拜"，舞者不时发出"啊罕拜""哲呼哲""扎海！扎海！"的呼喊声。有时还跳一些模仿动物动作的舞蹈，借以增加婚礼的欢乐气氛。之后，新郎新娘在女方家度初夜。也有的地方歌舞之后，由女方家同姓妇女陪同，将新娘送往男家，在男方家举行婚礼。

第十四节　多彩的哈尼族婚礼

在中国云南省元江和澜沧江之间的广大地区，哈尼人居住分散，支系繁多。各地的哈尼族有不同的自称，如哈尼、爱尼、碧约、卡多、豪尼、叶车、峨努等。其中自称哈尼的，主要居住在红河哈尼族彝族自治州；自称爱尼的，居住在西双版纳和澜沧地区；自称碧约、卡多、豪尼的，居住在思茅地区和元江地区。

哈尼族支系有20多个，加之居住的地域不同，因而婚姻习俗存在着很大差异。居住在西双版纳的哈尼族，过去曾实行一种叫作"逃婚"和"领婚"的习俗。

田野民俗采风录

西双版纳澜沧江一带的哈尼族，每到秋收以后，小伙子们便到其他村寨去寻找配偶。如果男青年选中了一位姑娘，即去姑娘家求亲。女方父母如果同意，就用好酒款待求婚者，否则女方父母的态度很冷淡。得到女方父母同意的小伙子，和姑娘私下约定好，趁家长不注意时，双方逃走。只要逃出寨门，他们的婚姻便被认可。还有的哈尼族地区，结婚时流行一种叫作"领婚"的习俗。那里的哈尼族未婚青年男女和傣族一样，有自己的青年组织。男青年组织和女青年组织的头头，都在年纪大的未婚者中选出。由他们负责管理本组织未婚青年男女的社交活动，调解爱情纠纷和对那些在两性关系中违犯哈尼族传统习俗的成员，加以教育和处罚。同时他们也可以批准和协调不同村寨青年男女之间的爱情关系。有了这样的组织，就保证了青年男女之间社交活动的正常进行。青年男女之间通过正常的社交活动定下终身，男方便请媒人去求亲。女方父母如果同意，就正式缔结婚约。这时男方酌情送些彩礼给女方。

哈尼族的结婚仪式非常简单，只是男方派两个媒人和迎亲者去领回新娘即可。话虽如此说，但要领回新娘也不是简单的事。因为女方的伙伴在新郎家派人领婚之前，早已将新娘藏了起来。迎亲者要领到新娘需费一番周折。领婚者们早已商量好，一部分人与女方家的亲友周旋，另一部分人侦察新娘的踪迹。如果早同新娘约好，提前将新娘领走就省事多了。接到新娘之后，在前往男方家的路上，领婚者高声唱歌，表示新娘已经找到。男方家里的父母也感到脸面光彩。

西双版纳勐海一带的哈尼族在接回新娘之后，要由男方已婚的姐妹剪下新娘的三缕头发，并为新娘洗头洗脚。

哈尼族的婚礼一般在传统住宅"大房子"中举行。婚宴开始之前，新婚夫妇要共吃一个鸡蛋和一只公鸡，还要同吃一只猪的右前腿。宴会开始后，新娘向参加婚礼的人一一敬酒。这时会唱调子的老人唱歌表示祝福。歌词的内容大概是：祝新娘第一胎生个女儿，第二胎生个男孩；祝夫妻二人爱情坚定。老人还说："男子就是讨十个妻子，也是第一个好；女子就是嫁十家，也是第一家好。"

最有趣的是，在婚礼上要强迫本寨年龄最大而又没有成家的男子吃猪尾巴，就是不吃至少也要叫他舔一下。这对那些大龄青年来说，往往十分尴尬，但也是借此促使他们赶快成婚。

居住在哀牢山上的哈尼族支系叶车人，婚礼多选在黄昏时分进行。届时，男方请一对父母健在、儿女双全的中年男女到女方家迎娶新娘。女方家要用好酒好肉招待这对迎亲客。酒宴上迎亲者当面交出三枚叫作"后恩阿玛"的小贝壳，作为完婚的礼节。这时酒席上的歌手们唱起《送嫁歌》：

> 圆圆的月亮升在天上，
> 鲜艳的山茶花正开放。
> 展翅的鸽子要飞了，
> 养大的女儿要出嫁了。
> 姑娘啊，告别生养的父母，
> 就要到陌生的地方去安窝。

正在"公房"里梳妆打扮的姑娘听到这幽怨的歌声，想到就要离开故乡和亲人远嫁他方，便会呜呜咽咽哭起来。

太阳下山后，女方家请一位父母健在、儿女双全的妇女，陪伴新娘离开家门。这时新郎带领一群伙伴等候在半路，一见新娘到来，立即点燃起三束松明火把插在路上，路旁插两根带叶的竹竿，两根竹竿之间拉一根白线。新娘到来，跨过火把，扯断白线，就表示已经成为男方家的人了。

到了男方家，走进大房子，新娘先向男方的祖先磕头，再向酒席上早已等候的长者们行礼。新郎送给新娘一碗夹生的米饭，要新娘吃下，表示愿意同甘共苦。当晚，新婚夫妇并不同房。

哈尼族习俗认为，新婚之夜夫妻同床，今后的爱情不会长久。

居住在金平县的哈尼族，则是先结婚，后求婚。那里的青年男女只要本人同意便可结婚，连订婚日期和结婚日期也对双方父母保密。

结婚是在双方选定的吉日的黄昏。届时，新娘由伙伴送到寨子边等候男方来接。等新娘被男方家接走后，女伴们才回家。新娘在离家前，要背着父母在邻居家把一升糯米煮的饭包成两个饭包。其中的一个饭包中放一个煮熟的鸡蛋。这两个饭包，由新娘背到男家。新郎接回新娘，请寨子中的亲友吃酒。吃酒前，先请寨子中一位中年或老年男子打开糯米饭包，取出鸡蛋；再请一位老年男子破开鸡蛋，一半放在新郎的饭碗上，另一半放在新娘的饭碗上。然后再把新郎的半个鸡蛋合在新娘的半个鸡蛋上，象征着两性结合和生育子女。习惯上这种鸡蛋要请一个儿童吃掉。

婚后第三天，男方家请两位男媒人去女方家，向女方的父母正式求婚。媒人去时，也要带两包糯米饭，其中的一包中也要放一枚鸡蛋，表示男女已经结婚。媒人虽然要往来多次，但这时木已成舟，女方父母只好勉为其难表示同意，并且要请媒人吃饭，向男方索要一定的礼金，然后正式举行回门礼。

居住在墨江一带的哈尼族碧约人，未婚青年男女的婚前社交比较自由，但结婚要征得双方父母的同意。这里的订婚习俗十分特别，美其名曰"踩路订婚，不用媒妁"。只要男女双方情投意合，双方的老人就要同走一段路。如果路上没有遇到兔子等野兽，就算是订婚了。这就叫"踩路订婚"。

碧约人在姑娘出嫁时，盛行哭嫁习俗。即便是自由恋爱的，结婚时也不能免去这一仪礼。哭嫁，也叫哭婚，一般从姑娘出嫁的前三天开始。哭得越凶，越受到人们的赞扬，因为这表示姑娘对父母的感情很深。哭嫁时唱传统的《哭嫁调》，内容多讲述碧约人的来历。母女对哭时，母亲教诲女儿如何孝敬公婆。

叶车姑娘出嫁时，舅舅要送一件蓑衣、一个精制的金竹背篓做陪嫁。新娘的弟弟要送给出嫁的姐姐一条手链和精心编织的棕背带。父母则陪送一个猪头，供新娘到婆家后拜堂或拜祖先时用。女方送嫁的人数事先商定，最少八人，多则几十人。送嫁的人出发时，带去陪嫁的被褥、木箱，还有送给婆家的猪头等。同时带上酒、菜、肉饭等，以便在送亲的路上吃。

新娘到了男家后，首先向灶神和祖先磕头。新娘进男家后的第一餐饭由婆婆陪同进餐，其他人不得参加。晚上跳舞，唱歌，闹得通宵达旦。新婚之夜，男女不同床。第二天凌晨，鸡叫两遍时，新娘开始梳洗，并挑水做饭招待客人。直到把贺喜的客人送走，婚礼才告结束。

墨江一带的哈尼族在迎亲时，新娘的伙伴们用早已准备好的橄榄果袭击新郎。迎亲者用洋伞、雨帽抵挡，只能招架，不能还手。这种橄榄仗是对新郎的一种考验，表示先苦后甜。

哈尼族的婚俗多种多样，无论哪种形式的婚礼都表现出哈尼族节俭、朴实的优秀品德。

第十五节　藏族的婚礼

西藏是中国藏族的发祥地和聚居地。除西藏之外，青海、甘肃、四川、云南的许多地区也都有藏族居住。在幅员辽阔的藏族地区，由于受各地自然环境和生产生活方式的影响，婚礼仪式的差异往往是很大的。

甘肃的天祝藏族自治县，在地理位置上和青海的门源回族自治县、互助土族自治县相比邻。因此各民族的婚礼仪式大同小异。在藏族地区，当系着五彩丝絮和羊毛的定亲酒将男女两家的婚姻联系在一起的时候，结婚的准备实际上已经开始。当缓慢悠扬的《梳头歌》唱起的时候，落泪的豆蔻少女就要作为新娘向婆家起程了。

在新娘前往婆家的路上，一系列的送亲、迎亲仪式逐次展开。

清晨，坦荡宽阔的草原寂静无声，太阳刚从东山尖上冒出顶儿，欢饮了一夜的婚宴已接近尾声。突然一阵喧闹声打破了清晨的寂静，哭哭啼啼的新娘，在亲人和乡亲们的簇拥下走出大门，上马起程。晨曦中，新娘在亲人们关切的目光中快速离去。送亲的人数不多（习惯上一般是八人），新娘的祖父、外祖母、舅舅、叔叔、哥哥、媒人、送亲婶子等，作为婚宴的参加者是必须参与送亲的。要是这些成员中缺少一个，必须临时请一人补齐。俗话说："藏人的酒席不是任何人都吃得了的。"意思是说，凡是作为送亲者的喜客，不单要通晓世故人情、善于辞令，而且还必须是歌唱能手。他们在男方家的婚宴上，要与成百的唱家、说客、喝家（有一定酒量的人）打交道，要为女方家争体面。所以这些人都是挑了又挑、选了又选的精兵强将。他们能说会唱，八面逢源。就连送亲客的穿戴和坐骑也十分讲究，显得仪容整齐。他们骑着一色的枣红马（不骑花马和白马），戴着狐皮帽子，穿着氆氇藏袍，脚蹬马靴，腰

田野民俗采风录

挎银饰佩刀,显得气宇轩昂,威风凛凛。女方家的送亲客还要在怀里揣个小酒壶,灌上半斤或一斤白酒。当他们一爬上送亲的马背,便酒壶不离手,酒曲不离口,逗得沿途的群众争着瞧热闹。

在藏族婚礼中,能参加送亲队伍做一名成员是十分荣耀的事。就连送亲者的朋友知道了,都要约伴前来设酒相迎。当地藏族把这种助兴者称为"哲嘎娃"。

在迎亲路边的避风处或人们容易发现的地方,哲嘎娃们早已煨起一堆牛粪火,火堆旁的酒壶里温着酒,地上铺着地毯。他们一边烤火取暖,一边静候着迎亲者的来到,一旦发现迎亲队伍,便欢呼雀跃,大着嗓门唱起来:

> 桑阿郎也兰——
> 桑阿郎巴拉姆——
> 拉拉也兰——

这是歌头,并不放进其他词。目的是引起迎亲者的注意,表示"哲嘎娃"们款待的热情。如果无声无息或呼声不高,迎亲者便会视而不见,扬长而去。迎亲者中也会有人挖苦道:"远远看见这儿有几块没嘴的石头,走到跟前——哈哈!原来是有鼻子的人。"

哲嘎娃们见到迎亲的人,早就唱起酒曲,捧着酒壶迎上来。迎亲的人们跳下马,边走边唱,来到火堆旁,分宾主坐定。赞词、酒曲伴随着醇香的美酒,大约要经过半个时辰方能再度起程。起程时,送亲者要分送给哲嘎娃们一份礼物,如香烟、糖果之类。

如果送亲者的亲戚朋友多,这种路规也就多。有时短短的一段路程,这种场面会出现十几次。每一处都要奉烟相陪,延误很多时间。

最后一站是男方家派来的哲嘎娃,他们是受主人的委托前来接风的。这是婚礼的一个转折点,往往东客(男方派出的迎亲者)和喜客(女方派出的送亲者)的"舌战"就从这里开始。

送亲者见到男方家派来的哲嘎娃,马上露出犀利的词锋:

> 翡翠似的地毯上,

蹲着雄狮般的哲嘎娃。
神灯似的火堆旁,
煨满了醇美的香烟。
呃,我这小小的送亲人,
心慌意乱少了话语。
即使有了漂亮的言辞,
舌头打结连不成句。

男方家的哲嘎娃们听了,也要和一些虔敬的歌,表示对对方的尊重。在这种场合,歌要唱得风趣而得体,如果唱出了疏漏,给送亲者留下话柄,对方的讽刺挖苦就会劈头盖脸而来。

男方家设哲嘎娃迎亲是一种礼貌。如果不设哲嘎娃,送亲者一气之下,也许要带着新娘折回去。即使不折回,闹到男方家,那就令人不快了。送亲者甚至会问:"我们千里路上送姑娘,怎么连送碗水的人都没有啊?"这就很麻烦了。

哲嘎娃的另一个任务是负责向送亲者转达主人对婚礼的安排,转达完了骑马溜走。如果迟一步,送亲的人就会抢他的帽子,以便在婚宴上当作笑料大肆宣扬。因此,男方家都选精干的小伙子承担这一任务。

送亲的队伍到了男方家,看热闹的人群里三层外三层围在大门口。男方家请来的曲儿匠们(歌手)像训练有素的合唱团,一只手捂着耳朵,一只手端着酒碗,扯着嗓子唱酒歌。离大门不远的地方燃起一堆火,青烟袅袅,火堆旁站着两位盛装的接亲女人。

此时,送亲的人们更加起劲。他们高唱酒曲,扬起马鞭,坐骑嘶鸣,尘土飞扬,威武雄壮。骑术精良的年轻的送亲者,还会在草滩上放一回马,然后折回来,用马队将新娘团团围住,并且故意高声大喊:"接亲的人呢?接亲的人呢?"

这时,负责接亲的两位妇女,一人手捧哈达,一人尾随其后,赶忙走来。她们要冲进马群去接新娘的马缰绳。但马缰绳却握在新娘哥哥的手中。缰绳被新娘的哥哥团成团,握在手心里,只露出一点点绳头,让接亲者来接。机警的接亲妇女会乘其不备，一把抓住缰绳头。这时只要将哈达搭在新娘的马鞍桥上，接亲就算成功。如果接亲者没有抢到缰绳头，而是握在缰绳的中间，送亲者的马鞭子就会抽下来。接亲的妇女难免要受点皮肉之苦。如果再让送亲者把哈达抢去，那就十分麻烦，接亲者因此而要求情赔礼，备受奚落。所以，婚礼仪式上的两位接亲者必须由手脚麻利的妇女担任。这一仪式完了，送亲者才纷纷下马。但其中有一人不肯下马，那是新娘的舅舅。他不仅不下马，而且大声嚷嚷："舅舅的马拉来了没有？舅舅的马拉来了没有？"

原来这是一种古俗。当舅舅送外甥女（新娘）到婆家时，婆家要回赠舅舅一匹马。所以舅舅才大声呼喊："舅舅的马拉来了没有？"现在只是按古俗呼喊而已，并没人送马给舅舅。最多给几块糖顶替。但男方家对这位舅舅绝不能怠慢，并且要小心伺候。如果稍有不周，得罪了他，他会把喜筵搅得乱七八糟。

如上仪式过后，新娘下马，由送亲婶子扶着朝男方家大门走去。送亲的人们唱着酒曲，迎亲的人们也唱着酒曲向送亲者敬酒。到了大门口，婆婆在那里迎接新娘。进门时要举行"换帽子"的仪礼。婆婆摘下新娘头上的狐皮帽，换上四块瓦的毡帽。到这时，新娘才真正成了婆家的人。迎亲仪式也暂时告一段落。紧接着，更加盛大的婚礼宴会开始了。

西藏北部的班戈草原，山多，草场多，盐多。那里的海拔高达4000多米，空气稀薄，气候恶劣，但勤劳的藏族人不仅在这里生息繁衍，而且把这里建设成著名的藏北高原牧场。班戈草原的藏族婚礼具有显明的牧区特色。婚姻不用媒妁，当家中的男孩子长到二十岁左右时，家长会亲自到外部落去说亲。男方家长到了女方家，什么礼物也不带。双方的家长各自介绍自家的情况，包括家庭成员、家庭财产都要详细说明，然后各自回去做准备。男方家准备结婚时用的帐篷和吃的东西，女方家为女儿准备穿戴。藏北草原的藏族定亲时不送彩礼。

到了结婚这一天，男方家不派人到女方家迎亲，而是女方家亲自将女儿送过门来。跨部落的婚礼，女方家在送亲时要请一位思维敏捷、能言善辩的男"尼吾"（送亲者），尼吾带上五六条哈达，手里拿一支箭，箭头上结扎着五色布条，新娘则骑一匹白马，同送亲者一起到男方家。新娘离家后，与尼吾同行。班戈草原的婚礼习俗规定，出门的新娘在能看见自己家帐篷的地方，是绝不能回头观望的。

中国少数民族婚姻习俗

藏族婚礼

这一天，男方家也要请一位思维敏捷、善于辞令的叫作"贤达"的女迎亲者。新娘快到男方家时，就由这位贤达出门迎接。贤达的左臂上挂着哈达，左手端一只银碗或木碗，右手拿一把酒壶。一到跟前，先向新娘问候，祝颂吉祥。接着向新娘和前来送亲的尼吾各敬三碗酒，并献上哈达。这时新娘下马，而尼吾仍然骑在马上，昂首挺胸，开始与男方家的女贤达对歌。

尼吾看看四周，对男方家的居住环境、帐篷以及男方家的父母、亲友一一倍加赞扬，有时还通过唱歌提出问题。女贤达同样用歌声回答。对唱完毕，尼吾下马，走到男方家的帐篷门口，在门的上方挂一条哈达。这时男方的父母赶快出门迎接。尼吾也向他们献上哈达，然后与新娘一起走进帐篷。

进了帐篷，首先来到神桌前。尼吾环视屋内，对屋内所有的陈设也一一加以赞美。贤达跟着一一回答。之后，尼吾向神桌献上一条哈达，并将手中扎五色布条的箭送给新郎的父亲。紧接着贤达也走上前来，将一盘"其玛"（结婚用品，在盘子里堆起糌粑，上面再放一个酥油塔）递给男方母亲。大家这才坐下来。

藏北的帐篷是四方形的，东边开门，正中是火灶，西边摆放神桌。以火灶为界，尼吾和男方的父亲坐在北边，新郎、新娘、贤达、男方的母亲坐在南

299

边。这时由父亲将箭交给新郎，母亲则将手中的其玛交给新娘。新娘端起其玛，用手指轻轻捏一点糌粑向上抛起，表示敬神。与此同时，新郎将手中的箭举起来摇三次，然后将箭和其玛一起供在神台上。

这一仪式完毕后，男方家长拿出早已准备好、用哈达包着的一个包包交给新娘。新娘打开包包，里面包着三个洁白的贝壳。这是即将戴在新娘脑后的装饰品，左右各一枚，代表夫妻；中间的一枚代表父母和哥哥。这种装饰是藏族地区"有夫之妇"的标志。前来祝贺的亲友举起酒碗，祝新郎新娘吉祥如意，并送一些礼物给他们，俭朴的婚礼到此结束。

新婚后的三天内，新娘不参加任何劳动。一个月之后，新郎新娘前往女方家"回门"。当新娘返回婆家时，女方家长会根据家庭经济情况送给姑娘一些牛、马、羊、衣物等；有时还要请喇嘛念经，礼节比当初姑娘出嫁时还隆重。虽然牛、马、羊送给女儿了，但不能让财神跟女儿一起走掉，所以要从送给女儿的牛、马、羊的身上拔下一点毛，表示留住了财神。姑娘出门时，哥哥还要和已出嫁的妹妹掷骰子，但只许妹妹输，不许妹妹赢。一旦妹妹输了，必须立即出门回婆家，出门后不许回头观望。

云南省的迪庆藏族地区神奇而美丽，婚礼习俗也很奇特。和西藏的班戈地区不同，这里的青年男女社交自由，婚姻恋爱的方式也很多。如劳动中对唱山歌，青年男女之间玩打卦游戏、跳锅庄、逛庙会、绕山、交游茶会等，都是青年男女谈情说爱的重要活动。如果彼此相爱，即可托亲说媒。

结婚的前一天，男方家要给女方家送聘礼。按照传统或根据家庭经济状况，一般是送一匹马、一头牛、一只羊。此外，还要给女方的舅舅送一些衣服。第二天，男方家派人到女方家迎亲。迎亲时媒人是必须去的，新郎则不亲自迎亲。迎亲队伍一般由四男四女或八男八女组成，成双成对才表示吉利。迎亲者到了女方家门口，首先献哈达，然后登堂入室。女方家以酥油茶招待并请迎亲者吃一顿饭。席间，迎亲者唱赞美歌赞美主人。饭后起程，女方父母把陪嫁的东西一一点给女儿。陪嫁的物品有氆氇、楚巴（藏袍）、坎肩、围腰、鞋子等。有的人家还陪送奶牛和马匹。这时媒人代表新娘，唱歌向父母表示感谢：

父母给的衣服是那样暖和啊，
正暖和时，我们又要分开了；
母亲给的食物是那样好吃啊，
正好吃时，我们又要分开了；
哥哥姐姐教给我做农活，
正好做时，我们又要分开了。
父母亲请坐了，
多好的父母亲；
哥哥姐姐请坐了，
多好的哥哥姐姐。

媒人的歌唱牵动了新娘的心，使她泣不成声。这时两个女伴扶着新娘绕房子中柱转三圈，新娘哭着走出家门，上马起程。

在去男方家的路上，迎亲和送亲的队伍经过沿途的村庄时，要唱《过村调》，向村里的长者问安，夸赞地里的庄稼，赞美跑马的坝子和射箭的靶场。快到男方家时，男方家屋顶的看台上立即烧起天香，一个英俊的小伙子策马扬鞭、手舞彩色小旗向迎亲队伍飞奔而来，到了跟前又折转马头跑回去，表示"喜神"已接回来了。男方家门口，主人用盘子端着酥油、粮食、茶、盐、酒等九种颜色的东西来迎接。新娘进门时，举行泼水礼。泼水用的水是由两位妇女从雪山上的清泉中背来的，它象征着圣洁、吉祥和美好。当新娘跨进门槛时，满竹筒的清水向新娘和来宾泼出，直泼得每个人湿淋淋的方才罢休。这种泼水礼就是寒冬腊月也不能免去。

客人们进门后，穿过院子进到屋里，依次坐好开始吃茶。这时主客双方请来的歌手开始唱赞词。凡是男方家的院落、柴堆、楼梯、楼门、锅碗勺盆、酥油、茶叶、佛像、火塘都要一一赞到。最后主婚人吟唱说辞，赞美新郎新娘，教育新郎新娘尊敬父母、互敬互爱，幸福时不要忘乎所以，痛苦时不要悲观失望。

之后，青年男女跳起锅庄，欢乐达旦，婚礼即告结束。婚后，新娘回娘家居住半年或一年后，夫妻才开始生活在一起。

田野民俗采风录

第十六节　布朗族的两次婚礼

布朗族的两次婚礼是传统的"不落夫家"婚俗的一种表现形式。在中国西南许多少数民族中都有这种习俗流传。

"不落夫家"是指结婚的当天或第二天，新娘必须回娘家居住，过几年或生了第一个孩子之后，再回婆家居住。当新娘结束娘家生活回到婆家时，要举行一定的仪式，这等于举行第二次婚礼。居住在云南省西双版纳勐海县的布朗族，就流行这种两次婚礼的习俗。

勐海县的布朗族山区，有迷人的亚热带风光。崇山峻岭之间布满了原始森林。森林里生长着松、柏、红椿、麻栎等优质林木；青翠欲滴的绿荫之中，掩映着布朗人的竹楼；村寨附近是成片的茶林，茶林中穿红着绿的布朗族姑娘，头缠黑布包头，发髻上插着银簪、银链、银牌，耳环下垂至肩。更年轻一些的姑娘戴手镯和耳塞，耳塞上配以红、黄、绿彩线。未婚的姑娘还特意在头上插上红、黄、白色的鲜花，表现得健康秀美、华丽多姿。姑娘们灵巧的双手不住地在茶枝上抖动，动人的山歌飘满山岭。这就是驰名中外的普洱茶的原料产地，布朗山特有的风光。

布朗族妇女不仅善于采茶，而且善于制茶。他们手工制作的散茶、竹筒茶和酸茶远近闻名。特别是酸茶，常常成为布朗族定亲时的主要礼物。

布朗族青年的成年标志是染黑牙齿。当男孩子长到十五六岁时，就开始学习弹琴和弹三弦，同时学习唱情歌。晚上，他们相约到一位成年的姑娘家中，把一种叫作"格"的树木在铁皮上烧焦，取下黑烟末，把姑娘的牙齿染黑。而在开门节和关门节的将近三个月的时间里，染黑牙齿的姑娘又要到佛寺为成年的男青年染黑牙齿。只有染黑了牙齿，男子才可以走村串寨会姑娘，通过串姑娘物色对象，然后告诉父母去托媒说亲。姑娘的父母和亲友接受了小伙子送去的酸茶和盐巴，婚事就算告成。从此小伙子和姑娘便可同床。

同床之后的一年内，必须举行第一次婚礼。婚礼选择在傣历的四月或六、八两月。婚礼的前一天，要向寨子里的人宣布，把女方的名字告诉大家。乡邻和亲友们都要前来祝贺。结婚那天，男女两家都要杀猪设宴，还要将猪肉切成小块，用竹篾穿起来，送给每家每户一串；将猪肝、猪心剁碎和糯米饭一起煮熟，分给全寨的儿童吃，以求早生贵子。晚上，新娘专门设宴招待过去在串姑娘时相识的男性朋友，宴会上通过唱歌，回忆往日无忧无虑的恋爱生活和彼此建立起来的友谊，希望今后友好如初。男青年们对新娘的豁达表示赞赏，并用歌声向新娘祝愿：

> 你生的若是女儿，
> 我给她取个名字叫"定甩"
> ——愿她是"大锭的银子"。
> 你生的若是儿子，
> 我给他取个名字叫"新丙勐"
> ——愿他是"地方的主人"。
> 我在这里向昔日的恋人祝福，
> 愿你过上美好的生活。

婚宴要一直进行到深夜。第二天凌晨举行"偷女婿"仪式。半夜鸡叫时，新娘和女伴们悄悄来到新郎的住处，推醒新郎，轻轻说声"时间到了"。新郎立即起身，背起早已装好的挎包，跟着新娘和她的女伴们到女方家去，这就叫"偷女婿"。在新郎来到之前，新郎的岳母早已等候在竹楼门口。女婿到来时，送给他一件新衣。女婿也从挎包里取出一对蜡条插在门上，作为结婚的象征。这时屋里早已宾客满座，恭候佳期。一对新人进门后，并头跪在老人面前，由老人们向他们拴线祝福。

这次婚礼之后，新郎新娘并不完全生活在一起。男方回男方家，只有晚上来妻家住宿。农忙时帮助妻家干活。这样的生活要持续两三年，如果生了孩子，由妻子抚养，孩子算是母家成员。如果婚后两人感情很好，三年后再选定吉日举行第二次婚礼。

田野民俗采风录

布朗族的传统习俗认为，只有举行了第二次婚礼，青年男女才算是正式结婚。因为这次婚礼后，妻子才可以常住婆家。二次婚礼的嫁妆十分简单，除日常用的行李外，还要带来茶树、铁锅等。女子在离开母家时要哭嫁，但大多是假意地表示不愿离开父母。媳妇到了婆家，婆婆在竹楼门口迎接，并送给媳妇一条筒裙。儿媳妇把这条筒裙和第一次婚礼时母亲送给新郎的上衣叠在一起，表示男女双方的结合。在这次婚礼上，女方带来的嫁妆要一一点交清楚，如果日后离婚，则由女方如数带走。举行这次婚礼时，陪亲的女伴和男伴双方各持两对蜡烛，并代表新郎新娘相互交换，然后再递给新郎新娘。这对蜡烛也是结婚的象征，相当于现在的结婚证书。如果以后夫妻感情不和，需要离婚时，男女双方各持蜡条的一端，用刀砍断，就算办理了离婚手续。

布朗族的婚礼

第二次结婚，按照布朗族的古老习俗，仍然要举行拴线仪式。结婚仪式完毕，设宴招待宾客。从此以后，妻子便长住婆家。如此几年后可以建新竹楼，分家单过。如果仍住在父母家，也要将火塘分开。

第十七节　回族的婚礼

回族是中国少数民族中人口最多、分布最广的民族之一。除宁夏回族自治区外，甘肃、青海、河南、河北、云南、新疆等省区居住人口较多。

回族信奉伊斯兰教，生活习俗深受宗教的影响。婚姻习俗最重要的特点是宗教证婚。按照传统习惯，只有经过阿訇证婚的婚姻，才算合法婚姻。

回族的分布就地域上讲是大分散、小聚居，许多地区与汉族杂居。由于居住地域不同，回族婚礼习俗除保持固有的宗教特征外，还不同程度地受到汉族婚俗的影响，地区之间婚俗的差异也很大。

回族婚礼大致可分为求婚、订婚、结婚三个阶段。

求婚阶段有两种人起着重要作用，一是媒人，一是男女双方的舅舅。按照回族的习俗，做媒人是成人之美，义不容辞。只要有人去请，便会应承，而且不辞劳苦。舅舅是主婚人，在婚姻缔结过程中，首先要征求舅舅的同意。经媒人多次说合，男女双方有了了解之后，媒人和男方的舅舅带着礼品到女方家相亲。在这一过程中，不但女方父母相女婿，而且要特意安排一个机会，让男女双方见面。如果女方家肯收下男方所赠送的礼品，即表示双方相中了对象。然后再由媒人和双方家长约定道喜的日子，准备订婚。

订婚时，男方要给女方准备一些礼品，如衣服、鞋袜、首饰、化妆品等。还要带上茶叶和一些钱。订婚仪式在女方家举行。如果没有意外情况，送完订婚礼后，即商定聘礼数目，互道"色俩目"后，就不能再反悔。女方也给男方回赠一些礼物，如衣服、帽子等。此后，男方要按约如数送齐彩礼和嫁妆。每逢节日喜庆之日，如"古尔邦节""开斋节"或女方家有重大事情，男方要主动到女方家看望或帮忙，表示对女方的尊重。

举行婚礼的前一天，男方家给女方家送礼，女方家也向男方家回礼，然后男方家到女方家迎亲。迎回新娘后，阿訇主持"尼卡哈"证婚仪式。这种"尼卡哈"仪式很简单，阿訇诵读《古兰经》中的有关章节，向新郎新娘提出问题，要求他们一一回答。阿訇还要向新郎新娘讲经，讲经的主要内容是：现在你们成家了，要知道自己肩上的担子；对父母要尊敬、赡养；夫妻之间要互敬、互爱、互助；要搞好家庭和邻里之间的关系；要诚实、勤劳、勤俭持家；对人要有礼貌，不做违法之事，不受非分之礼等等。讲完经之后，带领新郎新娘做"都瓦"，表示对真主的感谢，这样的婚姻就算是合法的了。

回族婚礼在构成婚姻的原则上，一是要男女双方志趣相投，即指信仰和习惯一致；二是要男女双方自愿，反对父母包办；三是要有主婚人和证婚人。订婚和结婚要讲这三个条件。婚姻决定权在父母，但子女的态度也要认真考虑。如果子女不同意，父母要想办法说服，绝不能强迫压服。这说明回族青年男女在配偶的选择上是自由平等的。回族的婚姻习俗是，一旦成婚，不能轻易离异。当然，这种表面上的平等有时也掩盖了事实上的不平等。因为受封建思想的影响，加上聘礼等形式，结婚后的妇女仍然处在从属地位。特别是过去的时代更是如此。

随着社会的发展，回族婚礼从内容到形式都发生了深刻变化，自由恋爱结婚的逐渐增多，宗教证婚习俗也在逐渐减少。

第十八节　朝鲜族的婚礼

中国的朝鲜族是17世纪末到19世纪中叶，陆续从邻国朝鲜迁来的，在吉林省延边和东北各地定居。由于历史上朝鲜族和汉族长期友好往来，所以朝鲜族的风俗习惯除保持了原有的文化传统外，也受到汉族文化的影响。在婚俗方面，甚至汉族有些早已废止了的婚俗，在朝鲜族近代婚俗中仍然保留着。如汉族原来实行的"六礼"习俗，在朝鲜族中常常被安排得井井有条，严格认真地执行着。

朝鲜族十分重视人生仪礼中的生、冠、婚、丧四大仪礼。青年男女只有举行过冠笄之礼后，才可以选择配偶。托媒说亲也严格按纳彩、问名、纳吉、纳币（纳征）、请期、亲迎六礼程序进行。亲迎时的仪礼先在女方家举行。

朝鲜族举行婚礼时，新郎要身穿礼服，接受嘱咐，辞别父母，亲自骑马到女方家去迎亲。一路上，有一位手捧双雁的"雁使"，走在迎亲队伍的最前边。迎亲者到了新娘家，要举行一系列仪式。其中有一项仪式是在"新郎房"前举行的。

朝鲜族的传统婚礼

朝鲜族婚礼上拜见长辈

通往"新郎房"的路上铺着毯子，伴郎交给新郎一把系有白绸子的扇子，雁使将木雁放在毯子上，要求新郎用扇子把木雁推向台阶。如果新郎不小心推翻了木雁，就会受到人们的讥笑。朝鲜族的推雁仪式和六礼习俗一样，是一种古老的"奠雁"之礼，象征着新郎新娘像大雁一样白头偕老。

中国朝鲜族中向来有"南婚北丧"的说法。南，指"南道人"，即从朝鲜南部迁来的人；北，指"北道人"，即从朝鲜北部迁来的人。南道人多居住在中国的辽宁省和黑龙江一带，北道人多居住在中国的吉林省延边一带。南婚，是指南道人注重婚礼，仪式繁杂而隆重。现在朝鲜族婚礼中，女嫁男娶同时进行。但在过去则不然。在南道人的婚俗中，新郎要先嫁到新娘家，等过了一段时间后，再把新娘娶回家。朝鲜语称这种婚俗为"罕孔纳得里"。据《三国志》记载，高句丽人"其俗做婚姻，言语已定，女家做小屋于大屋后，名'婿屋'。婿暮至女家户外，自名跪拜，乞得就女宿。如是者再三。女父母乃听使就小屋中宿。傍顿钱帛。至生子已长大，乃将妇归家。"这就是说，"罕孔纳得里"是一种"两次婚"婚俗。即先过"从妻居"生活，后过"从夫居"生活。但它和云南省布朗族的"两次婚"不同。布朗族的两次婚，是古老的"不落夫家"习俗的一种表现,即婚礼后新娘返回母家长期居住,等过了几年或生了第一个孩子后再回婆家居住,回来时要举行婚礼。而朝鲜族的"罕孔纳得里"则是"从妻居"和"从夫居"婚俗的一种复合形式。

"罕孔纳得里"婚礼要举行两次。

第一次是"男家嫁儿,女家迎婿"。婚礼主要在女方家举行。届时,新郎穿礼服骑马前往女家,下马后在临时安排的婚室休息。举行婚礼时,新郎脚踏凉席步入礼厅,新娘则由她的哥哥抱入礼厅。新郎新娘会齐后,互相对拜。婚后第三天,新郎返回自己家中。过半个月,新娘家派人将新郎接回,从此长期和妻子生活。

第二次是过几个月或一年之后,新郎要把新娘娶回家去。这次只设大席而不举行婚礼。新娘拜见公婆、叔母及大小叔姑,从此常住婆家。

中国的朝鲜族是一个十分注重礼节的民族,婚礼礼节往往十分烦琐。订婚时,双方父母在女家见面,相互发表意见,最后由双方父母确定婚姻关系。否则不管青年男女之间关系多好,也不予承认。订婚后,接着举行"小婚礼"。男方家准备丰盛的食品,并带着送给未来儿媳妇的衣物到女方家。女方家也准备食物招待。男女双方的近亲们都欢聚在一起,有说有笑,气氛十分融洽。在这种场合,双方父母都要对自己的子女说些谦虚的话。如女方父母说:"我家的姑娘还小,不懂事,今后就拜托你们了。"男方父母则在女方父母面前发誓,要好好照顾儿媳妇。在这样的小婚礼上,双方父母高兴地确定婚礼日期。

第十九节　高山族排湾人的婚俗

高山族是中国台湾地区的土著民族。由于居住地区和语言的不同,高山族内部又有阿美、排湾、泰雅、赛夏、鲁凯、卑南等族群。

高山族婚姻实行一夫一妻制。男子是一家之主。部分阿美人中还保留着母系氏族的残余。高山族地区以"社"为聚居单位。在阿美人中,"社"的首领由公众推选的年长的妇女担任。妇女是家长，世袭随母系，家庭财产由长女继承。男子婚后居住在女家。排湾人的家庭财产则由长子或长女继承。在阿美和排湾人居住地区，男女之间的婚姻是自由的。男子婚前要在公共的"集合所"生活一段时间，成人时要举行入社仪式。

"集合所"大都建立在风光秀丽、景色迷人的地方，它是未婚男子集中和休息的场所，可以在那里唱歌、跳舞、讲故事和约会情人。

高山族排湾人中，当小伙子和姑娘长到十六七岁时，都要参加劳动互助和劳动换工活动。在生产和生活中，青年男女有许多接触和了解的机会。男青年对自己心中爱慕的姑娘常常用歌声来表达感情：

  耶落奥哎哪呀啊奥，
  太阳下山了，
  月亮升起了，
  你若有心来相见哟，
  约会就在白云间哟。

每天劳动收工后，青年男女来到"集合所"，小伙子们坐在两边的石凳上，姑娘们故意从中间穿过去。如果一位姑娘看中了某个小伙子，便轻轻地对他说："回去吧。"小伙子如果对姑娘满意，就跟随姑娘回家。如果不满意，只是笑笑，坐在原地不动，等候下一位姑娘的呼唤。有时候青年男女在"集合所"的广场上跳舞，不论是男是女，只要看中了，都可以拉姑娘的手跳舞，或者到椰林中去唱歌。如果遇上下雨天，小伙子们还可以到自己心爱的姑娘家去唱歌。

  奥哪哪西啊依呜哪哪，
  我心爱的姑娘哟，
  请你不要把我忘记；

田野民俗采风录

> 每天每个晚上，
> 我都在深深地思念你，
> 深深思念你。
>
> 奥哪哪西啊依呜哪哪，
> 你不能花言巧语哟，
> 你不能虚情假意哟；
> 每天每个晚上，
> 我睡不着吃不下哟，
> 都在思念你。
>
> 奥哪哪西啊依呜哪哪，
> 心爱的姑娘哟你莫怀疑，
> 我是真心地爱着你；
> 别疑心哟姑娘，
> 真心相爱结连理，
> 相爱结连理。

相爱的排湾男女常常约会唱歌跳舞。为了向父母暗示他们已经相爱，天不亮姑娘就挑水送到男家，小伙子则砍柴放在女方家门口。双方父母同意后，就请媒人做媒。男方请女方父母及近亲来家喝酒，女方以同样的礼节相邀请，这就算是定亲了。订婚后的两家就被认为是一家人了。此后，男的常到女家干活，女的也常到男家帮忙，有时还可以住在对方家，但未婚者不能同房。这样过了几年后，才准备举行婚礼。

排湾人的传统是家庭财产由长子或长女继承。在婚姻习俗上，为保证这种继承关系，如果男方是长子，就将女方娶过来；如果女方是长女，那么男方就入赘到女方家；如果男女都是老大，婚后在双方家中轮流居住。如果男女都不是老大，婚后部落的人们会帮助他们另立新居。由此可见，排湾人婚俗中的从妻居或从夫居，完全取决于家庭财产的继承关系。这在中国少数民族中是比较特殊的。

排湾人的婚礼热闹非凡。如果是女方出嫁,姐妹们依依不舍,通宵达旦唱《送别歌》。女儿也要向父母献歌。迎亲队伍来到时,新郎向新娘敬酒,献槟榔,同龄的伙伴们唱《庆贺歌》。婚礼是在欢欢乐乐、热热闹闹的气氛中进行的。

第二十节　各民族婚俗拾零

一、普米族的锁媒人

居住在中国云南省的普米族,在举行婚礼的前三天,媒人要把礼物送到姑娘家去,而且在女方家寨子里要做三天客。这三天,寨子里的每户人家都要对媒人热情款待,请媒人吃肉喝酒。

第四天,是迎娶新娘的日子。男方家同来送礼的人和女方家送亲的人一起,护送新娘到男方家去。而媒人却被反锁在一间屋子里,还有一位女方家的歌手陪着他。屋外有两位姑娘手拿着钥匙在守候。这时,屋里的歌手和媒人对起歌来:

女方歌手:
东方一把海螺锁,
媒人锁在屋里了;
南方一把珍珠锁,
媒人锁在屋里了;
西方一把黄铜锁,
媒人锁在屋里了;
北方一把白玉锁,
媒人锁在屋里了;

中间一把金子锁,
媒人锁在屋里了。

男方媒人:
我来到珍贵的亲戚家三天三夜,
三道门我都开了;
这个寨子里每家我都做过客,
领受了盛情的好酒好肉;
今天是吉祥的日子,
姑娘都接走了,
你家是把我锁不住的。
我用海螺钥匙,
把东方的海螺锁打开了;
我用珍珠钥匙,
把南方的珍珠锁打开了;
我用黄铜钥匙,
把西方的黄铜锁打开了;
我用白玉钥匙,
把北方的白玉锁打开了;
我用金子钥匙,
把中间的金子锁打开了。
我打开五把宝锁,
要把你家最好的一朵花采走了。

　　送亲的队伍走远了,屋里的歌声仍持续不断。什么时候媒人唱赢了,屋外守门的姑娘才会把门打开,让媒人去追赶娶亲的队伍。但是姑娘寨子里热情好客的乡亲们,每家准备一坛酒,在寨子门口等候媒人,每家的酒媒人都要喝一口才能通过。没有经验和酒量的媒人出不了寨门,会被灌得大醉。

二、东乡族的"砸枕头"

东乡族居住在甘肃省临夏回族自治州东乡族自治县,信奉伊斯兰教。东乡族的婚礼十分复杂,其中"砸枕头"的习俗最为有趣。

新娘过门之后,全村的男女老少都要前来祝贺。来庆贺的人都想知道新娘的手巧不巧,所以争着看嫁妆。他们打开箱子,一件一件看,特别要看看新娘做的绣花枕头,因为从绣花枕头上花卉的绣工能看出新娘的手艺。此时,不用说年轻的媳妇们,就连年轻小伙子们也假充内行,挑鼻子挑眼,乱加指责。如果实在挑不出毛病来,他们就会异口同声唱起《筵席曲》:

恭喜恭喜大恭喜,
东家门上来贺喜。
打一个调儿唱一个曲,
娶了个好姑娘陪女婿。

随着一阵笑声,小伙子们唱着跳着,把新郎新娘拥进洞房。新娘上炕还未坐定,小伙子们就拿起绣花枕头向新娘砸去。新娘左躲右闪,仍然躲闪不及。在小伙子们看来,枕头砸得越狠越痛越好。这像是在考验新娘,看她脾气好不好。这是东乡人对新娘的最隆重的欢迎礼节。

三、仡佬族的"丢布"

居住在贵州省镇宁地区的仡佬族,人口不多,居住也较分散。但婚姻习俗却很特殊,在走坡时,当姑娘看到自己喜欢的小伙子走来时,将包头帕朝这个小伙子打过去,说明他们之间的感情已相当深厚了。姑娘的这个举动,是暗示小伙子可以登门求婚了。

仡佬族求婚的方式很特别。一般是小伙子亲自上门求婚,不用媒人。去求婚时,用红纸包一双竹筷子。进了姑娘家的门,把红纸摊在桌子上,亮出那双筷子。姑娘的父母一看,便会明白小伙子的来意。

到了第二年,举行一种叫作"盘郎"的仪式。届时,小伙子提一壶酒到姑娘家去,姑娘家邀请街坊邻里来喝酒。老人们一边喝酒,一边畅谈,向新郎提出各种问题,请他回答。姑娘则躲在一旁,偷偷地观察,并听小伙子回答。只要经过这种盘郎仪礼,婚姻关系就算基本确定了。

到了第三年,小伙子又到姑娘家来了。这时,小伙子是一副新郎打扮。他手拿一匹蓝布,约有一丈多长,有七个好友相陪,来到姑娘家门前。这时陪伴新娘的女友们堵住门,不让新郎进来,同时却推新娘到门口去迎接。新郎走到离新娘几步远的地方,男伙伴们让新郎牵着蓝布的一端,将另一端向新娘丢去,这就叫"丢布"。新娘的女友们接住布头,急忙把布拴在新娘的腰间,新郎拉起就走。这样一直把新娘带回家中,奇特的婚礼便告结束。

四、布依族的追打嫁女

贵州省镇宁扁担山一带的布依族中,广泛流传着这样一个传说。

很早以前,有个美丽的布依族姑娘名叫阿嫦,很多小伙子都来向她求婚。有个英俊的布依族小伙子名叫卜韦,弹得一手好月琴,唱得一口好山歌。

有一天,卜韦来到阿嫦的窗下,弹着月琴唱起歌:
夜风轻轻把竹窗敲,
夜风轻轻把树影摇。
哥在树下等阿妹呦,
情意绵绵把竹楼绕。
阿嫦听了,停下手中的纺车,走到窗前也唱起歌来:
新月弯弯像镰刀,
皎皎新月照树梢。
妹下竹楼会阿哥呦,
白云铺路搭鹊桥。

就这样阿嫦和卜韦定下了终身。不料第二天，一队官兵拥着一乘花轿来到阿嫦家。有位年轻的将军挑来金银，要买阿嫦为妻。阿嫦的父亲见了这么多金银，答应了将军的要求。阿妈很可怜女儿，偷偷派人给卜韦报信。卜韦赶来接走阿嫦。阿嫦的父亲知道了，急忙喊寨上的人去追，而寨上人追追打打，却将阿嫦和卜韦送走了。

这只是民间传说。但在布依族民间确实存在着追打嫁女的习俗。

在扁担山布依族地区，举行婚礼前，男方家派两个小伙子和一个姑娘去接亲。当新娘走出寨子时，寨上的人都呼喊着前来追打，佯装要抢回新娘，实际上这只是一种仪式罢了。

五、苗族的砍牛尾巴

贵州省黔西北苗族地区，过去在举行婚礼时，新郎新娘在举行婚礼前，要表演一出抢牛尾巴的喜剧。这一带的苗族中流传着这样一首山歌：

阿妹生来会唱歌，
劝哥莫用请媒婆。
诚心要与妹相配，
跳花会上对山歌。

有钱有势有何用，
难动阿妹一寸心。
媒婆嘴皮都说破，
不抵一曲竹笛声。

这些山歌表明，苗族青年男女的恋爱生活是十分自由的，通过对歌双方就可以定亲。

有趣的是，当男女双方订婚之后，女方家要买一头黄牛精心喂养。这头牛就是准备举行婚礼时，供新郎新娘砍牛尾巴、抢牛尾巴用的。到了举行婚礼那天，男女双方都要请十几个青年卫士。女家的卫士用绳子将牛腿绊住，周围挤满了人，大家服色一新，前来助兴，观看抢牛尾巴的精彩场面。男方家的人刚一到，新娘手起刀落，牛尾巴被砍下来了。这时新郎即刻扑上去抢新娘手里的牛尾巴。女方的卫士们一拥而上，将新娘保护起来，千方百计不让新郎抢到牛尾巴。新郎带来的卫士们也不甘示弱，他们分开人群，制造混乱，好让新郎乱中得手。

这场抢牛尾巴的战斗是十分激烈的，一直持续到新娘的父母和亲友们的到来。按照苗族的传统习惯，在新娘的父母到来时，如果新郎已抢到牛尾巴，就算新郎有本事，并宣布立即举行婚礼；如果新郎抢不到牛尾巴，说明新郎没本事，婚礼就要告吹。不过这也不用担心，新郎新娘是自由恋爱的，尽管争夺十分激烈，但为了使有情人成为眷属，必要时新娘还是会想办法让新郎抢到牛尾巴的。有时候，婚姻如果是父母包办的，男女双方并无感情，那就可能一方面是男方懒得去抢，另一方面新娘也不肯放手，因此婚礼就有可能举行不了。

抢牛尾巴的仪式结束后，证婚人用木槌猛敲牛头，将牛杀死。把牛肉切成大块放到火上去烤，牛肉烤熟后，首先拿两块牛肉递给新郎新娘。新郎新娘大大方方地走出来向在场的客人们一一敬酒，客人们唱起山歌表示祝贺：

   新郎是个钢铁汉，
   千斤重担能挑起。
   不怕蛟龙翻巨浪，
   不怕恶虎下山岗。

   新娘是个巧媳妇，
   日把锄头夜绣花。
   丰衣足食靠双手，
   夫妻恩爱不分家。

婚礼就在这种和谐的笑声和祝贺声中结束了。

六、拉祜族的茶礼

饮茶是中国各民族共有的风俗习惯。在许多民族中，茶常常进入婚姻恋爱领域，人们一边喝茶，一边谈情说爱，饶有趣味。

拉祜族地区是茶叶产地。茶在拉祜族婚礼中占有十分重要的地位。不仅婚礼的聘礼用茶，而且婚礼中还要举行茶礼。拉祜人常说："没有茶就不能算结婚。"举行婚礼时，新郎由伴郎陪同，到女方家去。这时必须带上茶叶和烟草，请女方寨子里的长辈和亲戚喝茶吸烟。这就是所谓的茶礼仪式。在这种场合，长辈们教育新娘要尊老爱幼，夫妻和美。然后请新郎新娘同饮一碗清水，表示心地的纯洁，有点"君子之交淡如水"的意思。最后举行拴线仪式，结束婚礼。

七、岫岩满族的婚礼

中国辽宁省的岫岩县是满族聚居地，这里的婚俗保持着鲜明的满族特色。20世纪50年代以前，这一带的满族婚礼严格按照一定的程序进行。这些程序包括看门户、放定、下大茶、换盅、问话（或送日子）、开剪、打下处、过箱柜、插车、劝性、拜北斗、抱宝瓶（或抱煤壶）、坐福（或坐帐篷）、念《哈力巴经》、分大小、回门等。这些婚礼程序，是在漫长的社会发展中逐渐形成的。后来，随着社会的发展，婚俗扬弃了一些封建迷信成分，趋于简洁和实际。

满族青年男女到了成婚年龄时，由媒人从中说合成婚。说合之后，男女两家要互相看望，意在互相了解，这叫"看门户"；如果男女两家都满意，男家送给女家一些定礼叫"放定"；正式送聘礼叫"下大茶"；聘礼（包括衣服、首饰、银两、酒、猪头等）送到后，女方家将其一一陈列在祖先神案前，两亲家跪于地上，互相斟酒叫"换盅"；男方家选定娶亲日期，通报女方家叫"问话"；女方家选吉日到男方家，将备好的彩礼等陈列于祖先的神案前，两亲家再次跪拜并奠酒祝贺，叫"开剪"。这一切仪式完毕后，才正式迎娶新娘。

满族的婚礼一般举行三天。第一天，新娘离开娘家前，要向祖先神佛托妈妈（满族的生育神）叩头告别，并祈祷佛托妈妈保佑。然后由一位送亲婆陪同，乘迎亲彩车到男方家去。新娘乘坐的彩车到男方家时，不立即举行婚礼，要暂时在男方家事先选好的一家人家住下来，叫"打下处"。随新娘送来的嫁妆都要抬到男方家去，放在男方家门前，这就是所谓的"过箱柜"。

第二天天亮前，新娘又一次登上彩车，由自己的哥哥护送前往男方家。同时，新郎由一位傧相陪同，带领迎亲车前去迎亲。途中两车相遇，车厢紧靠，这时新娘换上婚礼盛装，由她的哥哥将她从送亲车上抱到迎亲车上。这是一种交换仪式，俗称"插车"。到了男方家门口，如果时辰不到，新娘不能下车，只能在车中静候，这叫"劝性"，意思是要新娘善于忍耐。新娘下车时，头顶红布盖头，胸前背后各悬一面明镜，脚踩红毡，走到天地桌前，和新郎一起朝北方礼拜，俗称"拜北斗"。这时，院子中早已搭好一座帐篷，新娘来到帐篷前，新郎用秤杆挑去盖头，放在帐篷顶上，然后递给新娘两个盛有米和钱的锡壶，让新娘抱于怀中，这就叫"抱宝瓶"。同时还递给新娘一束栗子木，也让她抱住。新娘进门时要迈过放在门槛上的马鞍、火盆，然后上床入座，这叫"坐福"。

正午时分，举行合婚礼。院子里摆放一个神案，神案上供一副猪肘子，碗里放三个酒盅和一把尖刀。新郎面向南跪下。这时有人用满语念诵《哈力巴经》，向新郎新娘祝福。《哈力巴经》分三节，每念完一节，便用刀切一块肉抛向天空，同时往地上洒一壶酒。满族的合婚仪式庄严而热烈，看热闹的人欢笑相庆。傍晚日落前，新娘的小姑和小叔拉新娘下床，出门看日光。晚上新婚的夫妇就睡在帐篷里。不过临睡前还要举行一道仪式，即新郎背一个背包，绕帐篷三圈，一边绕一边问新娘："留不留宿呀？"新娘如回答可以留宿，新郎就入内。如果不应答，那就得再绕三圈。新郎进入帐篷后，夫妻共饮交杯酒，吃合喜面，婚礼就算结束了。

满族的婚礼讲究很多，这和满族原来的传统生活有密切的关系，而且每一种仪礼都含有象征意义。

八、白族的掐新娘

白族一年四季有许多节日和集会。三月街、绕山林、鱼潭会、火把节、石宝山歌会、本主会以及集体劳动等场合，只要是青年男女有意，都可以通过唱调子彼此相识，谈情说爱。在被誉为热水之源的大理白族自治州的洱源县西山地区，青年男女如果不会唱调子，找个对象都十分困难。

白族的婚礼常常随着居住地域的不同，存在很大差异，但是都办得十分隆重而热闹。大理白族的婚礼，实际上在结婚的前一天就已经开始了。这天晚上，男方家的天井里燃起篝火，屋里屋外挤满了人。白族的民间艺人被邀请到婚礼上演唱"大本曲"和"吹吹腔"。三弦声唢呐声响成一片，里里外外充满了欢乐气氛。艺人们更是各展其能，这就是白族的婚前"踩棚"习俗。

第二天才是正式的迎亲日子。这一天新郎在伙伴们的陪同下，前往女方家迎接新娘。临出发前，人们把新郎拥进屋里，在一阵唢呐和锣鼓声中，新郎的哥哥手捧一朵用红绸子扎的绣球走到新郎面前，深深作揖，并将绣球搭在新郎的左肩上。紧接着又一阵吹打，将新郎送出大门，让他到女方家去接亲。

新郎到了新娘家门口，吹鼓手们便停止吹打。这时，新郎从衣服口袋里掏出三个蜡丸似的东西，一个接一个向门前的石墩上甩去。随之就听到三声震天动地的巨响。这种蜡丸原来是自制的土炸弹，是迎亲时用来壮声威的。硝烟弥漫中，迎亲的队伍被迎进女方家。新娘在哭泣，流露出一种惜别之情。当唢呐再次吹起时，新娘的哥哥已将新娘背出门外，让新娘踏上去婆家的路程。一路上少不了乐队伴奏和迎亲者对新郎新娘的调笑。

迎亲队伍来到男方家门口，新娘还是由哥哥或弟弟背着，快步跑进新房。为什么这样着急呢？因为按照白族的习俗，新娘来到男家时，那些参加婚礼的小孩是最难对付的。他们往往会蜂拥而上，一边朝新娘撒米花，一边争着用手去掐新娘。这是为了吉利，即便是掐痛了，新娘也不能发火。不过新娘也早已做好了准备，紧急处，她会拿出一把剪刀来自卫。胆小的孩子还真不敢上前。只有这样才能安全进入洞房。也有的白族地区，迎亲队伍刚一进门，新郎新娘就像参加百米赛跑似的，争着跑进洞房抢枕头。据说谁先抢到枕头，就预示着将来谁当家。

　　进入洞房后,新郎新娘要喝辣椒酒。酒本来就辣,再加上辣椒,很难下咽。在白族语言里"辣"与"亲"的发音相近,酒加辣椒意味着亲上加亲。新郎新娘共饮辣椒酒,表示亲亲热热。有的地方还将辣椒末撒进火盆里,辣烟四起,呛得人们喘不过气来。新郎新娘吃喜面时,也要放很多辣椒。白族婚礼上吃"东坡肉"的习俗更特别。肉是用红曲米染的,事先用麻秆穿好,放在碗里让新娘吃。新娘用筷子去夹,一夹就是一串,根本无处下嘴。这时又是新娘早已预备好的剪子起作用。新娘乘人不备,迅速拿出剪子递给新郎。新郎将麻秆剪断,使闹新房的人的阴谋不能得逞。

　　白族的婚礼始终都有唢呐伴奏。新娘进门时吹《接新娘调》,客人来时吹《迎宾调》;新郎新娘拜堂时吹《一杯酒》《仙家乐》《蜜蜂过江》等曲调。这些曲调体现着白族的聪明智慧和艺术特色。

第六章
婚后的家庭生活

家，在每个人的心目中都是神圣的。

家，不仅是每个人的诞生地，而且是哺育人们成长的摇篮。谁不留恋童年时无忧无虑、天真烂漫的生活和成人后组成的美满幸福的家庭呢？每当夜幕降临时，一天的学习、工作结束了，每个人首先想到的是回家。家中轻松的气氛可以消除疲劳，增益精神。有谁不珍惜家庭的幸福呢？

家，伴随着每一个人度过一生。如果按一天工作八小时计，家庭生活占去人的生命的三分之二。

家庭，是社会发展的产物，是恋爱婚姻的结晶。人类社会发展到一夫一妻制阶段后所形成的家庭，成为社会的最小细胞。家庭是随着婚姻制度的变化而发展的，按照人类学家和民族学家的见解，人类的家庭经历了不同的发展阶段，每一阶段都与相应的婚姻制度有关。如血缘婚和血缘家庭—群婚和群婚家庭—对偶婚和对偶家庭——一夫一妻制和一夫一妻制家庭等等。本书所介绍的主要是中国少数民族中，一夫一妻制婚姻形态下的种种婚俗，这些婚俗至今还在流传着。

一般说来，婚姻的缔结预示着一个新的家庭即将建立。在这个新组建的家庭里，新婚夫妇怎样开始他们新的生活？各民族婚后的家庭生活是怎样的？有什么特点和差异？

第一节　婚礼余波

在中国各民族中，除了特殊的婚姻习俗外，一般在举行完婚礼之后，夫妻双方即组成新的家庭，在一起过恩爱和睦的日子。但是，在新婚夫妇开始新生活的时候，还有一种仪礼是必须实行的。那就是，新郎新娘在规定的日期，到女方家进行回拜，这种习俗常常被称为"回门"。

"回门"作为婚礼的余波，在各民族中普遍流行，但在回门的具体时间上却并不一致。有的民族和地区是婚后第二天回门，有的是第三天回门，也有的是七天或一个月以后才回门。回门礼仪，也有简有繁。

回门，作为婚礼仪式的延续，是婚礼的有机组成部分，所以不能随随便便。有的民族和地区还将回门作为一种大的仪礼，办得十分喜庆和隆重。

居住在云南地区的壮族，在婚后第二天回门。回门时，除夫妻二人同返女方家外，男女双方都要有人陪伴才行。回门时，要从男方家带一桌酒肉饭菜，还要带上一挂鞭炮，表示对女方父母的答谢。有的地方回门时，女方家的亲友要前来祝贺。来贺喜的亲友早就准备好了凉水，新郎一到就泼水相庆，祝福新郎新娘吉祥如意。

也有不少民族，婚后夫妻实行分居。只有在回门之后，才可以过夫妻生活。如居住在云南省贡山一带的怒族，就保留着这一习俗。

怒族的婚礼一般举行三天。三天之内，新郎新娘由各自的伙伴陪同，分居在同一房间的两张床上。三天过后，新娘回娘家去，这时丈夫要在一位同龄男子的陪同下前往女方家，去时要带一头肥猪、一斗米、一床棉被、一丈棉布，作为重礼回敬岳父，并在岳父家住三天，帮助岳父砍柴或干其他农活，算是对岳父家养育妻子的报答。第四天一早，丈夫带妻子回家，新的家庭生活才算正式开始。

贵州省威宁一带的苗族，新婚一两个月后，新娘回娘家探望。有的甚至半年或一年后才回娘家。新娘回娘家时，要由丈夫陪同，带些鸡、鸡蛋、炒面等礼物。到了女方家，新婚住几天后返回男方家。如果女方想在娘家多住些日子，丈夫可以先回去。过一段时间丈夫再将妻子接回。如果丈夫去接妻子，但妻子迟迟不愿回来，那就可能引起离婚的事发生。在以往的包办婚姻制度下，新娘借回门之机，逃婚的事是经常发生的。

在回门习俗中，最复杂的是侗族的"回门礼"。在贵州省的黔东南一些侗族地区，婚礼一般举行三天。三天时间里，新郎新娘并不同房。等到婚礼结束了，婚宴散了，来贺喜的客人们陆续走了，新娘也由娘家送亲的姐妹们陪同返回娘家。新郎这一方就得再次请人到女方家去接新娘。侗族民间把这种习俗叫作"转脚"。只有回门之后，夫妻双方才可同房。

这一地区的侗族，新婚后新娘要在娘家和婆家之间来回三次，俗称"三回门"。每次回门都要由伴娘陪同，充当伴娘的一般都是新郎的嫂子或自己的亲妹妹。

第一次回门，首先要选择吉日，然后派伴娘去女方家接新娘。伴娘出发去女方家时，要在客人们送的婚礼礼物中挑选数样，准备送给新娘的父母和亲人。到了女方家，新娘的父亲、哥哥、弟弟不接待，接待伴娘的是新娘的母亲。茶豆煮好了、甜酒端上了桌子，但茶碗和酒碗上只架一根筷子。意思是说，动用两根筷子的正餐还没有做好，客人又走累了，先吃一根筷子的茶和甜酒充饥吧。于是伴娘一边吃，一边和新娘的母亲聊天。因为刚刚举行完婚礼，谈话的内容自然都是婚礼办得如何好，如何体面，好让老人听了觉得脸上光彩。

天黑时分，新娘被接回来了，男方家所有的人都很高兴，赶快将新娘迎进卧房，由伴娘陪同，细心照顾。

第二次回门时，伴娘到女方家去，什么礼物也不带。到新娘家后，托词新郎家活路紧，来接新娘去帮忙。无论用什么理由，也要将新娘接回来。这次回来新婚在男方家住两晚上。第二天一清早，新娘就去舂米，舂不舂都要把舂碓踏响，好让全寨子的人听到后都夸新娘勤快。可是到了第三天，新娘又跑回娘家去了。伴娘只得第三次去请新娘。

第三次，新郎家表现得很宽容，索性让新娘在娘家多住些日子。等过了十天半月，伴娘又一次出马，去把新娘接回来。这次接回的新娘就不同往常了，她要开始参加男家的一切劳动，正式成为男方家族的一员。

侗族的"三回门"习俗，表现出新娘对母家的留恋。回门期间对新娘来说，的确是一个特殊时期，这时新娘如果觉得新郎家不合意，也可以借故悔婚，不再回男方家。这在过去是常有的事。现在自由结婚的越来越多，回门习俗虽然还在流行，但有了许多变化。有的甚至不用伴娘去接，新娘也会自来自去，直到新娘身怀有孕，自然安心地在婆家常住下来。

第二节 "不落夫家"习俗

"不落夫家"又称"坐家"，是西南一些少数民族中至今还在流传的习俗。这种习俗在婚俗中是比较特殊的。

"不落夫家"是一种很古老的习俗，在广西、贵州、云南等地的一些民族中普遍流行。这一婚俗的表现形式是：婚后新娘不在夫家居住，而是回到娘家长住。只是在农忙或节日期间返回夫家，帮助干一些农活，过后又回到娘家。这种"不落夫家"的生活，一直要坚持到怀孕或生了第一个孩子后，新娘才回到夫家。

"不落夫家"的习俗，不仅在少数民族中流传，在汉族中也曾流行。20世纪50年代前后，福建省和广东省的许多汉族地区就流行这一习俗。如福建惠安地区的妇女，出嫁后的第三天即返回娘家长住。只在逢年过节时到夫家暂时居住，以后如果怀孕才可长住夫家。据人类学家林惠祥先生的调查，这一地区新婚后女方长住娘家的时间，少则两三年、五六年，多则一二十年。长住娘家的妇女到夫家的时间大都很短促，而且是傍晚至家，次日天不亮就离开。因此有的夫妻结婚多年还互不相识。有些地方，妻子回到丈夫家，不得与丈夫同居，否则会遭到女方同伴的讥笑。这种不合理的婚姻陋俗造成许多悲剧，有的女伴甚至相约集体自杀，表示反抗。

"不落夫家"盛行的汉族地区，大都受封建思想的影响很深。所以民间尚未出嫁的姐妹常建立自己的女儿组织，如"十姐妹""金兰会""自梳妹"等组织，就是"不落夫家"的妇女组织起来的。

在中国西南一些少数民族中，如壮族、侗族、苗族、布依族、仡佬族、彝族、哈尼族、阿昌族、普米族、布朗族等民族也流行"不落夫家"习俗，且表现形式多种多样。

广西平果乐尧山区自称"布陇"的壮族，新娘出嫁时不着新装，只穿平日的衣服，腰上必须带一把柴刀，头上戴一种特制的尖顶竹帽。这种帽子在"不落夫家"期间，如偶尔回婆家帮忙时，作为一种标志必须戴上。在乐尧壮族中，娶亲当天，举行完婚礼，稍事休息，吃过饭，新娘就与前来送亲的伙伴一道返回娘家。第二天，新娘独自再次去男家。去时拿三炷香、三枚铜钱，到水边挑一担水给男方家。过后又返回娘家。一个月后，选择吉日到夫家住一晚上。这之后，只有农忙时，新娘才回夫家帮工、住一两晚，等到生了第一个小孩后，才回夫家长住。

广西隆胜地区的侗族中，流行一种叫作"接纺车"的习俗，也是"不落夫家"的一种婚俗。侗族姑娘出嫁时，按照传统习俗，要陪送一辆纺车做嫁妆。可是这辆纺车在姑娘出嫁时并不送往男方家。要等到姑娘出嫁两三年后，当"不落夫家"生活结束时，举行一定的仪式，将纺车接回男方家。这时新娘才开始在男方家长期居住。

接纺车时，由男方家派出几位妇女，带上几包糯米饭到女方家去。女方家请几位妇女相陪，打油茶招待客人。纺车接走时，女方家要回赠几包糯米饭作为礼品。纺车接到后当晚试车，家里的妯娌、小姑和寨子里的嫂子、姐妹们都来参观新娘的手艺。一番嬉闹之后，新媳妇才算真正成了婆家的人。

云南省哈尼族支系叶车人，新婚之夜，新郎新娘不同房。而是由新娘的女伴陪同，住在村寨中专为未婚青年男女建造的"公房"里。第二天清晨，新娘天不亮就起床，抓一把白米，在伴娘的陪同下到村外的井边去背水。到了井边，将白米撒入井内，表示新娘已经成了喝这口井水的人。背回水之后，请全家老少都喝一点水，表示从此以后就是一家人了。但是当红日从东方升起时，新娘却在伴娘的陪同下返回娘家。即使是情投意合的夫妻，也要遵循这一古老的习俗。

在"不落夫家"的初期，新娘每隔十二天左右到男家住一两天。以后次数逐渐增多。这样过了一两年，就不再回娘家了。在"不落夫家"期间，男女双方都享有社交自由。

布依族的"不落夫家"习俗，历史悠久，至今还在有的地区流行。一般在婚礼结束后的当天，新娘就跟随前来送亲的人一道返回娘家。有时虽然在婆家住两三天，但随时都有伴娘陪同，晚上也不和新郎同宿。三天过后，男家派人带上糯米粑粑将新娘送回娘家。到了第二年的农忙季节，男方家带上鸡、糖等礼物，到女方家把新娘接回来。到了第三年，新娘的父母才让女儿长住婆家。

过去布依族实行早婚，姑娘十几岁时，就已许人或举行了婚礼。在这种情况下，"不落夫家"的时间就要相对长一些，七八年、十几年不等。等到女儿长到十七八岁时，才考虑到夫家长住。

在布依族中，婚后的妇女要结束"不落夫家"的生活，可采取两种形式：一是在"不落夫家"期间，男方家要请得勤。农忙或节日期间都要派人去请新娘，表示男家的诚意。如果夫妻感情好，就可早一些结束"不落夫家"的生活。另一种方式是向新娘强制施加一种仪式，迫使她结束"不落夫家"的生活。如镇宁扁担山一带的布依族中，流行一种强迫新娘"戴假壳"的仪式。所谓"假壳"，是一种形似簸箕的帽子。新婚妇女如果婚后一两年还不到夫家落户，无论她对这桩婚姻满意不满意，都要给她"戴假壳"。男方家准备假壳的事，是秘密进行的，不能让新娘知道。每年的农历八、九两月或次年的四月，新郎的母亲、嫂嫂带着一只鸡和假壳到新娘家去。她们的行动非常隐蔽，要趁新娘不备时，将假壳戴在她的头上。如果戴假壳时被新娘挣脱，那就要等到来年再戴。凡戴上假壳的新娘，两三天内就要到婆家去。到婆家前要"哭假壳"，表示对娘家亲人的依依不舍。

"不落夫家"是中国西南少数民族中较为普遍流行的习俗。作为一种特殊的婚姻现象，民俗学家、民族学家、社会学家、人类学家都很重视，并不断探讨它的产生原因。有人认为，"不落夫家"是母系社会向父系社会过渡期的遗留风俗。"不落夫家"是妇女对父系制的一种反抗。有人认为，"不落夫家"习俗是由包办婚姻造成的。在这种制度下，妇女的地位十分低下，于是她们用"不落夫家"的方式进行消极的反抗。也有的学者认为，"不落夫家"是早婚现象的产物。由于早婚，女方的年龄很小，可以通过"不落夫家"的方式，使姑娘到成婚的年龄再与丈夫同居。还有的学者认为，在许多少数民族中，姑娘出嫁时，都有自己的"私房钱"。"不落夫家"期间，她们在自己分得的土地上耕作，可以做私房积累。还有的学者认为，"不落夫家"习俗和一些民族的青年男女婚前社交自由分不开。"不落夫家"带有群婚习俗的残余等等。

第三节　家庭生活杂俗种种

羊羔美酒摆满了筵席，
举起酒杯呀向天敬意，
为主人的良辰美景，
我拉起马头琴，
唱起喜庆的婚礼曲。

十方宾客坐满席上，
婚礼歌是祖先传下来的，
九九八十一哟押着九九韵，
为的是祝贺主人万事大吉。

拿灰炭的手呀脸会抹黑，
跟坏人结亲呀会满身污泥，
拿木炭的手呀脸会抹黑，
跟坏人结亲呀道路崎岖。

肥沃的牧场呀草儿发绿，
跟好人结亲呀终日欢喜，
清水池塘里莲花多美，

田野民俗采风录

> 跟好人结亲呀马生双翼。
>
> 宴会上摆满了羊脂美酒,
> 团团围坐着朋友亲戚,
> 载歌载舞呀尽情欢乐,
> 大家举杯向主人致意。

这是流传在吉林省前郭尔罗斯蒙古族地区的婚礼《祝愿歌》。它表达了歌手对主人的盛情和美好祝愿。类似的婚礼歌,在中国少数民族的婚宴上经常可以听到。这种歌的中心主题是祝愿新婚夫妇健康幸福,家庭生活美满。

婚姻和婚后的家庭生活是否像婚礼歌中祝福的那样,是人类学家、民族学家和民俗学家经常关心的。我们知道,在人类婚姻发展史上,不同的婚姻制度会形成不同的家庭。婚姻制度决定了家庭性质,而家庭生活同样影响着婚姻制度。在家庭生活中,婚俗的影响十分深刻。现在的中国少数民族地区,大都是一夫一妻制小家庭,几代同堂的大家庭已很少见到了。大多数人家在儿女成人后,一旦结婚就与父母分居,建立新的家庭。

婚姻不单纯是男女之间性的结合。按照各民族的传统,它还是一种继承关系的延续。所以一个新的家庭的组成并不是十分容易的,它必然要受到原有的家庭和社会制度的制约。新的家庭从旧的家庭中分离出来,在形式上和时间上各民族都有自己的做法。

居住在云南省红河地区的拉祜族支系苦聪人,至今实行入赘婚,由入赘组成"从妻居"家庭。

苦聪人从妻居的时间,一般是三年到五年。在此期间,男方在岳父家劳动。入赘期满后,男方请亲人们喝一次酒,方可带领妻子回到男方自己的家中,另立家业。如果女方是独生女,男方也可能终身上门,并继承女方家的财产。

白族是中国少数民族中文化比较发达的民族。入赘的习俗也相当普遍。洱源县西山地区的白族,独生女不愿出嫁或独子年幼没有劳动力的家庭,都愿意招女婿上门。只不过在双方缔结婚约时,必须请人立约,规定婚后入赘的时间和男方在女方家中的义务和权利。一般来讲,入赘到独生女家中的男子,女方将其视为自己家的成员，入赘者必须更改姓名，而且不得恢复原姓。在这种家庭里，男方有继承女方家全部财产的权利。到独子年幼家庭入赘的男子，在结婚时临时更改自己的姓名，等到内弟成人后，女婿可恢复原来的姓名，并带妻子回家，女婿无权继承女方家的财产。

傣族的"从妻居"习俗由来已久。男女双方通过串姑娘等活动相识相爱，即可以请媒人说媒。说媒时，女方的父母要和媒人商定男方从妻居的时间。按照习惯，一般是"三年来，三年去"。即结婚后，男方先在女方家居住三年，然后再到男方家居住三年，如此循环下去。有的地方从妻居的时间长达十几年，等男方建立自己的家庭后，才结束这种生活。

傣族的"从妻居"是比较典型的。男子婚后到女家居住时，父母要分给儿子一些农具、牲畜、种子等，让他带到女方家去。从妻居的男子在女家落户，平时除参加一般的生产劳动外，这样的家庭还容许新婚后的夫妻自己种植少量的土地，也可以独自饲养家禽和经商，收入归己。这样便于新婚夫妇积蓄财富，为他们日后建立小家庭打好经济基础。一旦条件成熟，这对夫妇就建立自己的小家庭，单独居住。男女双方的父母会给他们部分生产工具，村寨也会划给他们地，乡亲们会帮助他们建设新的竹楼。

在傣族家庭中，男女老幼都处于和睦平等的环境之中，从不重男轻女。每个个体家庭中，孩子长大以后，自己种植水果蔬菜，参加集市贸易，收入归己，自由支配。这也为家庭成员地位的平等创造了条件。

生育从来都被视为家庭中的一件大事。傣族妇女生育时，在楼梯口挂一个竹皮编的星星作为标志。男人们见到这一标志，就不再进入这个竹楼。亲友和邻居们则送鸡和鸡蛋祝贺。婴儿出生七天后，家中的老人要给他举行一定的仪式。如果生的是女孩，就杀一只鸡，摆上纺车、盐盆、锅碗；如果生的是男孩，也杀一只鸡，同时摆上笛子、胡琴、秤等物品，老人们口念诵词表示祝贺。

傣族无姓，命名习俗很特别。以男子而论，从生到死，在不同的年龄阶段，随着本人在家庭和社会上所处的地位的变化，名字要更改多次。妇女则至少要改换两次名字。

傣族男子的名字，一般分为乳名、和尚名、还俗名、父母名等。如果当了头人，还可以取一个头人名。取乳名，要体现出男女的区别。男子常冠以

"艾",女子常冠以"依"。取名主要依据出生排行,其次依据本人的特征。但排行不像汉族以序数称呼,如老大、老二、老三等,而是将傣文的41个字母分为七组,然后以其排行次序命名。在名字前边加"艾""依",借以区别男女。傣族男孩长到七八岁时,都要送到佛寺当预备和尚。一年后升为小和尚,这时要废去乳名,由佛寺的主持大佛爷为其取一个和尚名。和尚名要和乳名在语音上有联系,表示和尚名是由乳名转化而来。和尚到了成年,要求还俗时可各随其便。还俗后,又要废去和尚名,另取一个还俗名。还俗后的名字前,要加一定的修饰词,表示他在和尚中的地位和影响。如傣族民间歌手康郎甩。他的乳名是"艾甩",入佛寺当和尚后,按级别可能是三四级,相当于小佛爷、二佛爷。后来他还俗了,按这个级别,在他的乳名前加"康郎"二字,还俗名就是"康郎甩"了。

按照傣族习俗,结婚生育子女后,本人做了父母,就要另换一个名字。傣族人家是在儿子和女儿的名字前面加上某个字,成为父母亲的名字。一般是父亲加"波",母亲加"咪"。如长男名字叫"艾应",父亲的名字叫"波艾应",母亲的名字叫"咪艾应"。

傣族社会中,孩子长大成家后,子女多的家庭,按结婚先后逐次与父母分开,另立家业。按照传统习惯,父母身边只留幼子和幼女。父母去世后,财产由幼子或幼女继承。老人在家中受到尊敬。

除"从妻居"家庭外,绝大多数的少数民族婚后都实行"从夫居",组成一夫一妻制家庭。这样的家庭一般都有严格的家规,形成以父权为中心的家族。在财产继承、男女婚配、长幼称谓等方面形成一系列的传统。

家庭财产的继承,各民族不尽相同。有的是长子继承,有的是次子继承,也有的是幼子继承。男女婚配有一定的规定,有的实行氏族外婚,有的实行阶级内婚,有的实行同姓不婚。在哈萨克族家庭组织中,男性家长具有绝对权威。财产由幼子继承。一家如有几个儿子,年龄大的都要分出去另立门户,父母身边只留幼子做继承人。另立门户娶妻生子的子女,都在父母的毡房周围建立新居,经过数代,就形成一个新的"阿吾勒"(村落)。父母对子女有抚养、教育、命名的义务,子女对父母有养老送终的义务。过去,哈萨克族妇女在家庭中的地位十分低下。这是由封建买卖婚姻造成的。在封建买卖婚姻制度下，男人娶妻，彩礼所需的牲畜多达二三十头，有的多达百余头。因为娶妻需要用牲畜和财产聘娶，所以形成男方对女方的所有权。也就是说，丈夫把妻子当作私有财产。一旦娶妻到家，妻子绝对没有离婚的自由。

西双版纳的布朗族地区，多由一夫一妻及其子女组成小家庭。按照布朗族的习惯，男子成婚后便与父母分居。分居时，父母要分一部分生产、生活资料给子女。家中只留一个儿子和父母生活。父母死后，土地、财产由赡养父母的儿子继承。这说明布朗族中还没有严格的财产继承制度。

在布朗族家庭中，仍然保留母权制的残余，如子女的命名采用母子连名制。小孩出生三天后，举行命名仪式。由于受傣族风俗的影响，区别男女时，男的也在名字前面加"艾"，女的加"依"。具体的连名法是：取母亲名字中的一个音做子女名字的最末一个音。如母亲的名字叫"依南苏"，儿子的名字叫"艾温"，那么儿子的名字后边再加一个"南"字，他的名字就成了"艾温南"。母子连名制说明布朗族家庭仍保持着母权制的残余。

第四节　离婚、转房和寡妇再嫁

离婚、转房和寡妇再嫁是婚后家庭生活中经常发生的现象，也是家庭生活的一部分。

中国少数民族的婚姻和家庭，在大多数情况下，男女之间的结合是美满的，组成的家庭是幸福的。但有时也因某种原因遇到一些波折，使男女之间的婚姻关系中断。离婚就是中断这种关系的形式之一。

从人类婚姻发展史来看，除群婚和血缘婚外，在对偶婚阶段，男女之间的结合和离异有时是很随便的。因为对偶婚所组成的家庭，夫妻之间的婚姻关系很不稳定。有时甚至像云南纳西族摩梭人的"阿注婚姻"那样，带有"走访"性质。所以男女之间的同居和离异比较随便，几乎用不着履行什么手续。

对偶婚在人类婚姻发展史上，是和一夫一妻制婚姻紧密联系的。作为一种传承相沿的婚俗，对偶婚对一夫一妻制婚俗产生了影响。有些风俗甚至借一

田野民俗采风录

夫一妻制婚姻而保存下来。正因为如此，在有些民族中，虽然已建立了一夫一妻制家庭，但婚姻关系却并不十分稳定。例如居住在云南省的哈尼族，以前结婚和离婚都比较自由。离婚时，请人做中，男女双方砍一木片，木片两侧砍三个小口，然后从中间破开，男女各执一半，就算办理了离婚手续。

有些地区的哈尼族，离婚时要看双方有无子女。如无子女，男方给女方一些钱，然后派人将女方送回女方家；如有子女，作为女方生育子女的报酬，给的钱就要多一些。如果女方主动提出离婚，要设酒席招待村里的人。离婚的形式很简单，女方出一块白布，将其剪成小块，搭在参加离婚仪式的父母和老人们的肩上。这时离婚仪式的主持者向大家宣布："某某和某某已经离婚了！"离婚之后，原来是夫妻的双方不能再讲话，以后就是对面相遇，也不能互相对视。

除对偶婚的残余之外，造成离婚的原因还很多。其中一个很重要的原因，是封建包办和买卖婚姻。在中国许多少数民族中，青年男女婚前的社交和恋爱生活是比较自由的，有些民族可以通过对歌寻找配偶。但是，男女之间要结成夫妻，则要听"父母之命，媒妁之言"。特别是有些民族受封建思想的影响很深，难免造成婚姻悲剧。轻者离异，重者殉情。景颇族有一首《离婚调》这样唱道：

噢，亲爱的妈妈呀，
我的亲娘，
你的儿子多悲伤呀，
张着嘴不会把话讲，
我已经变成了哑巴。

亲爱的妈妈呀，
我的亲娘，
让我另找一个吧，
家里这媳妇我不喜欢；
我要把这媳妇丢掉，
如果有罪我承担。

歌中反映了成婚的男子对父母的不满。他要丢掉妻子，另寻新欢。从这首歌中我们也可以看到，妇女的命运更加悲惨。她们似乎连男子这样的呼声也发不出，只好听任命运的摆布了。

其他如婚后夫妻感情不和或女方多年不生育，有正当的理由提出离婚，也是允许的。但是在过去，有些民族因为受传统思想的影响，认为离婚是不光彩的事。中国东北地区的达斡尔族谚语说："写过离婚书的那块地方，三年不长草。"意思是说，离婚是不吉利的事。

新疆的塔吉克族实行族内婚。男女成婚后，离婚的很少。乌孜别克族也实行族内婚，离婚被认为是可耻的事。如果非离不可，又是男方主动提出的，女方可将自己的嫁妆带走，并要一笔钱作为补偿。和塔吉克族、柯尔克孜族一样，离婚后的妇女不能立即改嫁他人。要经过宗教规定的大约100天的"待候期"，以便观察女方是否怀孕。如果女方没有怀孕，方可改嫁他人。如果离婚的妇女已经怀孕，则生下的孩子男孩归父亲，女孩归母亲。

转房制过去在许多民族中都流行过。所谓"转房"，主要是指婚后如果哥哥死了，弟弟可以娶嫂嫂为妻；如果弟弟死了，哥哥也可以娶弟媳为妻。但在具体做法上，各民族有着许多差异。达斡尔族的习俗是"对待嫂嫂如母辈"，所以一般不允许哥哥死后弟弟娶嫂嫂为妻。同样，弟弟死后，哥哥也不能娶弟媳为妻。否则，会遭到社会舆论的指责。

在鄂温克族中，哥哥死后弟弟可以娶嫂嫂为妻，但弟弟死后哥哥不能娶弟媳为妻。

在云南的佤族中，丈夫死后，妻子可以转嫁给丈夫的弟弟。如弟弟已经结婚，在征得嫂嫂的同意后，可转嫁为小妻。如果女方不愿转房，也可以另嫁他人。但新婚的丈夫必须偿还原夫在结婚时所付的聘金和聘礼。也有些民族男方死后妻子可转嫁给堂兄弟。

转房是一种婚姻陋俗。形成这种婚俗的原因，一是封建意识，二是为了不使家中的劳动力外流。今天这种婚俗已在各民族中消失。

转房制中已包含寡妇再嫁的习俗。这种习俗主要是指丈夫死后，所表现出的婚姻关系的变化。许多民族认为寡妇再嫁是合理的，而且往往表现出对寡妇的同情。在鄂温克族中，寡妇的年龄不到20岁者，娘家允许将姑娘许配给他人。如果男方不同意寡妇改嫁，女方家可联合新许配的男方家，用抢婚的方式将姑娘抢回。一旦寡妇被抢出"歇人柱"（鄂温克族的住房），原来的丈夫家便不再挽留，只是有权从前来抢婚的人们所骑的马匹中任选几匹马作为彩礼。抢回姑娘后，女方家与原来的男方家照常往来，并不影响彼此的感情。

赫哲族婚俗中，寡妇改嫁不受歧视。丈夫死后，待埋葬完毕、脱去孝服，寡妇即可改嫁。寡妇改嫁后，不许再回前夫家中。寡妇结婚时不举行婚礼，只是请亲戚和朋友喝喝酒就行了。

也有些民族规定，丈夫死后，寡妇不能再嫁。如果要改嫁，也只能嫁给亡人家族中的兄弟、叔伯或侄子。也有要寡妇守节的。现在这些习俗都已改变。

《中国少数民族婚姻习俗》主要参考书目

张亮采：《中国风俗史》，商务印书馆 1934 年版。

《马克思恩格斯选集》第 4 卷，人民出版社 1973 年版。

《傣族古歌谣》，中国民间文艺出版社 1981 年版。

尼嘎：《澜沧文东芒堆佤族的婚姻》，云南历史研究所《研究季刊》1981 年第 1 期。

李扎约：《拉祜族的恋爱与婚姻》，《民间文学》1981 年第 11 期。

汛河：《黔西北苗族婚仪》，《民间文学》1981 年第 4 期。

《中国少数民族》，人民出版社 1981 年版。

黄本生、潘海深：《壮族的入赘》，《民族团结》1981 年第 3 期。

韦廉舟编《布依族风俗志稿》，黔南布依族苗族自治州民族事务委员会，内部资料。

《风情奇趣录》，云南民族出版社 1982 年版。

策·哈斯毕力格图采集《鄂尔多斯婚礼》，郭永明翻译，中国民间文艺出版社 1982 年版。

胡贵：《傈僳族的婚礼习俗》，《民族文化》1982 年第 2 期。

《林惠祥人类学论著》，福建人民出版社 1982 年版。

《中国少数民族民间故事选》，中国民间文艺出版社 1982 年版。

《西南少数民族风俗志》，中国民间文艺出版社 1982 年版。

吕光天：《鄂温克族》，民族出版社 1983 年版。

《台湾高山族传说与风情》，福建人民出版社 1983 年版。

马学义:《积石山下撒拉族》,青海人民出版社 1983 年版。

《少数民族民俗资料》,全国民俗学、民间文学讲习班编印,内部资料本。

《云南少数民族》,云南人民出版社 1983 年版。

陶学良:《彝族民间故事选》,上海文艺出版社 1984 年版。

《裕固族民间文学作品选》,民族出版社 1984 年版。

陶立璠民俗学文存：

民俗学（修订本）

民族民间文艺学

中国风俗发展简史

民间文学与民俗学论集

非物质文化遗产保护论集

田野民俗采风录

作者简介：

  陶立璠，1938年出生。甘肃兰州市永登县人。1965年毕业于北京师范大学中文系。中央民族大学民俗学资深教授，国家非物质文化保护专家委员会委员，中国民间文化抢救工作专家委员会委员。国际亚细亚民俗学会会长，中国民俗学会顾问，《中国民间文学大系》出版工程学术委员会顾问。创建"中国民俗网"并担任主持。一生从事民族民间文学、民俗学理论研究和教学。主要著作有《民族民间文学基础理论》（1985）、《民俗学概论》（1987）、《神秘新奇的天地——民族民俗审美谈》（1996）等。主编《中国民俗大系》（31卷本，2003，2004，甘肃人民出版社）。《民俗学概论》被翻译成日文和韩文出版。与他人合作出版民俗学和民间文学著作20多种，发表论文200余篇。